中国石油企业协会
中国石油大学中国油气产业发展研究中心

中国油气产业发展分析与展望报告蓝皮书

(2012-2013)

彭元正　董秀成　主编

中国商业出版社

图书在版编目（CIP）数据

中国油气产业发展分析与展望报告蓝皮书/彭元正，董秀成主编. -- 北京 : 中国商业出版社，2013.3
ISBN 978-7-5044-8032-3

Ⅰ. ①中… Ⅱ. ①彭… ②董… Ⅲ. ①石油工业－经济发展－研究报告－中国②天然气工业－经济发展－研究报告－中国 Ⅳ. ①F426.22

中国版本图书馆CIP数据核字(2013)第044079号

责任编辑：王 彦

中 国 商 业 出 版 社 出 版 发 行
010-63033100 www.c-cbook.com
(100053 北京广安门内报国寺1号)
新华书店总店北京发行所经销
北京九天众诚印刷有限公司印刷
* * * * *
787毫米×1092毫米 1/16开 19印张 367千字
2013年3月第1版 2013年3月第1次印刷

定价：[redacted]元
* * * * *
（如有印装质量问题可更换）

前言

人类社会进入工业文明以来，油气产业在全球范围内得到迅速发展，油气成为世界经济和社会发展的主体能源，成为支撑人类社会工业文明的重要基础和全球经济发展的血液，在国际经济、政治和军事领域发挥着越来越重要的作用。在当今世界，世界各国，无论是发达国家还是发展中国家，都无一例外地高度重视本国油气产业发展，都在根据世界能源发展形势和本国国情制定油气产业发展战略和政策，都在迎接国际政治和经济环境变化对油气产业发展带来的机会和挑战。

对于任何一个国家来说，油气产业发展都有其自身的现实特征与理论逻辑，在日益复杂变幻的油气产业发展环境中，各个国家都需要围绕着本国的油气产业发展历史阶段、现状、问题、趋势、理念和价值观等进行系统分析和整体审视。一方面，油气产业正在面临人类历史上前所未有的外部环境变化，无论从经济、社会、生态、环境、政治、外交、军事、文化、交通和家庭等各个层面，都可以感受到油气产业正在承受着各种压力、影响和冲击；另一方面，油气产业发展并非孤立，而是存在着诸多利益攸关者，关系到许多相关产业乃至整体经济和社会的发展，正在日益引起国际组织、政府部门、相关产业、相关企业、广大消费者、社会公众、非政府组织、媒体和学术界等高度关注。目前，油气产业发展已经成为中国国民经济发展和社会进步的重大议题，与中国全面建设和谐社会目标和实施全面协调可持续发展战略息息相关。

《中国油气产业发展分析与展望报告蓝皮书》是目前中国唯一一部全面分析和研究中国油气产业发展现状和趋势展望的蓝皮书，它由中国石油企业协会和中国石油大学中国油气产业发展研究中心合作共同完成，按年度向全社会公开出版发行。蓝皮书共分五大部分：国际篇、国内篇、合作篇、专题篇和附件。国际篇，主要分析国外宏观外部环境对中国油气产业发展的影响，包括国际政治环境对中国油气产业发展的影响、国际经济环境对中国油气产业发展的影响、全球油气产业发展分析与展望等；国内篇，从产业整体发展角度重点分析中国油气产业发展现状和趋势展望，包括中国宏观经济环境对中国油气产业发展的影响、中国油气市场发展分析与展望、中国油气勘探产业发展分析与展望、中国油气开发产业发展分析与展望、中国油气炼制与化工产业发展分析与展望、中国油气管道产业发展分析与展望；合作篇，主要包括中国油气产业国际合作分析与展望、中国油气产业对外贸易分析与展望等；专题篇，与国际篇、国内篇和合作篇等部分形成补充关系，主要从专题角度分析油气产业发展的相关问题，每个专题形成一篇独立成篇的文章；附件，主要包括按时间顺序编写的全年油气产业发展大事记和一些国内外油气产业发展的数据信息。

蓝皮书不是一般意义上的年鉴，更不是以大块文字和数据图表堆积为主，而是以年度分析和来年展望为基本特征。虽然综合篇、产业篇和专题篇具有很强的相关性和互补性，但各部分在编写上却都独立成篇成文，因此读者可以根据需要和兴趣分别阅读。附件，主要是大事记和辅助数据资料，供读者在阅读时参考。蓝皮书以文字分析为主，辅以必要数据和图表，文字描述力求言简意赅，分析和展望力求强调逻辑性、高度性、概括性和权威性，分析结论力求对相关部门和油气企业实际工作具有指导性。蓝皮书作者主要来自中国石油企业协会、中国石油大学中国油气产业发展研究中心、中国石油化工集团公司经济技术研究院、中国石油化工集团公司勘探开发研究院、中国海洋石油总公司经济研究院等单位，作者团队是长期从事油气产业发展研究，具有国内一流专业水准和专业基础。作者团队本着促进中国油气产业发展的良好愿望，除从产业发展整体上分析外，还对有关产业热点问题坦率提出看法和观点，希望引起社会关注和讨论。作者团队努力进行全面、系统和深入研究，试图得出有助于读者全面了解中国油气产业发展的正确结论，这正是作者团队追求的目标，也是其义务和责任。蓝皮书具有较强的可信度、一定的权威性和较好的时效性，对于理论研究者和实际工作者都具有一定的参考价值。

蓝皮书编写分工如下：国际篇，国际政治环境对中国油气产业发展的影响（曾叶丽），国际经济环境对中国油气产业发展的影响（曾叶丽），2012年全球油气产业发展分析与展望（高建、常勇）；国内篇，中国宏观经济及油气产业政策分析与展望（周仲兵、吕娜），2012年中国油气市场发展分析与展望（孔朝阳、刘为、王凯、张海霞），2012年中国油气勘探产业发展分析与展望（孔朝阳、冷夏），2012年中国油气开发产业分析与展望（冷夏、周仲兵），中国油气工程技术服务产业分析与展望（孙梅、赵雍菡、裴加付、武岫），2012年中国炼油化工产业分析与展望（孙梅、张曦文、孙琳、孙宏敏），2012年中国油气管道产业发展分析与展望（龚南茜）；合作篇，2012年中国油气产业国际合作分析与展望（刘世达、李慧、张琼），2012年中国对外油气贸易发展分析与展望（张晓靓、侯运）；专题篇，中国油气企业如何平稳度过经济寒冬？（李君臣、侯运），扩大中国战略石油储备须把握五个关键（周仲兵），页岩气是不是革命？（李君臣），从管网基础设施现状看中国页岩气发展前景（皮光林、马郑伟、孔朝阳），中国页岩气开发需要完善的政策体系（马郑玮、刘世达、皮光林），海上油气钻井市场现状与趋势（皮光林），中国进口原油海运安全分析（孔朝阳、张海霞），加强成品油物流成本控制（孔朝阳、张海霞），中国天然气定价机制改革趋势（刘为、张海霞），现行油气产业财税政策分析及改进建议（董聪、郭杰、宁云转），探索炼油化工产业"低碳时代"下的可持续发展之路（郭杰、孙梅、孙宏敏），加强石油化工产业应急管理（李明、张琳、张海霞），中国石油化工产业事故应急管理现状及对策建议（李明、张琳、张海霞），油气管道项目或成中印两国能源合作的突破口（周仲兵、黄艳华）；郭杰和董聪负责附件部分的收集和整理工作。

彭元正、董秀成、严绪朝组织了蓝皮书框架设计，并负责组织了全书编写和审定工作；董秀成负责蓝皮书最终统撰工作；徐孚、王琳、孙仁金、刘毅军等参与书稿修改和审定工作。

编委会

2013年3月10日

目录

前　言

国际篇

国际政治环境对中国油气产业发展的影响　/3

一、国际政治环境分析及展望　/3

二、国际政治环境对全球油气产业的影响　/5

三、对中国油气产业发展的影响　/7

国际经济环境对中国油气产业发展的影响　/10

一、2012年国际宏观经济环境分析及展望　/10

二、全球宏观经济对全球油气产业的影响分析　/14

三、对中国油气产业的影响分析　/16

世界油气产业发展分析与展望　/19

一、世界油气储量缓慢增长　/20

二、世界油气勘探开发投资稳步增长　/22

三、世界油气产量继续保持小幅增长　/26

四、世界经济增长乏力影响石油消费　/28

五、世界石油价格持续保持高位震荡　/31

六、世界石油炼制能力继续增长，产能过剩矛盾突出　/32

七、2013年世界油气产业发展展望　/36

国内篇

中国宏观经济及油气产业政策分析与展望　/41

一、2012年中国宏观经济运行概要　/41

二、2012年中国主要油气产业政策　/42

三、2013年中国宏观经济及油气产业政策展望　/44

中国油气市场分析与展望 /47
一、中国原油市场发展分析与展望 /47
二、中国成品油市场发展分析与展望 /51
三、中国天然气市场发展分析与展望 /57
中国油气勘探产业发展分析与展望 /64
一、2012年中国较大油气勘探成果及分布 /64
二、2012年中国油气勘探技术进步分析 /67
三、2012年中国油气勘探政策点评分析 /68
四、2013年中国油气勘探产业展望 /70
中国油气开发产业发展分析与展望 /73
一、2012年中国油气产量完成情况 /73
二、2012年中国油气产能建设情况 /75
三、2012年中国油气开发技术进步分析 /78
四、2013年中国油气开发产业展望 /81
中国油气工程技术服务产业分析与展望 /85
一、2012年中国油气工程技术服务市场分析 /85
二、2012年中国主要油气工程技术服务企业经营情况 /88
三、中国油气工程技术服务产业面临的挑战 /93
四、2013年中国油气工程技术服务产业展望 /94
中国炼油化工产业发展分析与展望 /97
一、2012年宏观经济形势对中国炼油化工产业的影响 /97
二、2012年中国炼油化工产业发展状况 /98
三、中国炼油化工产业面临的挑战 /104
四、2013年中国炼油化工产业展望 /107
中国油气管道产业发展分析与展望 /110
一、2012年中国油气管道产业新进展 /110
二、2012年中国油气管道产业技术进步分析 /116
三、2013年中国油气管道产业发展趋势及展望 /119

合作篇

中国油气产业国际合作发展分析与展望 /125

一、2012中国油气产业国际合作概况 /125

二、2012年中国油气产业国际合作面临的机遇和挑战 /132

三、2013年中国油气产业国际合作展望 /138

四、未来中国油气领域国际合作的对策及建议 /141

中国对外油气贸易分析与展望 /143

一、2012年中国原油贸易分析及2013年展望 /143

二、2012年中国成品油贸易分析及2013年展望 /151

三、2012年中国天然气贸易分析及2013年展望 /156

专题篇

中国油气企业如何平稳度过经济寒冬? /162

一、坚持深化企业改革，提高管理效率 /163

二、坚持实施降本增效，降低经营压力 /163

三、坚持实施“走出去”，提升国际化水平 /164

四、坚持相互合作，形成发展合力 /164

扩大中国战略石油储备须把握五个关键 /166

一、政府管控 /166

二、布局合理 /167

三、建设集中 /168

四、规模优化 /168

五、军民分开 /169

页岩气是不是革命? /171

一、美国页岩气开发现状 /171

二、中国页岩气开发面临诸多困难 /172

从管网基础设施现状看中国页岩气发展前景 /175

一、中国页岩气资源潜力及分布 /175

二、页岩气资源富集区域管网设施现状 /176

三、中国页岩气发展前景分析 /178
四、相关建议 /179
中国页岩气开发需要完善的政策体系 /181
一、页岩气政策陆续出台 /181
二、现行政策有利于页岩气早期开发，但未成体系 /181
三、形成完善的政策体系 /183
海上油气钻井承包市场现状与趋势 /185
一、海上油气钻井承包市场现状 /185
二、海洋油气钻井承包市场发展趋势 /189
三、中国海洋油气钻井公司发展建议 /191
中国进口原油海运安全分析 /193
一、中国进口原油海运现状 /193
二、中国进口原油海运安全现状 /194
三、中国进口原油海运存在的安全隐患 /195
四、加强中国进口原油海运安全的措施建议 /198
加强成品油物流成本控制 /201
一、成品油物流特点 /201
二、成品油物流成本特征 /202
三、成品油物流成本要素分析 /202
四、中国成品油物流成本核算方法比较与选择 /204
五、成品油物流成本控制策略建议 /204
中国天然气定价机制改革趋势 /208
一、天然气价格改革的重要意义 /208
二、中国天然气定价机制演变与现状 /209
三、当前中国天然气定价机制存在的问题 /211
四、国外天然气定价机制改革的经验与启示 /212
五、深化中国天然气定价机制改革的措施建议 /214

现行油气产业财税政策分析及改进建议 /217
一、2012年中国油气产业财税政策变化情况 /217
二、2012年中国油气产业财税政策点评 /219
三、2013年中国油气产业财税政策展望 /220
四、中国未来油气产业财税政策改革的相关建议 /222
探索炼油化工产业“低碳时代”下的可持续发展之路 /224
一、“低碳时代”下炼油化工产业可持续发展的新特点 /224
二、“低碳时代”下中国炼油化工产业可持续发展存在的问题 /226
三、“低碳时代”下炼油化工产业可持续发展的几点建议 /229
加强石油化工产业应急管理 /231
一、加快建设石油供应应急管理体系的紧迫性 /231
二、发达国家石油供应应急管理体系 /232
三、中国石油供应应急管理体系现状 /235
四、完善中国石油应急管理体系的建议 /236
中国石油化工产业事故应急管理现状及对策建议 /238
一、中国石油化工产业事故应急管理的重要性 /238
二、发达国家石油化工产业事故应急管理经验借鉴 /239
三、中国石油化工产业事故应急管理现状 /240
四、中国石油化工产业事故应急管理对策建议 /243
油气管道项目或成中印两国能源合作的突破口 /245
一、中印能源合作最大的障碍是互信不够 /245
二、中印合作建设国际油气通道符合双方利益 /245
附 件
参考文献

国际篇

2012年全球GDP增长约为2.3%，其中发展中国家GDP增长率约为5.1%，为十年来最低；发达国家GDP增长仅为1.3%。由于经济增长乏力，2012年全球原油需求也创下2009年来新低，约8,900万桶/日，发达国家石油消费大幅下降，其中美国下降1.05%，欧洲下降2.97%，整个OECD国家则下降0.76%；中国石油消费增长5.0%；前苏联地区消费增长2.39%；拉美、中东和非洲合计增长2.52%。

供应方面，欧佩克国家日均供应量降至全年最低点3,065万桶，非欧佩克成员国日均产量则增至5,430万桶，成为世界石油产量增长的主力。2012年，世界天然气产量增长3.1%，达到32,762亿立方米。作为世界上最大的天然气生产国，美国天然气产量增加了7.7%，达到6,513亿立方米，继续保持其世界第一大天然气生产国的地位。

虽然世界经济不景气延缓了油气勘探开发活动的扩张步伐，但世界油气勘探开发投资依然保持良好的发展态势，2012年世界勘探开发总投资达到6,400亿美元，较2011年增加13%，欧洲和独联体国家是投资增长最有活力的地区，投资增速分别达26%和22%；亚洲和拉美地区紧随其后，分别有15%和16%的增幅。在大量投资的保障下，2012年全球油气探明储量实现平稳增长，其中欧佩克国家的探明石油储量达到1,196亿桶，较2011年增长2.5%；天然气探明储量略微增加0.6%，至94.4万亿立方米。

由于需求降低以及美国进一步实现能源独立，国际油价处于下行通道，但由于欧美对伊朗实行石油禁运、叙利亚内乱、巴以冲突等地缘政治事件，国际油价呈现高位震荡。

展望2013年，世界经济复苏步伐可能加快，但由于发展中国家经济转型与增速放缓，全球石油需求不会明显增加，天然气在全球能源消费结构中的比例将进一步增加。由于世界主要中央银行奉行宽松的货币政策，国际油价难以大跌，如果紧张的地缘政治局势得不到缓解，油价仍有可能上涨。

国际政治环境对中国油气产业发展的影响

在2012年，美国能源独立战略的逐步实现，亚洲地缘政治成为全球地缘政治新热点，中东北非战事及原油供应流向发生深刻变化，伊朗制裁风波波及中国石油进口，俄罗斯及中亚能源政策变化，南美政治动荡变化等事件频繁发生。2012年的世界政治环境复杂多变，给中国油气产业的发展带来了诸多外部性风险。同时，中国周边地缘政治矛盾频发，也给中国油气产业发展带来威胁和挑战。

一、国际政治环境分析及展望

2012年国际政治发生了诸多变化，美国、日本和俄罗斯等国经历了国内大选，中国也完成了政权交接，各主要经济体在全球经济复苏乏力和内部矛盾突出的情况下都做出了政治和经济上的调整，而经济外部环境乏力、发达国家社会不稳定。地缘政治摩擦不断等等情况或将在2013年持续。

（一）亚太区域

中、日、韩均完成了领导人换届。中国政府在2012年下半年实现了政权的平稳交接，给该地区的政治稳定奠定了基础。中国新任国家领导核心在振兴国家经济，加强收入分配改革，保卫国家主权，反腐倡廉等方面有了新举措。中国作为全球经济增长领跑者，政治稳定对于全球经济复苏有重要意义。日本政府也在2012年底完成了新一届领导选举，新任日本首相安倍晋三态度激进，在政治和经济上均有强硬举措，在钓鱼岛问题上态度强硬。韩国方面，新国家党在议会选举中赢得多数优势，朴槿惠成为韩国历史上首位女总统。

美国“重返亚太”战略进入实施阶段，牵制中国目的明显。2009年底，奥巴马政府推出了“重返亚太”战略，试图重新将战略中心转回亚太地区，牵制中国发展，谋求单方面主导的亚太秩序。2010–2011年，美国“重返亚太”多以口头宣誓和战略试探的形式出现。自2011年年底以后，美国采取了一系列实质性部署，通过挑唆日本及东南亚部分国家与中国发生矛盾和纷争，企图通过外交牵制、孤立中国来增强美国的地区影响力。一方面，美国力挺日本，导致日本在钓鱼岛问题上态度强硬，而中国在钓鱼岛问题上退让空间极为有限，中国将不惜出现一定程度上的军事碰撞。另一方面，美国也传递信号，帮助日本联络越南、泰国、印尼、缅甸、菲律宾等国，制定出敌对中国的战略思维，并积极编制网络封锁中国周边及通道。美国的“重返亚太”及“再平衡”战略可能是2013年中国在亚太地缘政治中面临的最大不稳定因素。

中日钓鱼岛争端加剧。“购岛风波”引发了中日新一轮外交危机，中国政府在钓鱼岛问题上表现出了强硬立场，包括加强海监船和飞机巡航频次。日本新任首相安倍晋三也积极推行强硬措施。2012年底，钓鱼岛问题已经成为中日关系的重要障碍，出现了政府间态度强硬、中日民间积极寻求和解办法的局面。

朝鲜推进核活动，积极改善朝美关系。朝鲜最高领导人金正恩执政一年以来，积极推进朝鲜核试验活动。朝鲜在2012年进行了多次卫星发射试验，并于12月宣布卫星发射成功，增加了各国对朝鲜半岛核问题的担忧。不过，朝鲜不论在经济、政治和外交上都释放了积极改革和融入国际的信号，2013年初，曾多次访朝的美国新墨西哥州前州长理查森及谷歌董事会主席施密特访朝，受到朝鲜方面的友好接待。2013年朝美关系走向及朝美关系对朝中关系的影响或对区域政治格局有所影响。

俄罗斯继续支持叙利亚。作为叙利亚的传统盟友，俄罗斯一直在叙利亚问题上坚守一道红线：反对制裁，反对军事禁运，更反对外部力量诉诸武力。俄罗斯国防部举行来自北方舰队、波罗的海舰队和黑海舰队的至少八艘战舰参与的军事演习，演习地点在地中海和黑海。此次演习可能意在提醒西方国家俄罗斯与叙利亚的联系，俄罗斯一直反对外部势力干预叙利亚问题。此外，由于印度总理辛格和俄罗斯总统普京公开表示两国对叙利亚危机和伊朗核项目等全球性问题达成共识，两国加强军火贸易，印度60%的军火仍购自俄罗斯，不过近几年开始扩大采购渠道，以保持军力与经济增长相吻合。

（二）中东非洲地区

2012年中东及非洲地区政局基本平稳。2012年非洲共有25个国家举行选举，绝大多数均顺利完成。此外，马拉维总统宾古·瓦·穆塔里卡、加纳总统米尔斯、埃塞俄比亚总理梅莱斯·泽纳维去世，但均在较短时期内实现了政权平稳接替，维持了非洲的稳定。由于政治稳定，所以非洲经济也有了较快增速。

但是，少部分中东和非洲地区仍然不稳定，甚至严重动乱。伊朗因为核问题在2012年深受制裁之苦。美国和欧盟联手对伊朗实施的石油禁运及经济制裁使得伊朗石油产量大幅下滑，围绕伊朗核计划的紧张外交局势也在升级。伊朗在国际石油市场上有重要地位，伊朗态度强硬，让步空间极为有限；而美国能源独立后，或将成为对伊制裁问题的调停者。叙利亚冲突在2012年继续升级，协商和解可能性很低。马里北部由于激进穆斯林进入发生动乱，法国、美国出兵干预。此外，埃及、索马里、几内亚比绍、苏丹与南苏丹、几内亚湾地区、西撒哈拉问题等都是非洲地区的不稳定因素。但是总体来说，非洲大陆求稳定、谋发展已成趋势，自主式的改革正在进行，自主维护稳定的意愿和能力都有所提升。

（三）拉丁美洲

2012年，委内瑞拉总统查韦斯因为健康问题再次入院，而查韦斯的病情可能引发关于领导人变革的政治动荡。阿根廷2012年经济进一步恶化，很可能导致社会动荡。2012年4月16日，阿根廷政府强行控股该国第一大石油公司YPF，并在尚未确定赔偿金额的情况下，将西班牙石油巨头雷普索尔持有的大部分YPF股权直接转移给阿根廷政府。玻利维亚紧跟阿根廷的脚步，对西班牙电网集团所属的国际电网公司实行国有化。"国有化"趋势可能会成为外部投资进入拉丁美洲的一大障碍。

二、国际政治环境对全球油气产业的影响

（一）世界油气市场格局或面临洗牌

美国能源独立改变石油矛盾核心。根据国际能源署（IEA）的数据和观点，到2035年美国基本可以实现能源独立。届时，全球能源需求将比现在增加三分之一，60%新增量来自中国、印度和中东，中国以及其他亚洲发展中国家将消化欧佩克（OPEC）90%的石油出口，围绕石油的核心矛盾将从欧佩克（OPEC）与经济合作与发展组织（OECD）之间的利益冲突将逐步转移到新兴经济体与欧佩克（OPEC）之间的供需稳定问题上，亚洲能源定价中心会随之初步形成，并扭转全球石油贸易体系中"亚洲溢价"不平等。美国将继续活跃在世界石油市场，寻求更加安全的石油进口战略，保证其既有利益及国际影响力。不过，美国的能源投资将转向更加环保高效的清洁能源。

美国石油进口结构发生变化，或改变全球原油市场结构。美国从中东进口的原油数量有所增加，而进口的低硫轻质原油数量迅速下降。美国有充足的炼油能力，进口重油加工后再出口成品油将成为美国油气产业的一大趋势。这使得失去美国这个大客户的西非出口国将目标转向亚洲市场。

在美国带动下，美洲石油生产增速明显。但其盟友加拿大希望降低对美依赖度，加强与亚洲的联系。在美国石油产量大幅增加的带动下，美洲其他国家如巴西、加拿大和

哥伦比亚等国也小幅增产，美洲油气生产呈现增势。随着美国水平钻井和水力压裂（最初应用于页岩气开发）技术的应用，美国石油产量还将继续上升，美洲或成为世界最大油气生产基地。

（二）制裁伊朗对国际石油市场和运输通道造成影响

2012年，因为伊朗核问题，欧美对伊朗采取了力度空前的制裁，旨在摧毁伊朗赖以生存的油气产业。经过一年的制裁实施，伊朗原油产量已经从2012年初的350万桶/日下降到年底的270万桶/日的水平，减去伊朗自身200万桶/日左右的原油消费，伊朗原油出口至少减少到了100万桶/日，这相比于2011年减少了50%。如果考虑2012年原油均价在110美元/桶高位运行，那么伊朗出口原油的财政损失超过50%。

2012年，以沙特为首的欧佩克集团国家通过提高产能限制，弥补了伊朗原油产量下滑的缺口；在2013年，即使伊朗完全不出口原油，沙特的有效剩余产能也可以保证世界石油市场总供给水平不变。但是，制裁伊朗为世界石油市场带来了溢价风险及运输风险。

制裁伊朗产生了区域原油溢价，最终影响全球原油价格。俄罗斯的乌拉尔牌（Urals）原油质量与伊朗原油类似，失去伊朗原油供应的部分南欧国家（如意大利、希腊、西班牙等）炼油厂，转向购买俄罗斯的乌拉尔原油，造成乌拉尔原油价格上涨。欧洲炼油厂为了对冲风险，一旦选择做多手中原油期货，主导欧洲油价的北海布伦特（Brent）原油期货价格就会看涨。北海布伦特（Brent）原油价格是全球石油定价基准之一，对其他地区原油价格形成有较大影响。

制裁伊朗影响霍尔木兹海峡运输安全。世界上最重要的原油通道之一——霍尔木兹海峡，每天原油通过量约达到1,700万桶，占世界原油海运量的35%。如果伊朗采取封锁霍尔木兹海峡的行动，全球20%的原油运输将受到影响。海湾战争之后，尽管波斯湾的原油外运基本没有受到过实质性干扰，但据机构估算，恐慌情绪导致的伊朗溢价在目前国际油价结构中为5-10美元/桶。随着全球经济缓慢复苏，各国对于高油价的承受力将减弱；美国能源独立也使得美国对伊立场改变。因此，伊朗问题或在2013年得到改善。

（三）欧佩克对世界石油市场价格的影响力提升

纵观2012年油价走势，在年初出现了油价上涨的情况，但是沙特随即表示将控制全年油价每桶在100美元左右。以沙特为首的欧佩克组织随即调高产能上限至3,100万桶/日，而沙特产量增至1,010万桶/日，以抵消由于伊朗能源制裁导致的产能下降。数据还显示，即使伊朗不再出口石油，沙特的剩余有效产能也能弥补空缺。在2012年6、7月份，北海布伦特（Brent）油价回落至100美元以下，欧佩克日产量降到3,078万桶，沙特阿拉伯日产量降至约950万桶，使得后半年油价基本保持在欧佩克的既定目标内。

美国能源独立使得由美国未来可能不会再投入那么大的资金和精力去维护和主导的国际石油市场，世界石油市场面临再平衡。欧佩克目前掌控着世界上40%的原油产量，由于美国逐渐降低石油对外依赖，原油市场更多的将是需求快速增长的新兴经济体和欧佩克之间的博弈。在现阶段情况下，欧佩克对世界石油市场价格的影响力提升。

（四）拉美国家出现大规模的油气资源国有化政策

2012年4月16日，阿根廷政府强行控股该国第一大石油公司YPF，将西班牙石油巨头雷普索尔持有的大部分YPF股权直接平移给阿根廷政府。随后，玻利维亚紧跟阿根廷的脚步，对西班牙电网集团所属的国际电网公司实行国有化。一时间，类似于“拉美国家掀起能源资源国有化”的话题开始充斥媒体。

因为能够非常有效地在短期内增加国库收入，将外资公司国有化的做法在资金困难的发展中国家并不鲜见。拉美国家的油气国有化在历史上曾反复发生。这些举动恶化了该地区的投资环境，挫伤了区外公司的投资热情，最终损害了区内油气产业。

三、对中国油气产业发展的影响

（一）美国搅局中国南海事务，油气地缘政治风险加大

2012年5月，中国首座自主设计、建造的第六代深水半潜式钻井平台“海洋石油981”在中国南海海域正式开钻。南海凭借其天然的蕴藏丰富的战略性资源及其得天独厚的交通区位优势，成为国际政治的新聚焦点。美国实施“重返亚太”战略，联合日本及菲律宾、越南等国，阻挠中国南海开发，同时联合缅甸等国，封锁中国油气进口通道。俄罗斯也积极联合越南，希望插手南海问题。南海问题持续紧张，导致中国必须花费大量财力、物力去维护南海油气资源的正常开采权益。

对于南海油气问题，部分东南亚国家联合跨国石油公司开发已久，甚至是某些东南亚国家的经济支柱，因此中国推行海洋石油开发战略必然会对这些既得利益集团带来巨大损失，导致双方摩擦和博弈加剧，给中国油气资源开发带来风险。早在20世纪60–70年代，东南亚某些国家就通过与世界各大石油公司通过产量分成合同（Production Sharing Contract，PSC）合作，开始抢夺南海油气资源。这些东南亚小国给予国外公司极其优惠的政策，例如：越南政府规定，外方股份最高可占到80%，外国投资商不用缴纳所得税、海关税或与石油勘探活动有关的进口税；马来西亚、文莱等国的合作条件更加优厚，外方甚至可以获得产量分成的70%。低廉的开发成本吸引了埃克森·美孚、英荷壳牌、康菲

石油公司、英国石油（BP）公司等跨国石油公司进入南海疯狂开采，多个项目均进入中国"九段线"海疆之内。

对于南海问题，美国重返亚太战略也会以南海问题为切入点，增加区域不稳定因素。不难看出：第一，南海问题主要是美国在推波助澜，以达到打击中国，实现其"亚太战略再平衡"。第二，美国也非常清楚美国在华的巨大利益，中国经济发展对世界经济复苏及稳定的重要意义，因此，在南海发动大规模战争的行为还是会审慎对待的。因此，美国会通过鼓动东南亚小国，以南海问题制造矛盾和冲突，阻挠中国南海开发。

南海油气资源开发是一项国家战略，中国将继续推进海洋开发战略，小范围的冲突和摩擦可能难以避免。油气企业在开发南海油气资源的问题上，除了需要在技术、设备、保障等环节上努力，更多的要依靠国家经济、外交及多边合作的共同努力；此外也需要通过自身优势开展国际合作，加强与西方石油公司的合作模式开发，更好地开发利用南海资源。

（二）加拿大政府加强与亚洲能源合作，中国企业重返加拿大

作为美国最重要的石油战略盟友，加拿大政府开始考虑降低对美国的依赖程度及贸易多元化，并选择加强与亚洲的合作。加拿大政府已支持兴建一条从艾伯塔省油砂田通往太平洋海岸的管道，以便能够将燃料更快运抵亚洲市场。

2011年中国企业已对加拿大资源产业进行了大笔投资。中国主权财富基金中投公司（CIC）持有加拿大最大矿业集团之一泰克资源（Teck Resources）17%的股份。中国海洋石油公司（CNOOC）收购了卡尔加里市破产的油砂生产商Opti Canada。

进入2012年，中国国有油气企业对加拿大油气资源的收购更加频繁。2012年2月，中国石油天然气集团公司收购壳牌位于加拿大Groundbirch的页岩气项目20%权益；7月，中国石油化工集团公司以15亿美元收购加拿大塔里斯曼能源公司英国子公司49%权益；12月，中国海洋石油总公司以151亿美元对加拿大能源企业尼克森（Nexen）的整体收购通过审批。

加拿大政治稳定，资源丰富，长期以来都是美国的能源供应基地。随着美国能源独立，加拿大开始寻求海外合作，与中国寻求海外油气资源的想法契合。中国油气企业重返加拿大只是一个开始，中国或将更多进入该区域，寻找安全、稳定、低风险的资源合作项目。

（三）中非能源合作形成新模式并有新空间

随着中东等传统能源输出基地出现动荡，非洲的能源地位将得到进一步提升。中国与非洲能源合作由来已久，中非能源合作有更多发展空间。

“北京—巴格达”（B&B，Beijing- Baghdad）模式形成并推广。中国油气企业过去十年间在非洲大举投资，同安哥拉、刚果和南苏丹等产油国关系良好，目前中国正在加强“北京—巴格达”合作模式建设，这一模式包括从非洲的原油进口和以及对非洲的直接投资两个方面。不过这一模式可能迫使中国从经济上和政治上乃至军事上加大对合作的介入。由于这些国家都有较高的风险，因此这一合作模式也存在油气突然断供的情况，使投入成为沉没成本，甚至造成公民伤亡。

东非油气资源有较大发现。2012年3月，英国图洛石油公司宣布在肯尼亚北部图尔卡纳地区发现油层厚度达20米的大型油田；2012年9月，又在肯尼亚近海姆巴瓦海域水下2,553米处发现了厚达52米的天然气层。2012年5月，美国阿纳达科石油公司和意大利埃尼石油公司相继在莫桑比克靠近印度洋的区域发现储气量达30万亿立方英尺和10万亿立方英尺的大型气田。同期，英国天然气集团（BG）宣布在坦桑尼亚发现全新天然气资源，其储量足以确保坦桑尼亚正在建设的液化天然气（LNG）出口工厂正常运转。

国际经济环境对中国油气产业发展的影响

根据世界银行的估算，2012年全球GDP增长约为2.3%，其中发展中国家GDP增长率为5.1%，为十年来最低；发达国家GDP增长仅1.3%；今后几年，除欧元区外全球主要经济体经济将持续缓慢复苏，2015年发展中国家GDP增速有望达到5.8%，发达国家GDP有望升至3.3%；由于自救乏力，欧元区经济增长今后几年将维持在1.3%左右。可能出于对欧元区解决危机进展缓慢，美国债务和财政问题久拖未决，发展中国家投资增速可能大幅放慢，全球油气产业面临中断风险以及全球存在长期失业问题等因素的考虑，世界银行对经济增速的预期较2012年6月发布的数据有所下调。

一、2012年国际宏观经济环境分析及展望

（一）美国经济缓慢复苏

2012年，美国经济出现了复苏的迹象，这一趋势在2013年有望得到延续。

制造业复兴成为美国新经济增长点。美国正处于一个能源充足的新时代，丰富的能源资源基础和相对低廉的能源价格引导大量外包的制造业重返美国本土。与此同时，美国的劳动力成本也因为中国等新兴市场经济体工资水平上涨而显得更具吸引力。生产率不断提高、工资上涨缓慢、美元贬值等几个因素相结合，使得2002–2010年间，以美元计的美国制造业单位劳动力成本下跌11%，而以美元计的日本和德国制造业单位劳动成本分别上涨3%和41%，中国2006年至2012年间的平均工资年度涨幅则达到或超过了15%。诸多美国企业已经或者计划将原本设在中国、墨西哥等新兴经济体的部分生产线迁回美国。虽然制造业复兴为美国经济复苏提供了巨大支撑，但是，也有专家表示，美国的财政政策是影响美国制造业复兴的最主要不确定因素。此外，由于自动化导致产出率提高，美国很难将过去所有失去的工作岗位都找补回来。

美国能源独立支撑美国长期发展。美国页岩气开发的成功使得美国能源自给率（其主要指石油自给率，因为美国一次能源中主要是原油和石油产品需要大量进口）大大

提高。2012年，美国能源自给率超过80%，而据美国能源信息署（EIA）预计，在2035年这一比率将接近90%，充裕的资源和巨大的价差使得美国有望成为成品油和液化天然气（LNG）的净出口国，而国际能源署（IEA）在2012年9月曾提出美国或成为世界第一产油国。此外，美国一直是国际能源市场的主导力量，享受巨大的既得利益。加拿大和墨西哥湾的石油源源不断地流入美国库欣地区，充裕的供应使得美国西德克萨斯中质油（WTI）原油价格大幅倒挂欧洲北海布伦特（Brent）原油价格；全球屈指可数的大型跨国石油公司集中在美国，美国石油公司在海外的石油投资占据了全球优势区块，美国石油工程服务公司在国际石油服务市场中占有巨大份额。美国能源独立不仅会吸引大量制造业回流美国本土，还会使美国以更加独立从容的姿态出现在世界经济和政治事务中，并有重构国际能源市场结构的可能。

美国楼市复苏有利于推动经济增长。在美联储的低利率政策刺激下，2012年美国楼市价格连续数个月上涨，美国经季节调整的S&P/Case–Shiller房价指数一年内累计上涨3%左右；同时，新屋和成屋需求一直上升，甚至出现了局部地区供应紧张的情况；此外，新房开工率也不断增加，到2012年美国新房开工数较低谷时期上升了约80%。楼市的复苏使得房屋所有者有能力重新获得足够的资金为他们的抵押贷款获得再融资，从而促进消费者支出。美国行业组织——世界大企业联合会（Conference Board）表示，2012年11月，美国消费者对经济的信心指数升至73.7，为2008年2月以来最高。

美国财政僵局或带来巨大风险。“财政悬崖”主要牵涉四个问题：美国前总统布什的税收减免措施的到期；2%薪资税减免措施的到期；失业补偿措施的延长期届满；如果国会未能达成协议，满足“超级委员会”的减赤目标，那么由预算控制法案授权的自动支出及预算削减措施将会生效。上述措施共涉及约6000亿美元，约占美国国内生产总值的3.8%，而目前美国经济增速仅为2%左右。为了弥补“财政悬崖”造成的美国财政支出减少，美国国会拟调高为美国财政部发行国债设定的法定上限，进而克服所谓的“债务上限”危机。提高债务上限可能导致美国联邦政府产生主权违约，多项公共服务亦有可能因缺乏营运资金而受到影响，令美国经济进一步受到打击，主权信用等级可能再次遭到调低。

2012年12月31日，美国民主、共和两党达成解决“财政悬崖”的妥协议案，并在2013年1月1日的国会参众两院投票中获得通过。这项议案的主要内容形象地描述，就是美国将“财政悬崖”的垂直高度承担一部分，消除一部分，剩下的分摊到2013年乃至今后更长时期。但是，关于此问题的争论和博弈将在2013年持续，进而继续考验市场信心。诸多经济学家担心，如果美国采取半自动的紧缩性财政政策，那么美国应对赤字的方式就会越来越像欧洲，当利率达到零区域，以及所有国家同时实施紧缩措施的时候，财政乘数（反映的是紧缩对经济增长的影响）效应就会变得非常高，从而很可能把复苏扼杀在摇篮里，像目前的欧洲一样，陷入长期的经济衰退。

（二）发展中国家经济放缓，但前景乐观

2012年发展中国家经济增长速度普遍放缓了1–2个百分点，发展中国家的经济前景依然稳健（虽然比危机前增速放慢1–2个百分点）。如果发展中国家能立足国内需求，把重点放在提高生产效率，增加基础设施，改善教育、医疗，则可较好地抵御外部经济环境的冲击，保持较为稳定的增速，经济在2015年都能有不同程度的回升。

对东亚太平洋地区，中国经济影响明显。据中国国家统计局2013年1月15日公布的数据，2012年中国GDP增长7.8%，略超年初7.5%的预期目标。中国经济基本实现“软着陆”，预计中国未来几年经济增速将在7.5%–8.5%之间。从世界银行的数据来看，中国对于东亚–太平洋地区的经济影响非常明显。

受印度经济影响，南亚经济增幅放缓。由于印度经济增速大幅放慢，2012年南亚地区增长率由2011年的7.4%下降至5.4%。鉴于印度正在推行改革，区域内投资活动走强、农业生产正常化和出口需求的改善，预计该地区经济在今后三年会逐步回升，但难达到2011年的增速。

中亚各国经济增速有明显差异。据世界银行估计，2012年该地区经济增速从2011年的5.5%放缓至3%。同时，中亚各国经济增速有明显差异：与欧元区有密切经济联系的国家增长更慢；资源型国家则因大宗商品涨价的利好增长仍较强劲。预计该区域未来能够解决经济增长的结构性问题并提升竞争力，前景较为乐观。

中东北非及南非地区经济发展持续不平衡。中东北非地区由于政局动荡及战事冲突等问题，经济增长受到冲击，2012年该地区的GDP增速约为3.8%。南部非洲（指撒哈拉以南非洲地区）国家大多是资源型国家，受到大宗商品价格走高的带动，在2012年保持4.6%的增速，逾三分之一国家至少达到6%。鉴于中东及非洲国家经济发展都受到国内因素制约，经济增长差异会逐渐降低：中东北非经济将逐步回升，而撒哈拉以南非洲地区国家经济则会放缓。

拉美加勒比地区经济增长经历大幅减速。拉美加勒比地区由于区域内经济体内需减速、政治动荡及外部环境走弱，2012年GDP增长出现大幅回落，从2011年的4.3%下滑至3%。该地区最大的经济体巴西，2012年增长率不足1%。未来几年，随着外部经济复苏带来的外需增强、国内宽松的经济政策、基建投资增加及经济体制改革的推进，该区域经济有望缓慢回升。

（三）欧元区经济持续低迷

欧元区经济在2012年持续低迷，各大机构数据均认为欧元区经济全年萎缩3%–5%。德国作为欧元区经济的重要拉动力，在2012年的经济增长仅达到0.7%；另一个重要的经济体英国，经济增长几乎停滞，以致世界三大评级机构均已将英国主权债务信用AAA评级的前景展望调整为“负面”，标准普尔更表示“未来两年内，如果英国经济和财政恶化程度超出我们目前的预期，那么我们就有三分之一的可能性调降英国评级。”

欧元区各国的紧缩政策将在更长时期内延续。由于欧元区国家增税空间有限，削减社会福利支出成为各国紧缩政策的主要形式，这一做法导致贫困和不平等现象大幅上升。欧元区国家长期的紧缩政策既不适合企业投资，也不适合消费者加大支出。而如果没有外来经济增长刺激，欧元区各国将采取长期紧缩政策，经济将面临长期衰退。削减社会福利会带来社会不稳定因素，甚至会造成尖锐的社会矛盾。

（四）其他重要亚太国家经济情况

俄罗斯通过加入WTO积极提振经济。2012年俄罗斯经济增长约为3.5%，能源和原材料出口是俄罗斯经济的主要支撑。长久以来，俄罗斯内部对加入世贸组织的态度不一，有意见认为俄罗斯作为世界原材料商品的主要出口国，加入世贸组织意义不大，反而会有别国的商品大量进入，对市场造成冲击。目前俄罗斯内部对入世达成共识，认为入世对俄罗斯经济意义重大，除了一定不会开放的能源领域以外，俄罗斯希望通过入世加强与世界各国，尤其是整个远东区域的经济合作，吸引更多的外商投资，提振竞争力薄弱的农业机械、轻工业和纺织业等领域。

日本经济低迷，但是政府尝试结束通缩状态。自从日本发生地震及海啸后，日本经济受损严重，据高盛预测，日本2012年实际GDP增长约为1%。新首相安倍晋三希望尽快结束日本的通货紧缩状态，上任即推出了10.3万亿日元（合1,160亿美元）的财政刺激计划，并采取更加激进的货币政策，以实现经济与就业岗位的快速增长。但有经济学家担心，如果日本增加央行货币供应，供应量在全球可能会被放大，成为另一次大规模金融危机的导火索。

“东盟主要五国”逐渐成为亚洲经济增长新热点。据国际货币基金组织（IMF）的最新推算，由印度尼西亚、泰国、菲律宾、马来西亚和越南组成的“东盟主要五国”的名义GDP总量到2014年有望达到2.4360万亿美元，同比增长12%，将首次超越由韩国、台湾、新加坡和香港组成的“亚洲四小龙”（同比增长6%，约合2.4080万亿美元），而在21世纪初，“东盟主要五国”的名义GDP仅为“亚洲四小龙”的一半。中国大陆、日本、韩国、中国台湾等制造业企业正在加快进驻东盟市场。

二、全球宏观经济对全球油气产业的影响分析

（一）全年原油均价每桶110美元，欧佩克获巨额收益

2012年全年，欧佩克国家收获巨额财富。2012年1月，沙特石油部长阿里·纳伊米（Ali Naimi）曾在美国有线电视新闻网（CNN）表示，沙特有意让油价在整个2012年都保持在三位数的水平。工业化国家构成的七国集团（G7）则希望欧佩克提高产量限制，将油价控制在每桶120美元以内。北海布伦特（Brent）油价2012年全年均价达到每桶111.50美元，高于2011年创下的每桶110.90美元的全年均价历史纪录，使得欧佩克国家名义石油出口净收入达到1.052万亿美元，同比增长2.5%。

欧佩克在国际石油市场的影响力有了较大提升。大约十年前，欧佩克国家销售石油的收入尚不到2,000亿美元，也通常不主动表明理想的油价水平。但是，现在欧佩克的姿态越来越开放，会主动和G7集团沟通，对油价表态，并且认为欧佩克集团会对欧洲乃至全球经济产生某种形式的刺激作用。

（二）美国能源独立给美国带来更多利益

自20世纪石油危机以来，“能源独立”是美国能源产业长期坚持的一项基本国策。在美国一次能源中需要大量进口的主要是原油和石油产品，能源独立最重要的是石油独立。经过几十年的不懈努力，美国石油自给率逐渐提高。在2010年，由于美国国内供应宽松，西德克萨斯中质油（WTI）价格开始低于北海布伦特（Brent）原油价格；在2011年底，由于页岩气为代表的非常规能源开发，美国实现了自1949年以来的首次成品油净出口；2012年，美国能源自给率超过80%，而据美国能源信息署（EIA）预计，在2035年这一比率将接近90%。美国经过近五十年的不懈努力，离能源独立的目标越来越接近。

“能源独立”战略的实现将让美国经历数年经济和石油高度依存后，重新掌握经济和能源的自主权。但是，石油市场是全球性的，来自海湾地区的石油供应突然中断，美国一样会受到影响。如果石油危机导致欧洲与中国陷入衰退，美国市场也会受到重大冲击，而类似伊朗核计划这种石油领域之外的利益，也会吸引美国参与。美国“能源独立”会缓冲国际油气市场风险对美国国内经济的冲击，使美国以更加独立的姿态继续活跃在国际油气市场，并获得更多利益。

首先，美国将继续享受在国际油气市场的既得利益。原因有二：第一，美国会继续参与国际市场，不让西德克萨斯中质油（WTI）沦为区域基准油，使得美国本土制造业企业享受到了价格优势，以引导更多制造业及投资回流到美国，缓解经济危机带来的巨大压力；第二，全球屈指可数的大型跨国石油公司集中在美国，美国石油公司在海外的石油投资占

据了全球优势区块，美国石油工程服务公司在国际石油服务市场中占有巨大份额，美国必然积极活跃在国际油气市场，继续坐享其在国际市场的地位优势和巨额收益。

其次，全球天然气市场一体化将给美国石油公司带来巨大收益。目前，全球主要的三大天然气市场中，美国亨利中心天然气价格、欧洲天然气价格、亚洲天然气价格分别约为2美元左右/MMbtu（百万英热单位）、6美元/MMbtu和16美元/MMbtu。随着天然气市场一体化进程发展，北美页岩气的成功开发很可能促使北美天然气大量出口，以迎合亚洲等市场旺盛的需求，而三大天然气区域的巨大价差无疑会给美国石油公司带来巨额财富。

此外，美国将逐步淡出高风险油气供应区域。中东一直是美国传统的石油进口地，但是随着美国“能源独立”战略的实现，不仅为美国找到了一条可持续发展的能源安全路径，也正在改变全球能源、经济乃至地缘政治版图。不过，关于“资源诅咒”（指丰富的矿产资源会损害经济发展的观点）的研究认为，美国需要努力才能规避自身资源繁荣的陷阱。

（三）油气业的投资前景良好，银行进入石油供应领域

尽管世界经济复苏缓慢，但是油气产业投资前景依然十分乐观。首先，油价稳定在每桶100美元以上刺激勘探开发支出稳步增加。根据巴克莱（Barclays）数据显示，继2012年在勘探和开采上的支出达到6,000亿美元之后，2013年油气产业此项开支将达到近6,500亿美元。同时，2012年油气企业兼并收购也较为频繁，如2012年加拿大政府批准中国海洋石油总公司（Cnooc）以180亿美元收购加拿大能源集团尼克森（Nexen），又如康菲石油（ConocoPhillips）以17.5亿美元的价格，将其阿尔及利亚业务出售给印尼国家石油公司（Pertamina）。

此外，华尔街的银行正与石油交易商竞相向炼油厂销售原油，更深入地涉足石油供应业务领域。摩根大通（JPMorgan Chase）、摩根士丹利（Morgan Stanley）和高盛（Goldman Sachs）近来都与美国炼油厂商达成了供油协议，提高在石油供应方面的作用。尽管油价涨跌不定（目前价格对产业发展相当有利），油气产业的大笔开销看上去还会继续。例如，摩根士丹利与PBF Energy签订协议，向其位于俄亥俄州的一家炼油厂供应原油，并向该公司位于特拉华州和新泽西州的另外两家炼油厂购买汽油、柴油和润滑油。这样的协议帮助炼油厂锁定了昂贵的原油供应，但也使银行与嘉能可（Glencore）、维多（Vitol）等石油交易商和英国石油（BP）、荷兰皇家壳牌（Royal Dutch Shell）、雪佛龙（Chevron）等商业油气企业之间产生竞争。此外，摩根士丹利和摩根大通还游说监管机构，希望后者把大宗商品“远期”合约从禁止银行从事自营交易的沃尔克规则（Volcker rule）中剔除出去。如果这一工作取得进展，那么银行将进入石油供应领域，利用资金优势来影响市场。

三、对中国油气产业的影响分析

2012年中国石油和成品油进口来源区域基本稳定，但是由于美国能源独立的逐步实现，美国石油进出口结构发生了变化。作为世界最大的原油进口国之一，美国的进出口结构变化给中国获取油气资源腾出了空间，未来中国油气进口结构或有新调整。

2012年国际经济缓慢复苏，而中国经济尽管有所下降，仍然保持了较高的增速，中国经济对带动世界经济复苏起到重要作用。2012年中国油气产业海外并购及投资有重大举措，取得了较好的成果。这些成果中包括常规收购，如中国石油化工集团公司收购尼克森；也包括顺应中国天然气消费快速增长，多家中资企业收购的海外天然气资源；还包括顺应环境压力，对非常规资源的大量海外投资。

此外，由于中东北非局势及美国淡化从中东及远东的石油进口，中东石油出口逐步向远东地区发生倾斜，自西向东趋势明显。同时，对伊朗的制裁使得伊朗向东寻找合作伙伴。这些都使作为石油消费国大国的中国看到了利好。

（一）美国石油进出口结构变化，为中国石油进口提供了资源空间

美洲是美国最重要的石油进口地，主要从加拿大、委内瑞拉、巴西和哥伦比亚进口，这些地区进口量基本保持稳定。但是美国在美洲以外区域进口的石油量有不同程度的下降，这对于中国这样寻求油气资源的国家提供了资源空间。非洲国家自2007年起就是美国第二大石油进口地，美国主要从尼日利亚、安哥拉和阿尔及利亚进口石油，但是目前美国却降低了从非洲进口原油，尤其是降低了从尼日利亚进口原油的规模。此外，2012年，尽管美国在中东的沙特进口原油数增加，但是淡化从中东进口原油将是美国能源战略的重要部分，因此，长远来看，美国从中东原油进口规模将会逐渐降低。另外，美国从西欧和亚洲进口原油的数量比例较小且仍在继续降低。这些变化都为中国寻求海外油气资源提供了新的空间。非洲是中国长期油气合作资源地，中东油气供应也越来越向远东国家倾斜，而亚洲本地原油也是中国国内油价的重要参照，因此，中国可能获得更多油气资源。值得注意的是，美国从俄罗斯ESPO管道进口的原油量却有明显增加。针对这些变化，中国油气资源进口结构可能也会发生相应调整，有必要尽早制定应对策略和措施。

（二）世界经济增速减缓，中国油气企业加大对海外收购力度

由于中国经济的积累，中国企业本身有资金，同时还能够从中资金融机构获得融资，中国企业能用于海外发展的财力非常充裕。2012年，国际经济增速缓慢，中国油气企业大力收购海外油气资源企业，不仅收购规模在加大，而且收购对象也由传统自然资源领

域转向多元化。

中国海洋石油总公司收购加拿大能源集团尼克森。中国石油化工集团公司自2009年收购瑞士Addax石油公司之后，已在尼日利亚、喀麦隆和加蓬取得了一些石油资产。2012年底，加拿大政府批准中国海洋石油总公司（CNOOC）以180亿美元，收购加拿大能源集团尼克森（Nexen）。

多家公司收购海外天然气项目。受经济形势影响，如雪佛龙（Chevron）等国外油气企业多个天然气项目面临成本控制问题，资金足够的中国企业在2012年完成多项天然气海外收购，以应对中国天然气以每年20%的速度增加的天然气需求。

2012年底，中国石油天然气集团公司与英澳矿商必和必拓（BHP Billiton）达成协议，将以16亿美元价格收购西澳大利亚一个离岸天然气项目——Browse液化天然气（LNG）项目的10%股份。此外，日本受到核电危机的影响，也开始积极收购海外天然气项目，如以20亿美元的价格获得Browse项目的15%股份，同时签订了一份从Browse购买液化天然气（LNG）的长期协议。

同样在2012年底，中国燃气控股有限公司（China Gas Holdings）以4亿美元（约合31亿港币）价格购得英国富地石油集团（Fortune Oil）在中国大陆富地燃气集团100%的股份。富地燃气集团旗下28个项目，覆盖城市管道燃气、天然气压缩母站、煤层气气田开发以及车船用液化天然气（LNG）业务四大板块。项目覆盖城市人口超过210万人，至目前已累计拥有居民用户超过20万户，2012年全年新增接驳用户将超过5万户，天然气销售将超过5亿立方米。这一项目预计2013财年将为中国燃气新增利润2亿港元，2014财年新增利润4亿港元。

（三）中东石油交易市场东移，为中国提供了更多便利

亚洲地区是中东石油的传统出口国，随着世界经济自西向东移动，中东石油越来越瞄准远东市场，为中国原油进口提供了便利。

迪拜商品交易所在新加坡开办首个海外办事处。中东原油传统上只在纽约商品交易所和洲际交易所有合约，后来通过在新加坡商品交易所较成功地推出阿曼油原油合约，提高了中东石油纸货的流动性。由于中国和印度等国需求旺盛，迪拜商品交易所（Dubai Mercantile Exchange, DME）将在新加坡开设首个海外办事处，其新办事处及在线期货交易平台（由CME拥有的CME Direct系统）均已获得新加坡的监管审批。DME新加坡办事处将主打“阿曼原油期货合约”，使这项新基准能与芝加哥商品交易所集团（CME Group）的美国原油合约西德克萨斯中质油（WTI）以及美国洲际交易所（Intercontinental Exchange）的全球基准合约北海布伦特（Brent）原油相抗衡。

DME有60%左右的交易量来自新加坡，而在该所交易的原油中，有40%输往中国。“我们希望接近客户，我们认识到新加坡是亚洲的交易中心。我们也想通过新加坡来服务中国，”DME首席执行官克里斯·菲克斯（Chris Fix）说。“我们将目标对准了中国和印度公司的更多交易活动。亚洲在DME的发展中很关键。”

伊朗转向中东亚洲合作者，与中国实现人民币结算。美欧等国对伊朗的制裁旨在摧毁伊朗赖以生存的油气产业。在西方企业缺席伊朗石油贸易时，来自亚洲、东欧的企业填补了这些空缺，甚至有乌克兰石油公司高管表示，对伊朗制裁可以说是一个好机会。伊朗通过一些秘密渠道与来自中国、印度和俄罗斯等较友好国家企业合作，获得技术和设备支持，帮助伊朗油气产业继续生存和发展；同时，这些国家也通过成立一些小公司以易货贸易的形式购买伊朗石油，并通过向银行支付高额手续费完成支付。伊朗向这些国家提供本币结算服务，包括对中国出口石油实行人民币结算。

欧美针对伊朗的制裁行为给诸多亚洲企业带来了机会，优惠的投资政策也吸引不少投资。但是美欧的制裁机制非常严格，目前已经有十余家油气企业因为和伊朗从事能源领域的商业活动而受到制裁，大批跨国油气企业撤离伊朗。中国也有油气企业（如珠海振戎）就受到了美国制裁。这些制裁将增加中国油气企业的运营成本，并影响它们在全球其他区域的业务。但是，亚洲各国仍采取了秘密而曲折的手段与伊朗进行石油及设备贸易。

此外，尽管包括中国银行在内的中国商业银行迫于压力，中止了与伊朗的业务往来，但是还是有观点认为，对伊朗制裁实际会推动人民币结算在国际石油贸易中的比例。

世界油气产业发展分析与展望

2012年上半年年初欧盟发布对伊朗石油的禁运令，中东地区地缘政治矛盾不断演绎，受地缘政治因素和美国经济复苏增速等多重因素的推动，国际油价逐月攀升，3月份西德克萨斯中质油（WTI）油价每桶月均价达到106.23美元，北海布伦特（Brent）油价每桶月均价达到124.54美元，国际原油价格达到了年度内的最高点。但随着第二季度以希腊、西班牙、意大利等国债务问题的欧债危机为代表的国际经济形势低迷，伊朗局势趋于稳定以及欧佩克干预市场走势的市场信息等因素，国际石油价格不断回落，到6月份西德克萨斯中质油（WTI）原油每桶月均价降至82.39美元，北海布伦特（Brent）原油每桶月均价降至95.93美元，与3月最高年度价格相比分别下降了22.4%和23%。

2012年下半年，随着7月1日欧盟对伊朗禁运令生效，中东地缘政治危机凸显，一旦美国与伊朗的紧张态势升级，伊朗可能关闭霍尔木兹海峡，威胁石油供应。伴随着美国出台第三轮货币量化宽松政策（QE3），到9月西德克萨斯中质油（WTI）原油每桶月均价达到94.56美元，北海布伦特（Brent）原油每桶月均价达到113.03美元，3个月内分别上涨了14.8%和17.8%。由于欧债危机仍未解决、美国大选、财政悬崖困局，导致四季度国际油价步入高位震荡局面。

2012年油气勘探和生产支出6,400亿美金，增加主要集中在拉美、非洲、欧洲、中东以及俄罗斯，这些地区的总支出预计将攀升11%。拉美地区上升21%；非洲上升14%；而独联体国家则上升42%。目前世界已探明石油储量为1.8万亿桶。

国际能源署（IEA）报告2012年全球原油供给约为9,090万桶/日，需求约8,966万桶/日，供给微微大于需求，在全球石油需求受经济不景气拖累而创下2009年金融危机以来新低的情况下，全球油气需求重心也开始从大西洋两岸逐步向亚洲、特别是东亚地区转移。2012年，世界天然气产量增长3.1%，达到32,762亿立方米。

美国《油气杂志》分析2012年全球总炼油能力为44.48亿吨/年，比2011年略有增加，增幅为4,550万吨/年。亚洲炼油能力的增加带动了全球炼油能力的复苏，达到12.82亿吨/年，比2011年增加3,600万吨/年。

一、世界油气储量缓慢增长

2012年12月瑞士银行公布了目前世界石油储量前10个国家的最新排名。该报告指出，目前世界已探明石油储量为1.8万亿桶，世界石油储量前10个国家的最新排名，分别是：沙特362亿吨、加拿大184亿吨、伊朗181亿吨、伊拉克157亿吨、科威特138亿吨、阿联酋126亿吨、委内瑞拉109亿吨、俄罗斯82亿吨、中国60亿吨、利比亚54亿吨。

（一）欧佩克国家探明储量平稳增长

欧佩克国家依旧是世界油气探明储量的核心。2012年欧佩克国家的探明石油储量增长至1,196.3亿桶，较2011年增长2.5%；天然气探明储量略微增加0.6%，至94.4万亿立方米。其中，探明油气储量的增加主要得益于中东国家油气储量的攀升。伊拉克的探明石油储量大幅上升至1,431亿桶，相对2010年增加281亿桶；沙特阿拉伯探明石油储量小幅增加9亿桶，达2,654亿桶。委内瑞拉探明石油储量达到2,965亿桶，超过沙特成为世界上石油资源最为丰富的国家。天然气探明储量上，欧佩克国家总量增长较慢，中东国家中仅有伊拉克天然气探明储量保持较快增长，相对于2010年增长12.5%。

伊拉克石油产能增长主要源自库尔德地区，库尔德地区在国际石油巨头的帮助下，该地区的石油日产量预计将从目前的30万桶提高至2015年的100万桶，到2019年将高达200万桶，相当于委内瑞拉的石油产量。当前伊拉克探明石油储量约为1,730亿桶，其中有1,430亿桶储量已经经过审查，另外300亿桶位于库尔德地区。

（二）拉丁美洲油气储量大幅提高

据预测拉丁美洲探明石油储量达到3,368亿桶，占世界石油探明储量的20.4%。加拿大凭借丰富的油砂资源占据石油储量全球第三位，委内瑞拉更是凭借重油与超重油资源，取代沙特成为全球探明石油储量最大的国家，委内瑞拉一国的储量就占到全部的88%，欧佩克（OPEC）的年度报告探明石油储量比沙特高出近40亿吨，委内瑞拉成为名副其实的世界已探明石油储量第一大国，探明石油储量中有74.2%都集中在奥里诺科重油带，原油品质多为重质油，开发成本较高。

2012年，巴西探明石油储量上升至151亿桶，较2011年增长6.3%。其探明储量的成长主要得益于深海盐下层油气勘探开发，最近几年不断有较大规模的油田发现，成为拉美仅次于委内瑞拉的油气探明储量大国。得益于深海盐下层石油勘探开发，巴西石油探明储量2011年增加到美国的一半，已经明显多于欧佩克（OPEC）成员国墨西哥。巴西国内预测到2020年石油探明储量将达到550亿桶。

2012年，哥伦比亚已探明的原油储量高达20多亿桶，几乎相当于其七年的原油产量。

哥伦比亚如今正成为世界最具油气勘探和生产前景的投资市场之一，并有望迅速成为拉丁美洲的石油巨头。哥伦比亚的原油产量2012年达到了日均115万桶，为历史最高水平，哥伦比亚下一步目标是将原油日产量提高到150万至200万桶，以跻身到石油出口大国的行列。

（三）非洲油气储量潜力逐步显现

非洲传统产油国主要集中在北非和西非，尼日利亚、安哥拉、刚果（布）、赤道几内亚、加蓬、苏丹和乍得等是撒哈拉以南地区主要产油国。最近几年，西非和东非一些国家相继加入石油国家行列，随着2012年接连不断的油气发现，东非油气的开发潜力吸引了全球越来越多的目光，目前的东非正在引领新一轮非洲油气大开发。目前已确认拥有可观油气储量的东非国家包括索马里、莫桑比克、坦桑尼亚和肯尼亚，其中以互为邻国的莫桑比克和坦桑尼亚最被看好。东非大裂谷被认为有超过700亿桶的未开采石油储量。而肯尼亚、坦桑尼亚和莫桑比克的近海天然气储量合计估计有约250万亿立方英尺。南部非洲则发现了丰富的天然气资源，2011年，位于南非南部海岸和靠近阿米比亚的西部海岸已探明石油储量约1,500万桶。在西部的干旱地区，也发现了约485万亿立方英尺的页岩气资源。

（四）独联体油气探明储量增长明显

独联体地区面积广阔，拥有丰富的石油天然气资源。2012年独联体地区探明石油储量达到1,269亿桶，同比增长1.2%；天然气探明储量有17.6%的大幅增长，达74.7万亿立方米，接近世界总探明储量的40%。作为最大的产油国，俄罗斯探明石油储量增长1.8%，达882亿桶；天然气探明储量增值44.6万亿立方米，占世界储量的21.4%。2012年俄罗斯新发现的油气资源量高于生产量，新增6.81亿吨石油和8,160亿立方米天然气探明储量，石油的资源替代率为131%，天然气的资源替代率为125%。

内陆国家土库曼斯坦在天然气勘探上获得重大突破，天然气探明储量大幅成长81.3%，至24.3万亿立方米，约占世界储量的11.7%，其国内的南约洛坦气田储量可能超过21万亿立方米，成为世界第二大气田。丰富的天然气资源得到了众多周边国家的关注，印度、中国乃至欧盟均有浓厚的兴趣参与土国天然气开发，但由于土库曼斯坦地处中亚内陆，境内地形复杂，天然气管道建设费用昂贵，其天然气产业发展仍面临众多制约。

（五）天然气探明储量逐步提升

2012全球天然气剩余探明可采储量为208.4万亿立方米，比2011年增长6.3%。数量增长最多的是独联体地区，增加10.7万亿立方米，增长15.7%，中东地区天然气探明储量小幅增至80万亿立方米。其中伊朗33.1万亿立方米，卡塔尔25万亿立方米，沙特阿拉伯8.2万亿立方米和阿联酋6.1万亿立方米。西半球增加6,000亿立方米，增长3.4%；亚太地区则增加3,000亿立方米，增幅1.8%；部分地区和国家天然气探明储量没有获得新进展，西欧各国储量维持在3.6万亿立方米，非洲总储量14.5万亿立方米，个别国家如伊朗天然气探明储量也未发生明显变化。中东北非地区已探明天然气储量高达88万亿立方米，占全球已探明储量的近42%。国际能源署（IEA）在中期天然气报告报告中预计未来五年天然气需求将增加17%，中国与美国将推动世界天然气需求增长。

页岩气革命仍在继续，大幅提高了美国的天然气探明储量。美国能源信息署（EIA）报告称，远景页岩气气可采储量827万亿立方英尺，较“美国潜在天然气资源委员会”（PGC）预测的661万亿立方英尺高出25%。美国页岩气产量在攀升，预计到2035年页岩气产量将占全美天然气产量的45%。飙升的产量拉低了天然气价格，并深刻改变着美国的能源体系。

二、世界油气勘探开发投资稳步增长

虽然2012年经济衰退和政治危机延缓了国际石油市场勘探开发投资的步伐，世界油气勘探开发投资依然保持着健康的发展态势，各个领域的投资都创新高。在投资分布上，石油和非常规油气投资更受投资者青睐，而常规天然气投资则维持现有水平。投资银行巴克莱资本（Barclays Capital）报告称，2012年全球油气勘探和生产的开支有望创纪录，在2011年5,440亿美元的基础上提高10%，达到5,980亿美元。2012年勘探和生产支出增加将主要集中在拉美、非洲、欧洲、中东以及俄罗斯，这些地区的总支出预计将攀升11%。拉美地区将上升21%；非洲将上升14%；而独联体国家则上升42%。

全球所有地区的油气勘探和生产领域的投资都将有所增长。欧洲地区的投资增长幅度最大，达到26%，其中英国北海地区投资增长幅度达到33%，各大企业尽力阻止该地区成熟油藏和气藏产量的下降。另外，独立国家联合体中该项投资的增长幅度也较高，这主要是因为俄罗斯卢克石油公司（Lukoil）和乌克兰石油天然气公司（Neftegaz）等几家企业大幅增加了他们的支出。相反，中东地区的油气勘探和生产领域的投资金额增长幅度有所放缓，在2011年飙升了50%之后，2012年投资金额停止增长。2013年，所有地区勘探和生产的投资都将实现大幅增长。原法国石油研究所经济部成员Nathalie Alazard-Toux指出，目前数项多年期项目正在进行中。近海市场将成为这些投资的主要受益者，海上工程量增长了8%，而除了北美以外的陆上工程量下降了9%。北美地区的陆上工程量保持稳定。

总体来讲，2012年，油气勘探和生产领域的投资金额将超过2008年的水平，预计

2013年该领域投资的增长幅度15%。2012年，海上油井的数量增长了14%，而陆上油井的数量仅增长了5%。此外近海建造工程的数量预计2013年将增长15%。

（一）世界油气勘探开发投资再创新高

2012年，世界勘探开发投入继续延续2010年以来的上升态势，总投资达到6,400亿美金，较2011年增加13%，增长近730亿美金。欧洲和独联体国家是投资增长最有活力的地区，投资增速分别达26%和22%。亚洲和拉美地区紧随其后，分别有15%和16%的增幅。北美和中东地区增速最慢，增幅接近6%。非洲地区的勘探开发投资曾在2011年短暂停滞，但2012年有了10%的增长。

2012年世界各个地区的勘探开发投资都创新高。欧洲地区的勘探开发投资增长最快，其中英国北海地区投入增速最快。此地区2012年的勘探开发投资达到181亿美金，较2010年的136亿美金增长了33%，巨额的投资主要用于现有主要油气资产的维护和再次开发。在挪威，投资增速达到21%，挪威当局预计2013年的增速将回落至10%。在俄罗斯，俄罗斯天然气工业股份有限公司（Gazporm）用于油气勘探的投资回落23%，但俄罗斯卢克石油公司（Lukoil）和Surneftegaz勘探开发投资的增加弥补了Gazporm投资的减少，并使勘探开发投资总额增加。在亚太地区，勘探开发投资保持增长，这主要是因为中国两家国有油气企业加快了各自的油气勘探脚步以及澳大利亚液化天然气（LNG）项目的开展。在拉丁美洲，巴西海岸深水油气田的开发推动了投资的增长。2011年，利比亚危机和尼日利亚大选等众多不确定性政治因素曾影响了油气投资者的信心，但在2012年非洲地区的勘探开发投入恢复增长。中东地区的油气勘探开发投资曾在2011年有较大增幅，但2012年的增速回落到一个较为平和的水平，该地区的投资主要由沙特和伊拉克的石油增产行动来拉动。在美国，天然气价格的回落减少了投资者对天然气生产的热情，但投资资金开始向石油和致密气的勘探开发转移，从而使总投资保持增长。

（二）东非具备巨大油气勘探开发潜力

随着政治内乱的逐渐平息，非洲等地区的油气勘探活动将会回升，进而带动油气勘探和生产方面的支出增加。近些年来，分布在坦桑尼亚南部到莫桑比克北部的Rovuma海岸盆地一直被认为蕴藏极为丰富的天然气资源，预计资源量仅次于巴西Santos盆地和Zagros盆地（伊拉克/伊朗）。2012年，ENI和Anadarko联合宣布这一地域的资源量可能超过前述两处盆地。Rovuma海岸盆地蕴藏的巨额财富的发现吸引了世界许多大型油气企业的关注，在与壳牌进行激烈竞争之后，泰国石油公司PTTEP成功从Cove Energy手中购得该地区区块1的部分股权。

2010年2月，Anadarko第一次宣布在莫桑比克成功进行天然气勘探活动，之后陆续有一系列天然气资源勘探发现的消息。2012年上半年，ENI宣布根据最新的勘探结果，区块4的天然气资源增加到接近2万立方米。这两家石油公司的勘探成功率是极高的，ENI和Anadarko的成功率分别达到了90%和100%，已探明的天然气资源量相当于阿尔及利亚近一半的天然气储量。在勘探许可证到期之前，两公司计划进行进一步的勘探活动，ENI打算至少再钻探8口勘探井，而Anadarko的勘探计划则为14口。挪威国家石油公司和马来西亚国家石油公司将在2013年开始盆地南边区块的勘探，而在新的一系列勘探许可审批下来后，又将有一批国际石油公司加入这一行列。

目前，在莫桑比克所发现的资源量已足以支撑液化天然气（LNG）的商业化生产，而坦桑尼亚则需要小部分待证实的天然气储量才能满足经济性要求。但在后续的勘探活动结束之后，这将不是一个问题。倘若上述两国建成商业化的液化天然气（LNG）生产能力，将成为继卡塔尔和澳大利亚之后的液化天然气（LNG）出口国。ENI和Anadarko都表明了计划于2018年在莫桑比克生产液化天然气（LNG），BG也表示要在2020年在坦桑尼亚进行液化天然气（LNG）生产，尽管规模化的液化天然气（LNG）生产还面临一系列技术和商业问题。该地区拥有光明的勘探前景，天然气品质高、易处理，预计若建成液化天然气（LNG）生产能力，此地区天然气可以直接供应需求高速增长的中国和印度市场。

（三）北美天然气价格低迷影响投资结构

在美国天然气生产中，页岩气产量的增加占据了增幅的很大比例。与此同时，北美天然气价格创十年以来的新低，只有$1.9/MBtu，远低于北美天然气生产$5/MBtu的平均成本，在现有的价格水平下天然气生产商将亏损经营。为了获取利润，美国油气生产商选择大量投资更赚钱的石油或者天然气凝析液的勘探开发。而此前生产业务多以天然气为主的厂商，如Chesapeake，全美第二大天然气生产商，现在财务上面临很大的困难。为了摆脱财务困境，Chesapeake选择出售其价值14亿美金的资产来还债。Chesapeake指望依赖其在Eagle Ford和Utica的页岩资源来扭亏为盈，而这些资源以湿气和石油为主。

从2011年下半年开始，美国油气生产商纷纷选择投资液体烃类资源丰富的地区，美国石油产量因此有了相对可观的增长。2011年全美页岩油的产量超过900,000桶/日，2012年产量还在不断增加中，四年内页岩油产量增长了450%。技术进步使得石油油井开发成本降低，在北达科他州，油井产量在五年内翻了一翻，从而提升了投资者的热情。

低迷的天然气价格也使得美国公众展开关于液化天然气（LNG）出口的讨论，虽然目前美国国内的液化天然气（LNG）项目并没有得到联邦政府的许可。奥巴马政府致力于抑制国内通货膨胀，而美国能源局关于大规模的液化天然气（LNG）出口的研究结果尚未出炉，此议题的讨论又遭遇美国大选，因而被搁置。若美国当局允许液化天然气（LNG）出口，必定有大量资金涌入液化天然气（LNG）出口产业。

（四）世界各国推进投资非常规油气资源勘探开发

在欧洲，尽管遭遇到重重阻力，已经有国家开始投资进行非常规油气勘探开发。目前，仅有法国、保加利亚、捷克、罗马尼亚立法暂停对非常规油气资源的水力压裂，英国的页岩气勘探活动被行政当局叫停。德国公众对使用水力压裂的勘探方式还在激烈讨论，但数州已经向非常规油气勘探发放许可证。而在波兰，页岩气勘探还在继续。尽管在修正后，波兰页岩气资源量减少，但BNK Petroleum 和San Leon Energy同时在2012年8月份宣布勘探活动有油气发现。

在加拿大，目前页岩气产量已经占到总产量的2%，致密气的产量占到34%。在英属哥伦比亚省的Apache，Liard盆地新发现一个巨大的页岩气藏，据美国AIOGC估计，其商业化的资源量至少为13,600亿立方米。这一气藏的地理位置极佳，被誉为北美最好的非常规资源，它的发现将会使开发中的Kitimat 液化天然气（LNG）终端的出口能力翻番。该终端计划于2017年向亚洲出口液化天然气（LNG）。

在阿根廷，在征收Repsol的资产之后，刚刚国有化的YPF打算在五年内投资370亿用于开发非常规油气。国有石油公司还与雪佛龙签订协议开发Neuquén的非常规资源，之前国有石油公司已经在前期勘探中花费巨额资金，这一盆地据称包含74,100万桶页岩油。据美国能源部的资料，阿根廷拥有大量的页岩油气资源，储量仅次于美国和中国。

中国规划在2015年生产65亿立方米的非常规天然气，2020年产量达到600–1,000亿立方米。中国石油化工集团公司最近开始了其第一个页岩气项目，到2012年年底估计会有3–5亿立方米的产量，并在2013年产量达到10亿立方米。2012年3月份，壳牌和中国石油天然气集团公司达成协议分享页岩气产量，2011年与中国石油天然气集团公司合作，英荷壳牌集团已经投入4亿美金用于中国境内的页岩气勘探开发，共钻探15口井，获得了令人鼓舞的结果。另外，中国海洋石油总公司也在2012年年初开始了其第一个页岩气项目。

在中东北非地区，BP将会投资240亿美金勘探阿曼境内的致密气资源，并规划在2017年开始商业化生产，2019年达到100亿立方米的年产量。阿尔及利亚国家石油公司和壳牌合作，已经钻探了第一口页岩气井，阿政府声称可采资源量达到170亿立方米，当局还计划向参与勘探页岩气资源的公司以资金支持。

（五）2013年勘探开发投资继续保持高速增长

法国工业部进行监管的工商业公共机构——法国石油可再生能源研究所（IFP

Energies Nouvelles）IFPEN发布的年度报告显示，在高油价带动下，近两年世界油气勘探开发投资持续增长。2012年，全球油气勘探开发投资增长了13%，达到6,400亿美元，超过2008年的历史高位，其中海上油井的数量增长了14%，陆上油井的数量增长了5%。

2013年世界经济形势会略微好转，但仍面临很多不确定性因素，高油价的情况很可能会继续。预计2013年世界油气勘探开发活动仍然会比较密集，投资增长幅度大概会高于13%的水平。在北美地区，长期来看，投资会集中于源烃类开发、加拿大油砂、墨西哥湾深海油气等方面。在拉美地区，巴西海岸油气田的勘探开发将会需要接下来几年的大量资金投入。在澳大利亚，经政府批准的液化天然气（LNG）项目需要在五年内投入1,700亿美金的资金。伊拉克境内的勘探开发投资活动将也会在未来至少五年内保持相对活跃的水平。在欧洲，为了应对北海油田的产量递减，挪威计划在巴伦特海展开新的油气勘探活动。在独联体地区，俄罗斯总理普京曾于2012年4月份答应对北冰洋的海洋油气勘探提供税收减免，这将刺激北极的油气勘探开发投资，Rosneft和ExxonMobil最近已经开始北极勘探合作。

三、世界油气产量继续保持小幅增长

2012年12月，全球原油日均供应量达9,120万桶，环比减少17万桶。石油输出国组织（欧佩克）成员国日均供应量降至全年最低点3,065万桶。非欧佩克成员国日均产量则增至5,420万桶。国际能源署预计2013年，非欧佩克成员国日均产量将升至5,430万桶，增幅将创2010年以来新高。

2012年，世界天然气产量增长3.1%，达到32,762亿立方米。作为世界上最大的天然气生产国，美国天然气产量增加了7.7%，创造了近几年增加量的纪录，达到6,513亿立方米，保持了世界第一大天然气生产国的地位。天然气生产同样在其他一些国家增长迅速，卡塔尔、俄罗斯和土库曼斯坦天然气产量分别有25.8%、3.1%和40.6%的增长，增长量抵消并超出了利比亚（–75.6%）和英国（–20.8%）天然气产量的下降。欧洲地区在老油气田产量下降和低迷的需求等种种因素影响下，天然气产量创纪录的下降了11.4%。一些非经合组织国家天然气产量健康成长，如中国天然气生产增长了8.1%，中东其他国家，如沙特阿拉伯和伊朗，产量也有较大增加。

目前全球非常规天然气产量达5,580亿立方米/年，填补了很大的能源缺口。美国、加拿大和墨西哥三国的产量预计将从2011年的5,140亿立方米增至2020年6,100亿立方米，2035年将可能增至7,800亿立方米。

（一）美国石油产量持续增加，有望实现能源独立

在国际能源署（IEA）最新的政策情境下，受益于非常规石油（致密油和油砂）的成功开发，2012年美国原油产量达640万桶/日，比2011年增加80万桶/日，美国能源部能源信息署预计2013年达730万桶/日，2014年将增至790万桶/日，届时将成为1988年以来的最高日产量。到2017年，美国将超过沙特成为世界上最大的石油生产国，而整个北美地区（美国、加拿大和墨西哥）将在2030年成为净石油出口地区。国际能源署（IEA）还认为，在今后十年内美国可以几乎不从中东进口石油，90%的中东石油将流向亚洲。而产量增加和交通节能措施的施行，将使美国整体石油进口在十年内从目前的1,000万桶/日降到400万桶/日。

页岩气革命使得北美天然气产量持续飙升，供给持续增加而需求却无太多变化，由此天然气价格低迷，传统的干气生产已经不具有经济开采价值。而与此同时，石油价格持续走高，过去十年西德克萨斯中质油价格几乎翻了四番，2008年曾达到147.21美金/桶，2012年也保持在77–109美金/桶的高位。为了获得经济利润，在过去数年，美国的油气商纷纷选择去生产开发湿气和石油资源，这使得美国石油产量不断增加。美国能源信息署（EIA）预计，2012年美国页岩油日产量将达72万桶，相当于其国内石油日产量的12.5%。鉴于北美页岩油气产量显著增加，欧佩克的报告提高了来自非欧佩克成员国石油供应的预测。数据显示，到2016年，来自非欧佩克成员国的石油供应将达到每天5,660万桶，比2011年增加420万桶。

页岩油气革命令美国石油供求结构发生质的转变，2013年美国原油日产量预计增幅将达到50万桶，并且伴随页岩油气革命的进一步深化、加拿大油砂产出的不断增长，以及巴西沿海原油开采的加速，美洲沿线晋升为新全球石油供给中心的轮廓将更加清晰。

随着页岩层钻探活动的增加，2013年美国的原油日产量可能突破700万桶，这将是自1992年以来首次。随着美国加大开采页岩油气等非常规油气，该国正在迈向全球最大的原油和天然气生产国之一。国际能源署（IEA）预计，五年后美国将超越沙特成为全球最大原油生产国，到2035年则将实现能源自给自足，随着天然气石油等能源产量的增加以及可再生能源的发展利用，美国很可能会实现能源自给自足。国际能源署（IEA）在近期发布的《世界能源展望》中称，美国石油生产会在十年内超越沙特，从而实现能源独立。

（二）欧佩克油气产能富余，产量稳中有增

2012年，欧佩克国家年中的实际原油生产达到3,300万桶/日，较年初有小幅增加。尽管之前有传闻称沙特阿拉伯石油大臣暗示将欧佩克（OPEC）官方限额上调100万桶，但在维也纳的欧佩克（OPEC）总部会议结束后，成员国决定维持现有的官方产量。欧佩克（OPEC）成员国考量的还是价格因素，一些国家如伊朗和委内瑞拉害怕提高官方限额

会降低石油价格。根据国际能源署（IEA）的最新报告称世界石油生产量超出了需求量约100万桶/日，而且世界范围内的石油库存都在增加。

2012年4月底，伊拉克的石油产量达到了303万桶/日，是数十年以来最高的水平。而仅仅3个月后，伊拉克超越了伊朗，成为欧佩克（OPEC）第二大石油生产国。之前伊拉克政府购买了两套漂浮式出口终端，每个终端都拥有90万桶/日的吞吐能力。伊拉克政府还改善了岸上用于出口石油的基础辅助设施。国际能源署（IEA）预计伊拉克增产的石油将占到欧佩克（OPEC）产量增加的80%，伊拉克的原油产量在2010–2016年的几年里将日增187万桶。当前伊拉克的石油产量已经突破300万桶/日，超过伊朗成为欧佩克第二大产油国，较其2011年日均原油产量高出30万桶。产量的提高与伊拉克在波斯湾新开一油轮装载设施有关。伊拉克原油产量自战争结束后便开始缓慢但稳步增长。伊拉克政府与埃克森美孚、BP、雪佛龙以及道达尔等，战后一道修复了现存油田并寻找新的资源。三十年来，伊拉克石油日产量首次超过300万桶。2012年初，伊拉克赶超伊朗成为石油输出国组织中第二大石油生产国，仅次于沙特阿拉伯，再次跻身世界产油大国行列。国际能源署（IEA）预测，伊拉克石油产量将由2012年的每天300万桶升至2035年的800万桶。伊拉克2035年将贡献全球石油产量增长的45%。

国际油市主角的欧佩克近两年原油出口收益颇丰，即便中东局势前景难料，但受经济利益的驱使欧佩克（OPEC）各成员国仍将维持扩产步伐。

（三）俄罗斯石油增产乏力，积极扩大出口

2012年俄罗斯石油产量达到5.18亿吨，比2011年的5.11亿吨有所增加，同比增长1.3%，天然气产量达到6,550亿立方米。石油加工量2.66亿吨，增长3.5%。俄能源部预计到2020年，年采油量在5.05–5.1亿吨左右，为苏联解体后的最高值，超过沙特，成为全球最大的石油生产国。但随着西西伯利亚油田的枯竭，俄罗斯石油增长势头将会放缓。俄罗斯计划到2020年前将其石油产量保持在每天1,000万桶以上的水平。俄罗斯2013年很可能超过沙特阿拉伯成为世界最大原油生产国并把这个位置一直保持到2023年。

四、世界经济增长乏力影响石油消费

根据国际能源署（IEA）的数据显示，2012年全球原油供给约为9,090万桶/日，需求约8,966万桶/日，供给微微大于需求，在全球石油需求受经济不景气的拖累而创下2009年金融危机以来新低的情况下，全球油气需求重心也开始从大西洋两岸逐步向亚洲，特别是东亚地区转移。

最新数据显示，欧洲石油需求出现了金融危机发生以来又一次大幅度减少，2012年第三季度下降尤为明显。从全球范围来看，国际能源署列出的全球十大石油消费国依次为美国、中国、日本、印度、俄罗斯、沙特阿拉伯、巴西、加拿大、德国和韩国。作为新兴市场国家，中国、印度、俄罗斯和巴西石油需求将继续保持增长，而多数发达经济体石油需要将保持稳定或微降，其中日本降幅较大，预计将达3.6%。中国和印度领衔的非经济合作与发展组织（OECD）国家在全球经济中所占的比重越来越大，同时也成为越来越多原油出口的新目的地。2012年中国进口原油27,109万吨，同比增长7.3%，原油对外依存度为56.42%。

2013年全球经济预计将增长2.4%。2012年全球石油日均需求将达8,970万桶，2013年全球石油日均需求将达9,050万桶。国际能源署预计，全球石油日均需求2012年第四季度将升至9,050万桶，但2013年上半年将有所下降，到下半年有可能回升至9,110至9,160万桶的水平。

（一）世界经济增长放缓影响石油消费

2012年，世界经济增长乏力，低迷的经济形势影响了石油消费，欧佩克（OPEC）预计2012年世界石油消费仅增加76万桶/日，平均8,880万桶/日。统计上，经济合作与发展组织（OECD）国家石油消费下降了0.76%，其中美国下降了1.05%，而在欧洲则为2.97%；中国石油消费增长5.0%；前苏联地区消费增长2.39%；拉美、中东和非洲合计增长2.52%。

世界主要经济体，包括美国、欧洲、日本以及新兴经济体都面临着很多问题。尽管德国和美国经济状况有所好转，但其他地区的经济形势较差。整个欧洲大陆债务危机为背景经济状况持续。中国为代表的亚洲经济也显示放缓的迹象，日本经济增长也由于出口和内需的问题而几乎停滞不前。

经济活动仍然是推动石油消费的主要动力。工业生产减少，石油消费伴随降低，此前世界石油日均消费曾因为美国和中国工业生产的放缓而在10月份出现大幅降低。此外，由于放缓的经济增长和燃料零售价格的提高，在夏季的石油消费高峰，交通运输业所消耗的石油也大幅减少，这也是致使世界石油消费速度放慢的原因之一。

（二）美国需求疲软和非常规替代传统油气

2008年爆发全球性金融危机的时候，美国原油产量降至冰点，不足500万桶/日，但在2012年逐渐好转，增加到643万桶/日，预计2013年将提高到730万桶/日。与产量增加相对应的是需求疲软，其中最主要的原因就是经济持续衰退。经济危机爆发前的2007年，美国原油消费总量达2,070万桶/日，到2012年已降至1,870万桶/日，降幅超过了2%。2013年美国日原油产量有望增加90万桶，达到730万桶。这是自1859年美国实现商业化石油开发以来产量上出现的最大增幅。预计到2014年，美国原油产量还将增加60万桶/日，升至800万桶/日，从而达到1988年以来的最高水平。增产的主要动力源自北达科他州和德克萨斯州页岩油开发加快。美国能源信息署（EIA）预测由于需求增长乏力，2014年美国石油进口量将降至25年来的最低水平。2014年，美国包括原油和石油产品在内的石油净进口量将减少到600万桶/日，是1987年以来最低水平，还不到历史最高水平一半。

（三）多重因素推动欧洲石油需求下降

截止2012年底，欧洲石油消费已经连续收缩，这反映出该地区经济形势的持续恶化的状况。西欧主要经济体，德国、法国、意大利和英国国内石油消费都出现下滑，以交通运输和工业生产石油需求下降最为明显。在债务危机欧洲大陆不断蔓延的大环境下，欧洲石油消费在短期内不会有正的增长。2012年9月份较2011年同期，欧洲四个主要经济体的石油需求下降了35万桶/日。

经济问题并不是导致欧洲石油需求下降的唯一原因。德国的零售汽油价格曾在2012年8月份达到1.69欧元/升并保持高位。主要原因是德国政府对石油产品所征收的较高的消费税，高税收使得德国交通运输燃料消耗下降。现实情况是，税收政策在整个欧洲都是一个整体的趋势，并不仅局限于德国。

意大利石油工业联合会年度报告数据显示，2012年意大利石油消费量降至6,300万吨，较2011年同期下滑11.4%，跌至20世纪60年代初期水平。2012年意大利石油消费量骤减主要是由于能源需求同比减少4.3%，滑落至20世纪90年代中期水平。

为了谋求达到欧盟减碳标准，英国政府计划减少以煤炭、石油为燃料的火力发电厂的数目。预计在2015年之前，英国的电力供应将出现一个缺口。根据英国煤气电力市场办公室Ofgem电力产能评估报告，在2015年之前，英国将会关闭有11 GW产能的以煤炭和石油作为燃料的火电厂。在这种情况下，如何在三年内弥合电力供应的缺口依然未知。英国政府可能倾向于建造更多的核电厂，尽管这有可能会引起公众的反对。

（四）受经济和政策影响中国石油需求回落

中国2012年原油进口量共计2.7亿吨，相当于日均进口540万桶，较2011年增长了7.3%。在2012年夏天，石油消费最旺盛的季节，中国石油需求就已经萎靡不振，石油消费量大大低于之前的增长预测。9月份的电力消费量仅增长了2.9%，从1月份以来增幅最小。而电力消费的停滞是经济增长放缓的征兆，经济增长趋缓使得石油消费量减少。与2011年同期相比，9月份的石油消费增长了20万桶/日，整个三季度的平均石油消费只有17万桶/日。

除了放缓的经济成长，中国政府旨在抑制石油需求的政策措施也影响了石油消费。

第一，中国政府通过制订新的法律来控制大城市的私家车销售，9月份的汽车销售量曾下跌2%；第二，改革石油价格机制，从而将国际石油价格的升高转移给终端用户。以此，中国的石油需求略有萎缩。

中国的汽油消费在2012年增长了12.3%，反映出交通运输产业的繁荣，而柴油消费则因为工业生产的放缓而减少。中国经济在第四季度能够逐渐复苏，柴油消费有所增加。随着工业制造的逐步恢复，柴油需求将会更有活力。基于经济下行的风险，欧佩克（OPEC）预计，中国石油的消费量将继续增长。但若中国经济在2013年年底实现触底反弹，全年石油消费预估将和之前评估的一致。

五、世界石油价格持续保持高位震荡

（一）石油价格波动幅度大，但仍居于高位

2012年，受经济、金融、地缘政治等因素影响，西德克萨斯中质油（WTI）价格延续了2011年高位震荡的格局，全年一直在77美元/桶至109美元/桶之间波动。2012年第一季度，受欧盟同意共同实施对伊朗石油的进口禁令以及伊朗威胁封锁霍尔木兹海峡等因素影响，国际油价大幅震荡上扬，在3月份达到了最高点——109美元/桶。随后，国际油价直线下滑，且下跌幅度较大，这主要受三方面因素影响：以沙特为首的欧佩克产油国家大幅增加石油生产，不仅消化了伊朗石油减产带来的市场冲击，而且使国际原油市场供应处于五年来最宽裕时段；希腊主权债务危机导致欧盟多国同时遭受信用危机，市场对欧债危机的担忧升级；美国和中国的经济数据表现低于市场预期。这些因素使得国家油价在6月份下跌到最低点77美元/桶。第三季度，受欧债问题达成突破性协议以及相关救援政策影响，国际油价又呈现出了上升态势，在9月份达到了99美元/桶。第四季度，在全球宽松货币政策、中东地区紧张局势、全球经济增长放缓、欧洲债务危机等多重因素交织影响下，国家油价延续了震荡的趋势，且略有下跌。

（二）经济和地缘政治是影响国际油价的主要因素

国际石油价格，一直在低迷的经济形势和紧张的地缘政治局势两大主导因素之间波动：低迷的经济形势影响国际市场对石油的需求，进而拉低国际油价；紧张的地缘政治局势则引发市场对原油供应不足的预期，增加国际市场原油期货市场的投机活动，进而推高油价。2012年，伊朗核问题是推高国际油价的主要地缘政治因素。为促使伊朗放弃核计划，美国对伊朗采取了严厉的经济制裁措施，冻结伊朗中央银行资产，迫使其他国家因无法结算而中断或减少从伊朗进口石油，并增加了在海湾地区的军事部署；欧盟则

禁止成员国从伊朗进口、转运原油和成品油，并不得为伊朗石油贸易提供融资和保险服务。作为回应，伊朗宣布停止向欧盟国家输送石油，并威胁关闭霍尔木兹海峡，以及摧毁以色列军事目标。这些因素引起了国际社会对原油供应不足的预期，促使国际油价在2012年第一季度以及7月、8月份持续上涨。2012年，欧债危机是拉低国际油价的主要经济因素。2012年上半年欧债危机持续发酵，欧元区经济继续衰退，希腊政府财政濒临破产边缘，这些因素使得国际油价在第二季度大幅下跌。

（三）金融投机是国际石油价格高频波动的主导

虽然导致油价高企的因素很多，但投机资金的运作已成为国际油价震荡的重要原因之一，同时这也是最难以确定和预测的因素。越来越多的迹象表明，金融投资者的投机行为，已成为近年来左右国际市场价格的重要甚至主导因素。数据显示，20世纪90年代，金融投资者参与初级产品市场交易的比重不足25%，目前已猛增至85%以上；由投资者管理的初级产品资产也由20世纪末的不足100亿美元激增到了2011年的4,500亿美元；国际游资数额高达8万亿美元以上，在全球经济持续低迷的背景下，纷纷将目光集中到国际金融市场上，致使市场交易的初级产品衍生品交易量比实物量高出20倍至30倍。十多年来，大量金融资本涌入国际商品市场，其中尤以原油首当其冲，成交量扩大了8倍，持仓量增长近4倍。随着“石油金融”市场规模的逐步扩大，全球原油市场的波动率已经上升到了25.6%以上。美国期货交易委员会公布的数据显示，在地缘政治动荡的2011年和2012年，投入纽约商品交易市场原油期货交易的大型对冲基金和其他投机基金数量曾三次达到高峰，投机基金数量均保持在90只至120只的高位。与此相比较，在国际油价持续并稳定走高的2008年头7个月，投入原油期货市场的投机基金的数量从未超过67只。这表明，越是在国际局势动荡不定和油价波动的时候，原油市场的投机活动越是活跃，进而对国际油价走势的影响也就越大。

2012年美国、日本、欧盟等经济体继续实施宽松货币政策，进一步加大市场流动性，使得大量资金进入商品期货等市场，提供了加大投机基金炒作的货币资金条件。

六、世界石油炼制能力继续增长，产能过剩矛盾突出

美国《油气杂志》报道2012年全球总炼油能力为44.48亿吨/年，比2011年略有增加，增幅为4,550万吨/年，全球炼油厂总数655座。

在分地区炼油能力统计中，亚洲炼油能力的增加带动了全球炼油能力的复苏，达到12.82亿吨/年，比2011年增加3,600万吨/年。北美和东欧地区炼油能力也有小幅增加，分

别达到10.8亿吨/年和5.3亿吨/年。中东、南美洲和非洲地区的炼油能力与2011年基本持平。西欧地区受炼油厂关停等因素影响，炼油能力下降2,000万吨/年，为7.02亿吨/年。

在炼油商排名中，埃克森美孚公司的炼油能力虽然有所下降，但仍以2.83亿吨/年的炼油能力蝉联榜首。壳牌和中国石油化工集团公司分列第二位和第三位，炼油能力分别为2.1亿吨/年、1.99亿吨/年。中国石油天然气集团公司仍位列第七位。

全球最大的二十座炼油厂中，排名前三位的炼油厂是：委内瑞拉的Paraguana炼油厂（4,700万吨/年），韩国SK Innovation蔚山炼油厂（4,200万吨/年）以及韩国GS Caltex公司的丽水炼油厂（3,875万吨/年）。入围的中国炼油厂分别是位列第10位的台塑集团台湾麦寮炼油厂（2,700万吨/年）和位列第19位的中国石油化工集团公司镇海炼油厂（2,015万吨/年）。

（一）全球炼油能力整体增速趋缓

在世界范围内，全球炼油新增产能继续增加。据荷兰银行的炼油化工产业评估报告，2012年，全球炼油能力增长240万桶/日，相较2011年增加量140万桶/日有大幅增加。亚太地区新建产能仍然推动着世界炼油能力的增长，增长量约为170万桶/日。尤其是亚太地区的新兴国家，在过去数年中，中国炼油产业的扩张一直推动着世界炼油能力的增加。预计从2012年底到2020年，中国新建炼油厂产能将达到700万桶/日。

尽管如此，世界炼油产能增速将放缓，主要原因是世界范围内一波停产潮，约减少190万桶/日的产能。这波停产潮主要集中在以欧洲和美国为代表的经济合作与发展组织（OECD）国家，这些国家面临经济的困境，经济政策倾向于鼓励替代能源使用，这不但抑制了石油需求，更打击了投资者投资炼油化工产业的意愿。

在欧洲，新的税收政策使得能源需求结构正在发生结构性调整，本地炼油化工产品面临来自亚洲、独联体等地区的进口炼油化工产品的强力竞争，恶化的经济状况又使得汽油的销售面临困难。伴随上述情况，欧洲炼油厂大量永久关停，炼油能力在持续萎缩。

在美国，为了节约能源，联邦政府一直在制订各种法律和政策，尤其在交通运输领域进展最为明显。此外，北美石油产品消费又面临天然气等廉价能源品种的有力竞争。这些都降低了新的产能建设的可能性。

另外，世界范围内，各国纷纷对船用油制订更高的品质标准，为碳减排而开始实施更严格的贸易措施，种种因素将毫无疑问地增加炼油商的生产成本，降低炼油利润率。

（二）新兴国家主导世界产能增长

世界范围内持续进行的炼油能力的重新平衡。亚洲和中东国家的炼油能力的扩张将抵消经济合作与发展组织（OECD）国家持续的损耗。与西方发达国家相反，新兴国家现在是开展商业性炼油化工活动最为理想的地区，这些国家在推动世界炼油化工产能增长的同时，还消耗大量石油产品。尽管在石油炼油化工产业治理上有所进步，但与西方国家相比，这些国家炼油化工产业管理制度还不是太严格。国际能源署（IEA）分析，其中中国炼油能力强劲增长，将出现供过于求，虽然部分扩能可能放缓，但中国很有可能成为一个区域性的产品出口国。

在独联体地区，为了改革石油产品的出口价格结构，新的产能建设投资提上日程。新的产能建设将会采用更高的技术标准，从而来迎合欧盟严格的质量标准，提高出口石油产品的竞争力。俄罗斯和其他独联体国家的炼油化工产能约是其国内需求的一倍，截止目前，该地区国家尚未有任何削减产能的计划。

（三）中东地区炼油市场重要性增加

值得注意的是，世界产能的增加将不会完全由亚洲和独联体地区来主导。荷兰银行的预测报告称，2013年，中东地区将会贡献43%的世界产能增长，几乎与亚太地区相当。而在更远期，中东地区将会继续在全球炼油化工产能增加中扮演一个更重要的角色。从2013年到2019年，中东地区将新建300万桶/日的原油蒸馏产能，其中将会有40%位于沙特阿拉伯，12%在伊拉克。从2013年开始，中东地区新建石油炼油化工产能的扩张使得中东国家国内原油消耗增加，这将对世界原油贸易产生影响。荷兰银行的报告显示，随着中东炼油化工产能的扩张，对进口成品油的依赖将会有所缓解。其中，若新建产能计划按时完工，沙特阿拉伯将会实现石油产品消费的自给自足。

伊拉克石油部在2010年时表示，伊拉克正在寻求约200亿美元的资金用于建造4座炼油厂，每座炼油厂的投资约50亿美元。伊拉克计划成为一个石油产品净出口国。伊拉克计划将炼油能力提高到80万桶/日，当前为55万桶/日，该国计划在中部的卡尔巴拉省、北部的基尔库克省和南部的纳西里耶和米桑省新建四座炼油厂。任何投资者可以独资或合资的形式参与伊拉克炼油项目，投资者所获得的原油价格将比国际油价优惠5个百分点，同时还将享受税收减免、土地提供和运费方面的优惠政策。据悉，计划中的卡尔巴拉炼油厂设计加工能力为20万桶/日、纳西里耶炼油厂的设计加工能力为30万桶/日、米桑和基尔库克炼油厂的设计加工能力均为15万桶/日。伊拉克当前拥有三家炼油厂，分别是位于北部的拜伊吉炼油厂、位于南部的巴士拉炼油厂，以及位于巴格达南部的多拉炼油厂，设计原油加工总能力为55万桶/日。

（四）炼油利润率有所提高，但易受宏观环境影响

整个2011年，世界石油需求降低而资金却源源不断进入炼油产业，炼油厂开工率低。在这种大环境下，炼油产业利润率大体维持在较低的水平。而在2012年，情况有所好转，炼油产业利润率总体有所提升。

2012年第一季度，西北欧市场，北海布伦特（Brent）原油价格先是在柴油之后是汽油的拉动下提高，欧洲市场大量炼油厂的关闭使得提高的利润率得以继续维持。在美国墨西哥湾区域，西德克萨斯中质油期货价格一直在路易斯安那轻质低硫价格之下，因此建立在西德克萨斯中质油期货价格基础之上的利润率被认为相对较高。而在新加坡市场，尽管一些产品品种，如汽油、柴油和煤油，都维持了良好的价格水平，但石脑油和高硫燃料油的价格却一直在低位徘徊。

欧洲柴油价格降低，导致欧洲的炼油企业利益受损。2012年10月由于欧洲一些炼油厂临时停工、检修以及Petroplus公司3家炼油厂关闭等原因，欧洲柴油产量下降，致使欧洲柴油价格上涨60美元/吨，炼油商因此获益。然而，随着2012年11月欧洲大部分炼油厂恢复正常运行，2012年12月柴油价格持续走低，预计未来6个月至9个月欧洲的炼油利润将降至最低点。比较而言，地中海沿岸国家的形势更为严峻，意大利、希腊和西班牙等国经济不景气导致油品需求下降，使其炼油利润更低。目前，意大利已有几家炼油厂关停或计划短期内关闭，以平衡其国内过剩的炼油能力。为应对不利的炼油形势，欧洲很多炼油厂已经开始减产。2012年以来，欧洲只有石脑油产量略有增长，其中部分产品出口至亚洲。

预计2013年，世界经济低速成长，石油消费需求增长放缓，而全球炼油化工产能升高，以此炼油厂利润水平将很难有较大的恢复。与此同时，炼油厂利润率水平还受多种因素影响，其中包括地缘政治事件和气候等因素，而不仅仅取决与原油或者产品的价格水平。此外，炼油厂设施的维护或者关闭、生产成本的增加、税收都会影响利润水平。在不同地区、不同时间，利润水平都会有所不同。

（五）国际炼油市场产能过剩矛盾突出

国际能源署（IEA）全球炼油能力的增长可能已超过需求的增长，主要是由于中国和印度两国大量的扩建项目在2011年下半年和2012年投入运行。虽然西方发达国家炼油厂关闭潮一波又一波，但在亚太地区、中东、独联体却不断加大投资扩充炼油厂产能。欧洲由于油品消费下降，炼油厂关闭风潮仍将继续，相比而言，美国和中东的炼油厂更具经济性，可以更好满足欧洲市场需求。

由于欧债危机，所以欧洲大量的炼油厂关停，而美国部分炼油厂也因为装置问题出现了部分关停现象，然而新兴国家新建炼油厂投产的速度却超过了欧美炼油厂关闭的速度。

欧佩克（OPEC）称全球炼油能力在2012年和2013年分别增加6,500万吨/年和8,500万吨/年，然而2013年全球石油需求估计仅增长4,500万吨/年。新的产能建设将大大超越世界石油消费需求的增长速度。欧佩克（OPEC）预测，2012年世界炼油能力至少过剩1.75

亿吨，而在2013年这一数字会达到2亿吨。

从中长期来看，这种情况不会有好转。世界炼油产能和消费需求之间的差额将会不断扩大，产能过剩的矛盾将会越来越突出。国际能源署（IEA）近期不断下调长期世界石油需求预测，认为这种情况将会在2016年前持续恶化。2016年，一批新建的炼油厂将会投入运营，主要集中在亚太和中东。可以预见炼油化工投资潮将会使得一些国家调整石油产品进出口关税，缓解欧洲地区的炼油厂开工率不足的压力，并降低炼油化工利润。

七、2013年世界油气产业发展展望

欧债危机和美国经济增长乏力没有根本得到缓解，2013年全球经济仍将呈现低迷态势；欧盟和美国石油消费将继续萎缩，日本石油需求增长，新兴市场国家和亚太地区仍将成为拉动全球石油消费增长的主导力量，但增幅将会减缓。全球石油消费增长乏力，将对石油市场需求构成较为长期的利空。与此同时，以沙特为首的欧佩克成员国持续增产，全球原油供应总量已攀升至1982年以来的最高水平；伊拉克、利比亚原油生产已恢复到战前水平，增势不减；北美、南美产油国家石油增势也较强劲。总的来看，未来一个时期，全球石油供应仍存在较为长期的增长空间，国际油气市场面临着多重不确定因素，总体上看供应需求可以保持稳定均衡，但伴随着美国为首的膨胀货币政策和中东北非地缘政治危机，呈现高位震荡并不排除短期走高的趋势将长期存在。

（一）全球油气产业面临不确定的经济前景

欧佩克（OPEC）预计2013年全球经济增长3.2%，仅比2012年经济增长率提高0.1个百分点。全球经济2013年预计将受多重不确定因素而呈现温和增长态势，全球石油需求增长也将相对放缓。2013年，日本政府面临一系列财政和政治难题，经济刺激方案踟蹰不前，日本经济进一步放缓的趋势还将会继续。预计2013年日本经济成长仅为1.1%。2013年，欧洲主权债务危机的发展将受到欧盟各成员国政治决策的影响。关于欧盟委员会对成员国财政和货币政策的要求，各国政府还有很大的意见分歧。短期内还不确定欧盟如何能够处理好债务问题，控制危机的蔓延。新兴市场国家经济发展延续了2011年初以来放缓的态势，亚行预测亚洲发展中国家2013年经济成长率为6.7%。中国经济出现增长放缓的迹象后，在“稳增长”政策支持下，第四季度中国经济实现温和复苏。摩根大通预计中国经济当前出现的回升趋势还将在2013年持续，全年增长预计为8%。

国际能源署2012年12月中旬发布的石油市场报告预测，全球经济2013预计增长3.6%。2013年全球石油日均需求将达9,050万桶。从全球范围来看，预计中国、印度、俄罗斯、

巴西石油需求将继续保持增长，而多数发达经济体石油需求将保持稳定或微降，其中日本的降幅较大，预计将达3.6%。

（二）世界石油市场供给大于需求情况将持续

在世界工业化国家经济不景气以及发展中国家经济普遍放缓的大背景下，世界石油消费需求在短期内难以有明显的复苏，欧佩克国家石油维持高产，美国页岩油和页岩气产量增加使得非欧佩克产油国产量不断增加，石油供应并不存在压力。欧佩克（OPEC）预计2013年全球石油需求增长80万桶/日，达到平均89.6百万桶/日，与2012年世界石油需求增长持平。世界石油消费需求增长乏力，而石油产量却不断增加。2013年上半年原油生产平均每天有180万桶的过剩，石油输出国组织（欧佩克）近期会议决定维持当前每天3,000万桶的原油产额，国际原油产能预计在2013年继续增长，其原油增长主要来源于非欧佩克产油国。

首先，非欧佩克产油国的石油产量将继续增加，加拿大、美国的非常规石油生产有长足进步，巴西的深海石油生产产量也在不断增加中，预计非欧佩克产油国石油产量将达到90万桶/日；其次，欧佩克国家的天然气液体（NGLs）生产产量继续飙升，减少了对石油消费的需求；最后，全球范围内，在高油价的环境下，生物燃料产量也在不断增加，增长量大多数来自美国、新兴国家，如巴西和中国，乙醇产业生产的大量增加。

长期供过于求的市场局面必然导致石油价格的下跌，这是一些欧佩克国家所不愿看到的。欧佩克内部许多国家如委内瑞拉和伊朗，明确表示反对增产计划。为了维持较高的石油价格，预计欧佩克（OPEC）国家将控制石油产量，2013年全年平均减产幅度约为40万桶/日。

（三）新兴国家石油需求增长速度放缓

欧佩克（OPEC）预计2013年世界石油需求预计将达到8,960万桶/日，较2012年增加80万桶/日。世界石油需求增长的主要部分仍将来自亚太、中东和拉美等非经合组织国家和地区。

虽然新兴经济体仍然在推动着世界石油消费的增长，但其石油需求增长速度相对放缓。预计新兴国家石油消费都将相对于2012年有所下降，作为典型的新兴市场国家，2013年，中国石油需求增长预计只有2.9%的增速；亚洲其他新兴国家石油需求增长预计为1.7%；拉美地区石油需求增长为2.33%；独联体地区石油需求增长为1.96%。

与新兴国家不同，由于面临严峻的经济形势，发达国家石油消费将出现不同程度的下降。欧佩克（OPEC）预计，经济合作与发展组织（OECD）国家2013年石油消费将下降0.44%，其中西欧地区将下降1.71%。从总量上看，新兴经济体石油需求的增长弥补了发达国家下降的份额，而且将带动世界石油总需求略微上升。

（四）国际原油价格保持高位，不排除小幅上涨的可能

2013年在各国采取积极政策的保护和推动下，世界经济会呈现艰难复苏。其中，中美两大经济体开始好转，尤其是以失业率持续下降和制造业不断回升为标志的美国经济持续好转，对世界经济增长及市场的支撑举足轻重。2012年12月，美国非农部门失业率降至7.8%，较2009年10月最高时的10.2%降低了2.4个百分点，美国2012年第三季度国内生产总值按年率增长3.1%，高于第二季度1.3%的增速。

尽管2012年全球经济增长明显放缓，但国际油价总体水平仍在继续提高。从货币因素来看，2012年，美国、日本、欧盟等经济体继续实施宽松货币政策，进一步加大市场流动性，使得大量资金进入商品期货等市场，加大投机基金炒作的货币资金条件。2012年下半年以来，世界各国纷纷出台第二轮、第三轮量化宽松货币政策。美国财政政策几乎丧失空间，通过美元贬值增加出口是推动美国经济复苏的有效手段，而美国债务压力日益加大，也亟需通过美元贬值缓解债务负担。美元是石油市场主要的结算货币，大概占结算总量的80%左右。据欧佩克计算，美元每贬值1%，每桶石油价格就上涨4美元。

其实，地缘政治因素也是国际油价上涨背后的重要推手。中东北非地缘政治局势方面，自2013年初以来先是伊朗在霍尔木兹海峡军演，后是阿尔及利亚的人质危机、埃及示威游行，再是以色列空袭叙利亚，中东地区的持续不断的紧张局势引发全球石油供应担忧。

总体上看2013年世界石油市场将是相当宽松的，鉴于美国和中国经济持续复苏、欧洲经济企稳，而中东地区局势持续动荡，国际油价短期内仍然看涨，世界主要中央银行所奉行的宽松货币政策使得油价难以大跌，如果紧张的地缘政治局势得不到缓解，油价仍有可能上涨。

国内篇

2012年，中国宏观经济增速放缓，全年GDP实现7.8%增幅。受中国宏观经济及油气产业政策的影响，并受国际经济环境的波及，中国石油消费增速各种指标出现了少见的复杂局面。2012年，中国石油表观消费量达到4.76亿吨，同比增长5%，增速比上年增加1.7个百分点；成品油表观消费量2.76亿吨，同比增长5.2%，增速比2011年（7.6%）降低2.4个百分点；由于经济转型、节能减排等政策驱动，天然气消费量继续大幅增长，全年表观消费量达1,445亿立方米，增长12.8%，远高于原油、成品油消费增长幅度。

由于各油公司贯彻加大勘探开发投入的既定战略，勘探开发成果成为2012年油气产业发展的亮点。中石油、中石化两大集团公司的新增探明储量合计超过18亿吨油当量。全年国内原油产量达到2.07亿吨，增长2%。中石油2012年新建原油产能1,564万吨，原油产量超过1.1亿吨，增长279万吨，新建产能与原油产量均创历史之最。

2012我国炼油能力继续扩大，达到5.75亿吨/年，增加6.6%；全年国内原油加工量达到4.68亿吨，增长3.7%，共生产成品油（汽油、煤油、柴油合计）2.82亿万吨，同比增长5.5%。

2012年，西气东输三线工程开工建设，中缅油气管线工程国内段全线开工，多条地方油气管道建设进展迅速，油气管线总里程接近94,000公里，其中原油管道约19,000公里，天然气管道约55,000公里，成品油管道约19,000公里。过去十年间，中国油气管网产业迅速发展，覆盖全国的油气管网初步形成，东北、西北、西南和海上四大油气通道战略布局基本完成，但管网基础设施仍然是我国天然气，尤其是非常规天然气发展的瓶颈。

近年来，我国油气田工程技术取得了明显进步，油服企业的竞争力得到了提升，凭借成本优势，中国逐渐成为油气工程装备的采购中心。但中国油服企业在克服非常规油气田工程关键技术方面还需下大力气。

预计2013年，中国GDP增长7.5%左右，经济转型将更加深化，单位GDP能耗将进一步降低，石油消费量增速将继续放缓，天然气消费量仍将保持大幅增长。

中国宏观经济及油气产业政策分析与展望

2012年，中国宏观经济增速放缓，全年GDP实现7.8%的增幅。受中国宏观经济及油气产业政策影响，并受国际经济环境的波及，中国石油消费增速各种指标出现了少见的复杂局面。2012年，中国石油表观消费量达到4.92亿吨，同比增长5%，对外依存度达到57.8%，与2011年相比提高1.27个百分点；成品油表观消费量2.76亿吨，同比增长5.2%，增速比2011年（7.6%）降低2.4个百分点；中国原油表观消费量达到4.76亿吨，同比增长5%，增速较2011年提高3.7个百分点，对外依存度达到了56.42%，比2011年的55.12%提高了1.31个百分点；由于经济转型、节能减排等政策驱动，天然气消费量呈现大幅增长，全年表观消费量达1,445亿立方米，增长12.8%，远高于原油、成品油消费增长幅度。

展望2013年，中国GDP增速将继续保持7.5%左右，中国原油与成品油消费量增速将继续放缓，天然气消费量增幅将继续扩大。

一、2012年中国宏观经济运行概要

根据国家统计局发布的数据，2012年全年宏观经济运行主要有以下几个特点：

（一）GDP增幅放缓

2012年，中国宏观经济增速放缓，2012年GDP实现7.8%增幅，比2011年降低1.4个百分点。宏观经济前三季度构筑经济底部，四季度开始企稳回升。其中一季度中国经济同比增长8.1%，二季度增长7.6%，三季度增长7.4%，四季度增长7.9%。从环比看，四季度国内生产总值增长2.0%。

（二）居民消费者价格指数持续回落

2012年全年居民消费价格比2011年上涨2.6%，涨幅比2011年回落2.8个百分点。其中，城市上涨2.7%，农村上涨2.5%。全年工业生产者出厂价格比2011年下降1.7%；12月份同比下降1.9%，环比下降0.1%。全年工业生产者购进价格比2011年下降1.8%；12月份同比下降2.4%，环比下降0.1%。

（三）城乡居民收入稳定增长

2012年全年城镇居民人均总收入26,959元。其中，城镇居民人均可支配收入24,565元，比2011年增长12.6%；扣除价格因素实际增长9.6%，增速比2011年加快1.2个百分点。在城镇居民人均总收入中，工资性收入比2011年名义增长12.5%，经营净收入增长15.3%，财产性收入增长8.9%，转移性收入增长11.6%。

（四）经济结构调整有新进展

2012年服务业占GDP的比重比2011年提高了1.2个百分点；中国城镇化率比2011年提高了1.3个百分点；在经济增长的贡献中，最终消费的贡献率比资本形成高1.4个百分点。

（五）节能减排有新成效

2012年，单位国内生产总值能耗初步核算比2011年下降3.6%，比2011年（2%）提高了1.4个百分点，在中国的能源消费中，天然气、水电、风电、核电四种能源方式加在一起，占全部能源消费的14.5%，比2011年提高了1.5个百分点，节能减排有明显进展。

（六）经济刺激计划效果初显

第三季度，中国政府推出了“一万亿”的经济刺激计划，第四季度经济回暖的迹象明显。主要表现在：四季度GDP同比增长达到7.9%，高出二、三季度，环比增长2.0%；PMI指数前三季度逐季下滑，9月触底达到49.2，第四季度开始上升。

二、2012年中国主要油气产业政策

（一）强调科技创新，产业转型升级

《石油与化学工业“十二五”发展规划》明确提出，油气产业要通过科技创新，促进传统产业的结构调整和转型升级。重点开拓海域及主要油气盆地和陆地油气新区，依靠科技进步，大幅提高油气田采收率，推动天然气产业快速发展；加强境外油气资源合作开发，同时完善油气干线管网和配套设施建设；提高准入门槛，控制炼油产能盲目扩张。2012年，中国油气产业基本落实了该规划的指导思想，各种政策的出台也以这一指导思想为基准。

（二）更大力度推进天然气产业发展

2012年10月22日，国家发改委印发《天然气发展“十二五”规划》，提出：“十二五”期间，中国计划将天然气在一次能源消费中的占比从目前的4%上升为7%–8%；2015年中国天然气消费量预计达到2,300亿立方米，其中，国产气产量达1,700亿立方米、净进口900亿立方米；到2015年，煤层气产量将达200亿立方米；“十二五”末，初步形成以西气

东输、川气东送、陕京线和沿海主干道为大动脉，连接四大进口战略通道、主要生产区、消费区和储气库的全国主干管网，形成多气源供应，多方式调峰，平稳安全的供气格局。

（三）推进页岩气勘探开发

为增加天然气资源供应，缓解中国天然气供需矛盾，调整能源结构，促进节能减排，国民经济和社会发展“十二五”规划明确要求，“推进页岩气等非常规油气资源开发利用”，为大力推动页岩气勘探开发。2012年3月，国家能源局发布《页岩气发展规划（2011–2015年）》，该规划国家进一步明确大力推动页岩气发展的政策性文件，该规划明确提出，到2015年，基本完成全国页岩气资源潜力调查与评价，掌握页岩气资源潜力与分布，优选一批页岩气远景区和有利目标区，建成一批页岩气勘探开发区，初步实现规模化生产。页岩气勘探开发关键技术攻关取得重大突破，主要装备实现自主化生产，形成一系列国家级页岩气技术标准和规范，建立完善的页岩气产业政策体系。

此外，2012年还出台了一些推进页岩气发展的具体政策。主要有：2012年4月，国土资源部出台《进一步加强地质与矿产领域对外开放与合作的政策措施》，鼓励国外企业投资中国矿产勘查开发，同时鼓励和引导民间资本积极参与矿产勘查开发；2012年11月22日，国土资源部发布《关于加强页岩气资源勘查开采和监督管理有关工作的通知》，其中鼓励社会各类投资主体依法进入页岩气勘查开采领域；2012年11月5日，财政部和国家能源局发布了《关于出台页岩气开发利用补贴政策的通知》，明确了页岩气界定标准、补贴条件、补贴标准、补贴金额以及申请程序。

页岩气第二轮探矿权招标结果于12月6日出炉，倍受关注。从公布的结果来看，虽然国有企业在这轮招标角逐中较民营企业还是更胜一筹，但民营企业取得了突破性进展，民营企业中有两家中标（共19家企业中标）。

（四）天然气利用新政策出台

2012年10月31日，国家发改委宣布新版《天然气利用政策》经审议通过，并自2012年12月1日起正式施行。新政策将天然气利用领域归为四大类，即城市燃气、工业燃料、天然气发电和天然气化工。根据不同用户用气的特点，将天然气利用分为优先类、允许类、限制类和禁止类。

相较2007年7月30日发布的老版天然气利用政策，《天然气利用政策2012》反映了中国对于天然气发展的政策导向：调整燃料结构，合理引导天然气资源的供求方向，促进资源结构优化。《天然气利用政策》，再次强调将提高天然气在一次能源消费结构中的比重，明确将车用、船用天然气等列于优先发展类，而这一变化说明“气代油”将是一大趋势。并且，工业燃料板块，建材、机电、轻纺、炼油化工、冶金等工业领域中可中断的用户，以及作为可中断用户的天然气制氢项目均被划入“优先类”，成为天然气消费政策中被鼓励的用户类型。

此外，新版《天然气利用政策2012》还强调继续深化天然气价格改革，首次提出研究推行天然气季节差价和可中断气价等差别性气价政策。据此，未来天然气的定价机制将更加灵活。

（五）石油特别收益金起征点提高，油气企业应缴费用减少

中国石油化工集团公司1月5日发布公告称，接财政部通知，自2011年11月1日起，中国石油特别收益金（俗称“暴利税”）起征点将从此前的40美元/桶上调至55美元/桶。起征点提高后，石油特别收益金征收仍实行5级超额累进从价定率计征：以后当国际油价在55–60美元/桶时，三大石油央企将按20%上缴石油特别收益金；60–65美元/桶时，税率为25%；65–70美元/桶时为30%；70–75美元/桶时为35%，75美元/桶以上时为40%。

（六）国务院制定四项措施加强进口，降低部分能源原材料进口关税

2012年3月28日，国务院总理温家宝主持召开国务院常务会议，会议确定了加强进口的四项政策措施，其中包括：调整部分商品进口关税。以暂定税率的方式，降低部分能源原材料进口关税。鼓励商业银行开展进口信贷业务，支持先进技术设备、关键零部件和能源原材料的进口；鼓励政策性银行对高新技术产品和资源类商品进口提供政策性金融支持。

（七）液体石油产品（除沥青外），2013年起全部征收消费税

2012年11月6日，国家税务总局发布《关于消费税有关政策问题的公告》（国家税务总局公告2012年第47号），自2013年1月1日起，纳税人以原油或其他原料生产加工的在常温常压条件下呈液态状（沥青除外）的产品，按规定征收消费税。此前，纳入国税总局征税范围的液体产品有：汽柴油、石脑油、燃料油、溶剂油和润滑油，其中汽柴油、石脑油、溶剂油、润滑油消费税单位税额为每升1.0元；柴油、燃料油消费税单位税额为每升0.8元；航空煤油暂缓征收。而调整后政策，将MTBE、芳烃、混芳等用于调油和化工原料的产品亦纳入征收范围，且亦按照1元/升来征收。这意味着石油炼油化工环节消费税征缴范围扩大，范围几乎包括了所有液态炼油化工产品。

三、2013年中国宏观经济及油气产业政策展望

（一）2013年宏观经济展望

2011年至2012年连续两年宏观经济运行态势表明，中国经济因最终需求不足，而进

入改革开放以来的第二个调整型增长期。因为消费需求和出口需求仍然不足，深刻的结构调整过程才刚刚开始，预计2013年GDP增长7.5%左右，物价增幅继续放慢，但结构调整过程将有所加快，即呈现“增长放慢、结构调整加快”的发展特征。

（二）2013年油气产业政策展望

1. 煤层气、页岩气产业政策有望出台

国家能源局组织草拟的《煤层气产业政策（征求意见稿）》已基本形成，亟待发布。预计《煤层气产业政策》将强力推进煤层气产业发展，把煤层气产业发展成为重要的新兴能源产业；鼓励民间资本、境外资金参与煤层气勘探开发和管网等基础设施建设；“十二五”期间，建成沁水盆地和鄂尔多斯盆地东缘煤层气产业化基地；促进现煤层气开发利用与工程技术服务、重大装备制造等相关产业协调发展。2012年，中国煤层气（煤矿瓦斯）产量达到125亿立方米，利用总量为52亿立方米，利用率为41.53%，抽采量比2011年略有上升，但利用量却不升反降。而根据煤层气开发利用“十二五”规划提出的目标，到2015年，煤层气年产量将达300亿立方米。

由于《页岩气“十二五”规划》属于纲领性政策，为了规范页岩气开发利用，保证页岩气产业持续有序发展，国家能源局可能进一步出台具体的页岩气产业政策。该政策应包括几个核心内容。一是鼓励投资多元化，其中主要偏重于对外资适度开放，即允许合资公司持有矿权，并将页岩气列入国家外商产业投资目录；可以灵活开展对外合作，除了产品分成外，对外合作还将探讨其它模式。二是在勘探开发方面，享受优先用地；同时，示范工程简化投资程序，提高投资效率；三是加大财税支持，除了财政补贴外，还将有一些税收优惠政策，例如允许页岩气加速折旧；四是在页岩气利用上以国内为主。

2. 天然气价格改革办法有可能出台

天然气价格改革的方向是市场化，定价方法很可能是净回值定价法，改革的预期效果是天然气价格会有所上涨。2013年，通货膨胀的压力可能不会太大，天然气价格改革出炉的时机趋于成熟，新版《天然气利用政策》的出台可视为天然气价格改革的前奏。另外，由于各种气源的价格不一样，中国石油天然气集团公司、中国石油化工集团公司等企业对天然气价格改革的呼声也越来越高。总体来看，未来中国天然气价格改革将主要呈现以下趋势：以“小步快跑”的方式逐步理顺国产气与进口管道气、进口液化天然气（LNG）价格的矛盾；中国气价格结构与国际渐趋一致；天然气的市场价格逐步按照竞争性替代能源的热当量价格来确定；逐步完善天然气价格改革的配套措施。

3. 继续推动能源企业节能减排

由于各城市陆续开始公布PM2.5数据，空气质量比较成为2013年的热点话题。炼油企

业很可能被当成PM2.5的罪魁祸首，围绕油品质量的讨论很可能会促进政府考虑制定新的成品油质量标准。但是，成品油标准的提高必然带来高的成品油价格，因此新的成品油标准，必然是在居民经济承受能力和经济社会发展可持续性之间妥协的结果。预计一线城市对车用成品油的质量标准将开始推行“国5”标准，二、三线城市将全部普及“国4”标准。

4. 煤层气抽采补贴或将增加

由国家能源局牵头制定的煤层气开发利用“十二五”规划已于2012年初公开发布。2012年11月15日召开的“第十二届国际煤层气研讨会”上透露，中央财政将增加煤矿安全技术改造国债资金，由目前的每年30亿元增加到50亿元，煤层气抽采补贴由目前的0.2元/立方米提高至0.6元/立方米。该方案已经上报到相关部门待批。

中国油气市场分析与展望

2012年中国经济增长放缓，全年GDP增速为7.8%，较2011年有明显回落。中国制造业产值增幅也呈现放缓趋势，同时中国工业燃料价格走高，原油需求量增长放缓。2012年中国石油产品供需总量仍保持平稳增长。原油进口主要来源于中东、非洲，原油对外依存度已高达56.42%，高依存度下要保障中国石油供应稳定的压力日益增大；成品油供需维持紧平衡格局，中国成品油价格随国际原油价格出现高位波动；从天然气产量、净进口量与消费量比较来看，中国天然气市场基本处于供需平衡，但是受国内外原油和成品油价格影响，价格处于稳中上升态势。展望2013年，中国原油供需缺口将进一步扩大，对外依存度还将继续上升，国际油价保持高位窄幅震荡；成品油市场形势较为乐观，但柴油的供应问题受原料供应及炼油企业结构的变动，可能仍将面临供应不足等问题。随着成品油市场机制的成熟，成品油价格将呈现频繁波动；受环保、政策等因素影响，天然气消费量将持续快速增长，但消费量增幅仍将大于中国产量增幅，缺口不断扩大，进口量将继续保持增长。

一、中国原油市场发展分析与展望

2012年全年国内原油表观消费量达到47,613万吨，比上一年增长5.0%，国内原油生产量达到20,747万吨，原油净进口量26,865万吨，整体供需基本达到平衡。预计2013年原油产量和消费量增长速度都将放缓。趋缓的世界经济形势将弱化全球石油需求增速，而伊朗局势虽然仍充满不确定性，但由于存在沙特等较为可靠的石油供给替代，推动国际油价继续持续上升的动能不足。

（一）2012年中国原油市场发展分析

1. 中国原油产量小幅上涨，加工量先降后升

根据国家统计局数据显示，中国2012年全年累计原油产量20,747万吨，较2011年同期上升1.9%。其中，中国石油天然气集团公司表现较为出色，原油产量达到11,033万吨，

较上年增长280万吨，增幅2.6%。与2011年原油产量增速0.3%相比，2012年中国原油产量小幅上升，原油增产有所加速，月度产量稳中有升。

受中国成品油需求走势、炼油厂事故和检修以及原油加工利润和炼能变化等因素影响，2012年前半年中国月度原油加工量和同比增速波动下降，后半年加工量有所回升，其中 10 月原油加工量首次突破 3,900 万吨，达3,992万吨。如图 1所示。

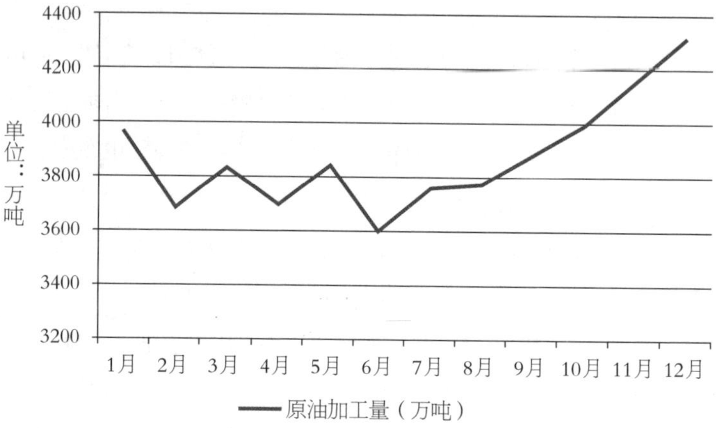

图 1　2012年原油月加工量趋势图

数据来源：国家统计局

2. 原油进口仍以中东为主，对外依存度有较大上升

根据国家统计局数据显示，2012年累计原油进口量达27,109万吨，同比上升7.3%；累计原油出口量达244万吨，同比下降3.3%，原油净进口达26,865万吨，比2011年高7.4%。原油对外依存度高达56.42%。虽然5月份国内油品整体销售状况不佳，但国际原油价格回落，中国抓住机遇“抄底”，加大进口——5月中国进口原油2,548万吨，相当于602万桶/日，较上年同期增长18.2%，较4月增长约14.5%，创下历史纪录，该月的对外依存度更是高达59.2%。

受叙利亚以及海湾局势影响，为保障石油安全供应，中国石油企业调整了进口来源，减少伊朗的原油进口，从西非、南美以及北非地区增加原油进口，但我国从中东进口的原油量仍占总进口量的38%，居于首位。

3. 原油消费量继续增长，绝对量居全球第二位

2012年中国原油市场的主要矛盾表现在需求增长快于供应增长。如图 2所示。2012年全年累计原油表观消费量呈现出先增后降的趋势，总量全球排名第二，高达47,613万吨，

同比增长5.0%，增速比2012年增加1.7个百分点。

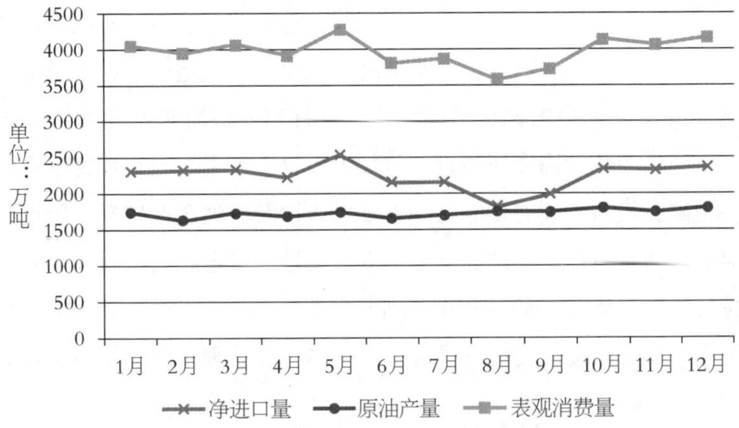

图 2 中国原油月度供需趋势图

数据来源：中国石油和化学工业联合会

4. 国内油价联动国际油价，呈现高位波动

2012年第一季度，在伊朗核问题、美国经济复苏增速等多重因素的推动下，国际油价持续走高，3月初达到年内高点，国内随之连续两次上调成品油价格。第二季度，受伊朗局势趋稳、欧债危机恶化、美国和中国经济增速放缓等因素影响，国际油价大幅下降，国内成品油价格随之出现罕见的“三连跌”。第三季度，受美国、欧盟制裁伊朗力度加大，叙利亚局势紧张等地缘政治因素影响，国际油价大幅上涨，国内成品油价格“三连跌”之后出现了“两连涨”。第四季度，冬季石油需求淡季来临，美国原油库存持续增加等因素令油价承压。地缘政治方面，伊朗核问题、叙利亚土耳其冲突等因素影响市场支撑油价。国际原油价格继续保持高位波动。

（二）中国原油市场展望

2013年世界经济形势更加严峻复杂，增速有可能进一步下滑。我国促进经济发展、调整经济结构和提高经济发展质量的政策措施进一步发挥作用，经济继续稳步较快发展，但增速也会有所放缓。而石油化工、石油储备仍将保持较快发展。预计2013年中国石油需求将继续增长，增速会有所放缓，预计全年原油表观消费量为4.9亿吨，增长4.1%，对外依存度将进一步提高，国内原油价格也将保持高位震荡。

1. 中国原油供需缺口扩大

近十年来，中国原油产量年均增长 1%-2%，如图 3所示。原油产量经过几年相对较快增长后，2012年增速下降到1.6%。预计2013年原油产量2.1亿吨左右，将增长1.4%。

2013年，由于主要出口市场的经济增长陷入停滞甚至衰退，中国经济增长速度会放缓；经济结构不断优化，高污染、高能耗、低水平重复建设项目以及基建投资、重化工业增速等有所下降；国家调整经济结构，提高经济质量，发展新能源和替代能源，以及节能降耗的政策力度还将进一步加大。以上因素会一定程度上会放缓原油需求增速。但是国家战略石油储备、商业石油储备以及石油企业炼厂、管道、生产经营的发展，对石油需求特别是原油需求构成有效支撑。考虑到我国近10多年来原油表观消费量保持持续较快增长态势，年平均增长率为7.6%，如图3所示。预计2013年国内原油需求增速会有所放缓，表观消费量为4.9亿吨。国内原油供需缺口会达到2.8亿吨。

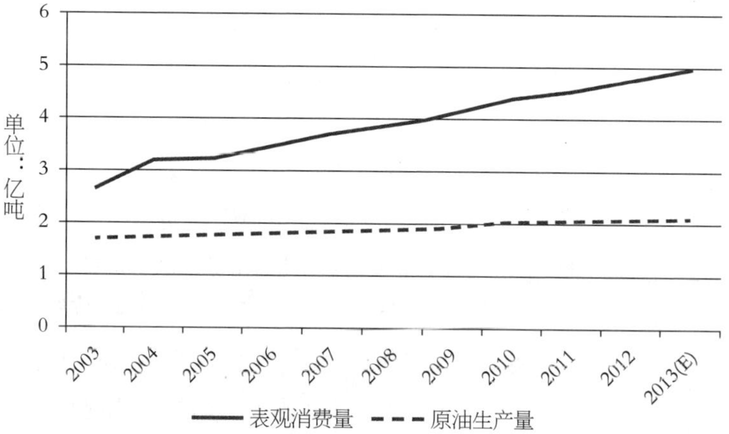

图 3　2003–2013年中国原油产量和表观消费量

数据来源：中国石油和化工联合会

2. 原油对外依存度仍将提高

海关总署海关主要统计数据显示，2003–2012年我国原油对外依存度持续上涨，每年增长的速度保持在2%左右（图 4）。随着全球经济发展进一步减速，我国经济增速也将趋缓，石油消费量较快增长的态势可能趋缓。预计，2013年原油进口增速超过消费增速，对外依存度将有可能达到58%。

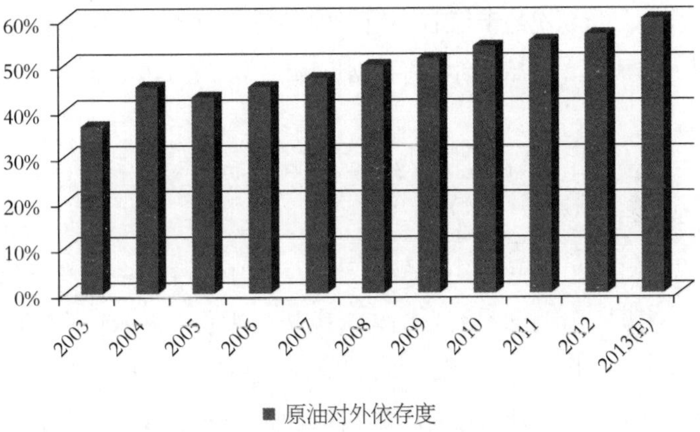

图 4　2003-2013年中国原油对外依存度

数据来源：国家统计局

3. 国际原油价格高位窄幅波动

联合国发布的《2012年世界经济形势与展望》指出，世界经济在又一次大衰退的边缘摇摆，预计2013年增长乏力，世界总产出的增长为3.2%。受世界经济增长乏力影响，美国、欧洲石油需求下降，新兴经济体国家石油需求增速也将放缓。对原油需求的放缓将在一定程度上起到降低油价的作用。但边际成本上涨及产油国预算需要决定油价继续下跌的空间有限。目前，石油边际成本介于70-100美元/桶，这决定了油价的长期底线。

地缘政治、突发事件、心理预期等将影响油价走向和波动区间，而欧债危机仍将是主要变数：一方面欧债危机可能成为投机者做空油价的题材，特别是美元对欧元继续走强，将使油价双重承压；另一方面，如果欧盟对救市政策逐步取得共识，未来能推出更多的经济刺激计划，则有利于增强市场的信心，推动国际石油价格上涨。此外，中东、非洲动荡局势虽将持续但基本可控，只要该地区不发生大规模战争等重大事件，加之前期伊朗问题造成的影响大部分已被市场消化，预计地缘政治因素对石油市场的影响将减小。

二、中国成品油市场发展分析与展望

2012年，受欧债危机和伊朗、叙利亚地缘政治动荡、巴以冲突等国际环境影响，国际石油市场大起大落，呈现出剧烈震荡行情，发生了一系列引人注目的深刻变化。在这样的国际背景下，中国成品油价格呈现了较大幅度的波动态势。总体来看，2012年中国成品油价格波动较大，市场供给与需求较为稳定，两大主营企业炼油板块地位有望增强。

展望2013年，国际经济状况趋于稳定，中国成品油供需将继续稳定增长，但由于成品油市场机制的进一步成熟，成品油价格将根据市场供需状况及国际油价变化将呈现更为频繁的波动。

（一）供需市场小幅波动，呈缓慢增长态势

1. 成品油产量稳定供给

由图5可以看出，2012年我国成品油产量较为稳定，其波动主要受柴油产量影响。与2011年相比，每月同比增长率约为4.1%。其中，5月份成品油产量增加显著，共产油1,933.9万吨，同比增长16.7%，实现2012年成品油产量的首次同比增长。这其中受柴油增长的影响显著：10月份在汽油、煤油都有不同程度下滑的情况下，成品油总产量在柴油产量带动下同比增长6.1%；11月增长率进一步提升到了7.7%。近几年柴油消费量的高峰集中在3月与10月左右，集中在3月的行业需求推动了3月的柴油高消费量，而10月的用油高峰主要受农业秋收及休渔期结束的影响，还受到居民出行量增加的影响。

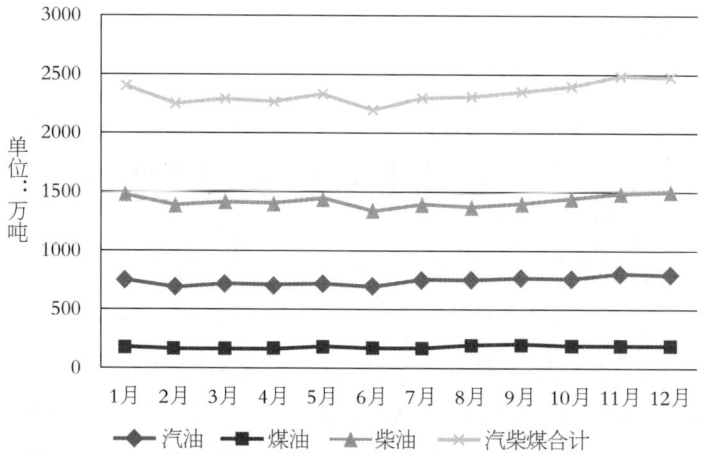

图5　2012年成品油产量趋势图

数据来源：国家统计局

2. 成品油进出口整体波动走势趋同

成品油进口量波动较大，出口量相对稳定。2012年第一季度随国内成品油产量的减少，成品油进口量大幅增加，以维持整体供给量的相对稳定。自3月起，由于国内外油价上升致使国内需求减少，加之国内成品油产量有所恢复，成品油进口动力不足，进口量随之减少。8月份，我国原油进口量为1,840万吨，同比减少12.55%，环比减少15.71%，进口量创22个月以来新低；与此同时，8月我国成品油进口224万吨，同比下降34.3%，出口211万吨，净

进口量13万吨，成品油净进口量为2010年2月以来新低。这对市场供需结构及成品油库存造成直接影响。从变化趋势来看，除8月份外，进口量与出口量波动走势基本一致。

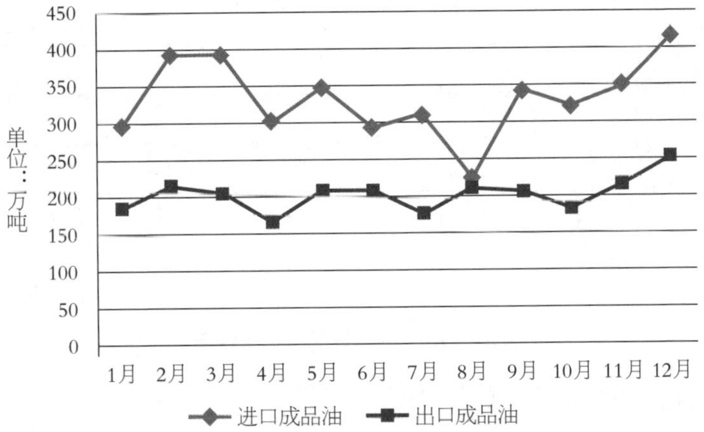

图6 2012年成品油进出口量趋势图

数据来源：中国海关总署

3. 成品油供需基本平衡

2012年国内成品油市场供需基本平衡，结构性矛盾比较温和，柴油供应较为充足。但受国内经济增长放缓的影响，市场成品油总需求增长较缓。2012年全年国内原油加工量达到46,791万吨，同比增长3.7%，共生产成品油（汽油、煤油、柴油合计）28,171万吨，同比增长5.5%。其中，汽油产量8,975万吨，同比增长10.3%；柴油产量17,063万吨，同比增长2.3%。进出口方面，2012年成品油进口量达到715.9万吨，同比减少16.7%，出口量达到1,223万吨，同比下降3.3%。消费方面，成品油表观消费量达到27,663万吨，同比增长5.2%。其中，汽油表观消费量达8,684万吨，增幅为12.3%；柴油表观消费量达16,972万吨，增幅为1.5%。2012年国内成品油市场受几次成品油价格调整的影响较大，但供给与需求曲线走势基本一致，整体供需状况较为稳定，有小幅上涨。

从图7可以看出，步入2012年的头三个月，伴随油价的持续走高，以及春节前后各行业休假等因素，国内成品油需求量持续下降；3月以后，随各行业工作的陆续展开，以及成品油价格下降的趋势，国内成品油需求量逐步回升；6月，因成品油库存较高，市场需求疲软，炼厂都开始主动减产，两大石油集团在6月份加工量较5月份环比减少约5.4%，地方炼厂开工率也从35%的平均水平降至30%以下。此外，除八月供给量受进口量减少影响有所降低外，下半年供需量稳步上升。

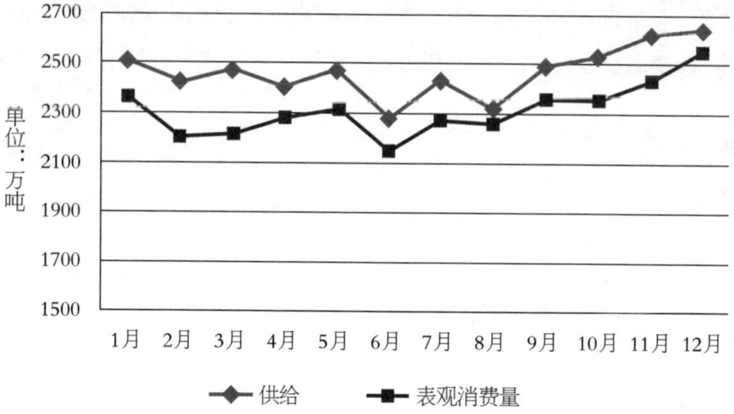

图7　2012年供需状况趋势图

数据来源：国家统计局、中国海关

（二）成品油价格波动较大，市场化程度提高

从2012年一季度开始，欧债危机趋缓，美国经济温和复苏，新兴市场出现了软着陆的迹象，世界经济有逐步趋稳的态势。但国际油价仍呈不稳定状态，高油价已成为威胁世界经济稳定发展的重要因素。中国成品油价格一方面受国际油价影响，另一方面受国内需求变动影响，加之中国对油价政策的调整，导致了2012年成品油价格的剧烈波动。2012年成品油调价周期缩短，共发布8次调价通知，其中提价、降价各四次。成品油价格在年初持续上涨，至3月份第二次调价，累计涨幅已达900元/吨。成品油价格的大幅上涨，致使物流运输等相关机构的成本大幅增加，而居民生活成本也随之增加。自3月份开始，成品油需求量大幅缩水；产量和净进口量也都随之出现较大幅收缩；成品油价格开始回落，且跌幅较大。5月到7月，成品油价格出现三连跌，甚至跌破年初水平，许多地区油价重回“6元时代”。

2012年成品油价格调整的表现，表明中国成品油价格调整市场化程度已有显著提高。图8呈现了2012年中国成品油剧烈的价格波动态势。总体来看，成品油价格是“升—降—升—降”的剧烈波动走势，变动结果是最高连续增幅近950元/吨，最高降幅达1,200多元/吨的价格变动。这让市场的反应，经历了从谷底到峰巅的巨大反差。具体而言，2012年汽柴油价格调整状况如表1。

自2月8日第一次调价，国家发改委之后基本每月都会对汽柴油供应价作一次调整，经过这八次调价，与年初相比，汽油价格累计每吨上涨了250元，柴油价格累计每吨上涨了290元。结合中国2012年GDP及国民收入的增长，可知成品油价格仍处于居民消费的可接受范围内。

表1　　2012年汽柴油价格调整

时间	详情
2012年11月16日	汽油下调300元/吨，柴油下调310元/吨
2012年09月11日	汽油上调550元/吨，柴油上调540元/吨
2012年08月10日	汽油上调390元/吨，柴油上调370元/吨
2012年07月11日	汽油下调420元/吨，柴油下调400元/吨
2012年06月09日	汽油下调530元/吨，柴油下调510元/吨
2012年05月10日	汽油下调330元/吨，柴油下调310元/吨
2012年03月20日	汽柴油均上调600元/吨
2012年02月08日	汽柴油均上调300元/吨

数据来源：中华人民共和国国家发展和改革委员会

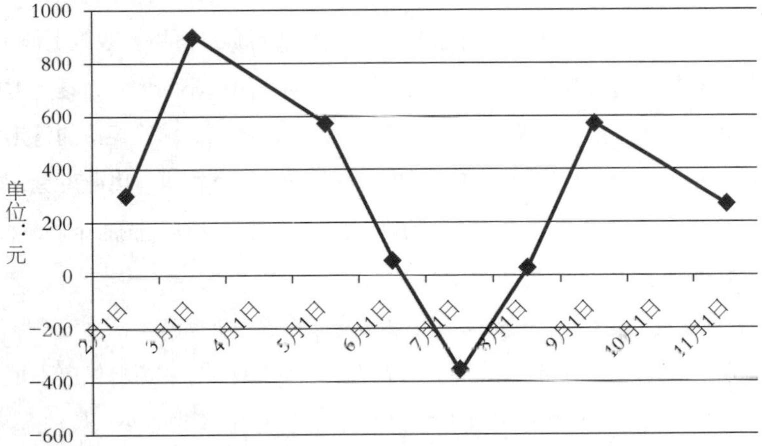

图8　2012年成品油价格调整趋势图

数据来源：中华人民共和国国家发展和改革委员会

（三）两大石油集团经营状况受市场波动影响较大，炼油化工优势进一步加强

2012年，中国石油化工集团公司原油加工量为2.21亿吨，同比微增1.81%；汽油产量4,055万吨，同比增长9.3%；柴油产量7,739万吨，同比增长0.29%。中国石油天然气集团公司共加工原油1.47亿吨，相当于日产量290万桶，较2011年增长1.7%。受发达国家经济状况以及地缘政治影响，国际油价2012年波动较大，呈上升趋势；两大集团受国际油价影响明显，并作为主要动因影响到国内成品油价格的调整。2012年上半年，中石油炼油板块亏损达233.6亿元，国内外成品油市场价格变动不吻合是主要原因。每年9–11月份是成品油的传统旺季，但2012年却出现了异常。虽然国庆黄金周提升了高速公路加油站油

量销售，但全国成品油市场销量与售价齐跌的状况并没有因此而扭转，两大集团均出现较大的销售压力。

2012年，我国地方炼厂平均开工率不到40%，而两大集团炼厂开工率平均为80%，地方炼厂开工率低且不稳定，这一方面将增加主营炼厂的市场占有率、炼油利润贡献率；另一方面，若主营炼厂进行检修或暂时停工，地方炼厂将无法弥补主营炼厂造成的产量损失，将对市场供给量造成影响。此外，主营炼厂地位的提升，将进一步增强相关企业的垄断性，对市场均衡可能造成影响。

（四）2013年中国成品油市场发展展望

2012年国内外政策上都发生了较大变动，尤其中国对成品油的政策影响尤为明显，如调价政策的改变、高速公路免费通行政策的实施、成品油消费税征收范围的变更等。加之十八大后中国许多部门主管领导的更迭，在2013年必然有更多政策上的更新升级，从2012年的政策调整方向来看，中国政策市场化导向作用会不断增强，这将对中国成品油市场造成重大影响。由于居民收入水平和消费水平的提高、国民经济的稳定发展、供需变动、市场化程度的提高等因素将不断带动成品油的消费需求。由此可见，2013年成品油市场的发展形势较为乐观，但柴油的供应问题受原料供应及炼油企业结构的变动，可能仍将面临供应不足等问题。

1. 地方炼油贡献变小，主营炼油厂市场占有率将进一步提高

造成这种状况的主要原因在于国际油价市场波动剧烈，导致原料供应不足，加之新的消费税政策的出台，使炼油原料成本增加，利润减少，迫使地方小型炼油厂难以生存。若2013年国际油价仍然无法稳定，在国内外环境双重影响下，地方炼油企业被挤压的状况将逐步明显，2012年国税总局发布的炼油化工环节征缴消费税的新政策，意味着调和汽油市场所有原料均将征收消费税，调和汽油市场利润将大幅下降，市场规模也将萎缩。因此，该产业链上的生产厂商、贸易商都将受到不同程度的冲击。这可能促使地方炼油企业逐步转变生产结构甚至退出相关产业，同时意味着中国石油天然气集团公司、中国石油化工集团公司市场主导地位的进一步牢固，其成品油的市场占有率将进一步提高。

2. 消费税新政的实施对调和汽油成本优势造成打击

国税总局为打击避税行为，统一对液体石油产品征税，将于2013年1月1日开始执行新规定：纳税人以原油或其他原料生产加工的在常温常压条件下呈液态状（沥青除外）的产品，按规定征收消费税。调整后政策将MTBE、芳烃、混芳等用于调油和化工原料的产品亦纳入征收范围，且亦按照1元/升来征收，这将直接打击调和汽油的市场成本优势。芳烃汽油、调和国三93#汽油等调和汽油每吨将增加成本400元/吨左右，这相当于甚至超

过发改委一次调价（提价）的幅度，同时也预示着，2013年中国油价应该会保持持续走高的态势。

3. 惠民政策的出台将引发新的成品油消费增长点

2012年“双节”长假，中国高速公路对小型客车实行免费通行政策，造成山东等部分地区高速加油站供应量数倍增长。根据交通部下发的通知，在2013春节期间，中国7座及以下小客车走高速公路继续实施免费通行，这必然将造成中国部分地区成品油需求量的再次小幅增长。高速公路长假期间免费开放政策将逐渐成为趋势，这将刺激有车家庭出行量的增加，也将逐步成为成品油需求量增加的一个重要因素。

4. 成品油定价机制继续向市场化推进

现行“22天+4%”的成品油价格形成机制下，中国成品油价格共经过20次调整。其中，涨价13次，降价7次。今后成品油定价将更多由油气企业根据市场供需变化及国际油价波动进行调整，政府对油价的控制作用将减弱，油价调整政策的变更，将使中国油价调整频繁的状态变为常态。新的价格调整机制已逐步成型，2013年有望正式确立。新调价方案有望将成品油调价周期缩短至10天，并对国际挂钩原油品种等因素进行调整。今后中国成品油价格调整频率将加快，有利于减少投机套利的机会，可以更真实的反应市场状况及供需水平。但这种“不稳定性”可能会增加供应商和消费者的担忧，对供给与需求行为造成影响。与此同时，由于中国大型油气企业的市场主导地位不变，国家的宏观调控不可或缺，需要在整体上进一步加强对市场的监管。

三、中国天然气市场发展分析与展望

2012年中国天然气供需呈季节性周期变化，总体偏紧，增长较2011年略放缓。其中，天然气产量稳定增长，进口量持续扩大，对外依存度达到26.19%。天然气价格市场化改革进入实质性阶段，广东、广西两省试点区域持续推进改革并取得一定成效，气价在试点改革地区的引领下有可能会进一步调整。各地区非常规天然气产能建设规划陆续进行。目前，我国天然气已形成的“西气东输、北气南下，LNG登陆，就近外供”的良好局面，并将随着输气管网和LNG项目的建设投产得到进一步深化。我国天然气消费量将持续快速增长，并在国家能源结构调整和节能减排中发挥重要作用。预计2013年天然气占我国一次能源消费比例将进一步提高，市场供需平稳增长，国内天然气产量增速仍将低于消费增速，对外依存度将突破30%。

（一）2012年中国天然气市场发展分析

天然气市场供需关系趋紧，消费需求保持强劲增长势头。伴随着中国新建的天然气管线陆续投产运营，天然气消费区域扩大，用气结构不断优化，天然气消费保持高速增长，远高于原油、成品油消费增长的幅度。

1. 中国产量增长稳定，进口量持续增加

2012年累计天然气产量达1,067亿立方米，比2011年同期增加6.7%，增速有所放缓。根据国家发改委数据显示，2012年天然气产量总体平稳，一、四季度供应相对较高，呈现季节性用气特点（如图 9所示）。随着2011年11月份起中亚天然气正式供应广东、江西等地，2012年西气东输二线建成投产以及大连LNG项目今年年初正式运营，天然气资源统筹调配与供应保障能力进一步提高。

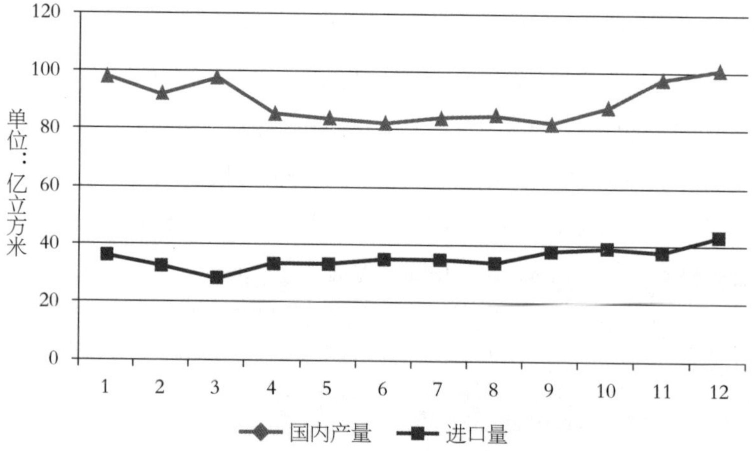

图9　中国2012年天然气供给趋势图

数据来源：中华人民共和国国家发展和改革委员会

2012年进口天然气持续扩大，累计达407亿立方米，同比增长29.9%；天然气各月进口量相对平稳，每月在28–43亿立方米区间波动（如图 9所示）。引人关注的是，2012年进口天然气占国内天然气消费量28.2%，与2011年24%相比增加4.2个百分点。根据今年国家发改委公布的各月进口量及表观消费量数据，可以计算出各月天然气对外依存度情况（如图 10所示），总体来看对外依存度有震荡上涨趋势，下半年各月数据多次突破30%，这也使得全年天然气对外依存度逼近30%。今年我国已成为土库曼斯坦天然气的最大进口国；乌兹别克斯坦的天然气运输公司从今年4月1日起对华供应天然气，通过中国—中亚天然气管道每年向中国供应天然气100亿立方米。中国天然气进口渠道进一步拓宽，多元化的进口格局不断深化。

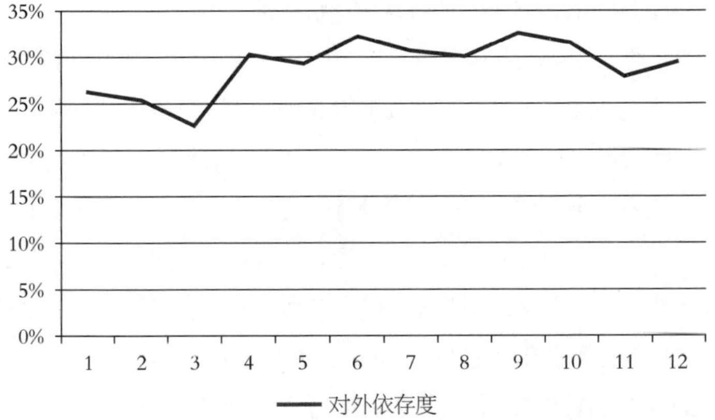

图10　2012年中国天然气对外依存度趋势图

数据来源：中华人民共和国国家发展和改革委员会

2. 用气需求增势显著，市场供需整体平稳

2012年全年累计天然气表观消费量1,445亿立方米，比2011年同期增加12.8%。国内产量稳速提高和进口量大幅增加，基本满足了国内天然气消费需求。我国天然气消费量全年变化趋势呈明显季节化特点：2012年前3月，由于气温偏低国内天然气消费量维持在高位，表观消费量390亿立方米，同比增长19.7%，较历史消费保持较快增长；自4月份后，用气需求明显回落，4月份至8月份期间消费量平稳，固定在109–114亿立方米范围内。从9月份开始消费量逐渐上升，迎来新的用气高峰。

2012年全年中国天然气市场供需整体平稳，国内产量、进口量及消费量均呈上涨趋势，其中产量增速下降，进口量增长强劲弥补了消费量增长需求（如图11所示）。

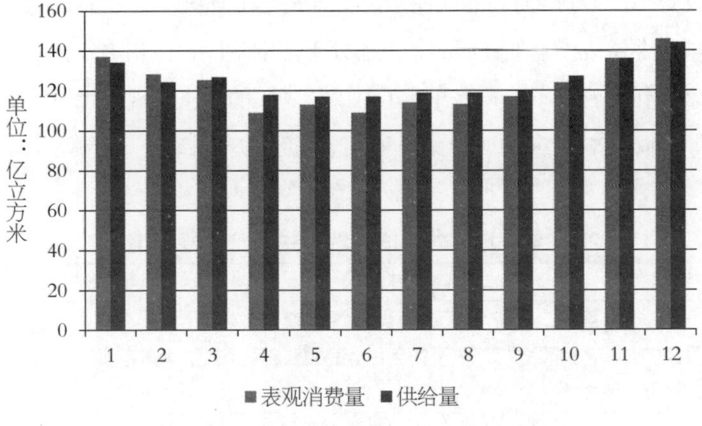

图11　2012年中国天然气供需趋势图

数据来源：中华人民共和国国家发展和改革委员会

3. 价格市场化改革拉开序幕，两省试点持续推进

中国天然气价格机制长期与国外价格脱节，对中国天然气产业产生的不利影响主要表现在两方面：一是天然气价格与国外脱节造成进口商进口越多亏损越多，抑制了中国天然气进口商的积极性，不利于进一步扩大天然气进口规模；二是受制于国内较低的天然气价格水平，天然气企业在参与国外项目竞购时报价被迫处于较低水平，价格竞争力不强，限制了天然气企业的对外发展步伐。为此，国家发展和改革委员会于2011年12月26日发出通知，决定在广东、广西两省（区）开展天然气价格形成机制改革试点。这次改革标志着各方呼唤已久的天然气价格市场化改革大幕正式拉开。

经过一年的试点改革推进工作，目前已取得了一定成效：广东省从四个方面积极探索天然气价格市场化的可能路径：一是建立天然气调价方案听证制度，要求在制定或调整天然气价格时必须经过听证程序；二是研究建立燃气购进价格与终端销售价格联动的动态调整机制；三是优化管网股权结构；四是从严控制管网加价。这项试点取得了积极进展，天然气上游市场竞争机制日益健全，而下游消费者也从中受益。

4. 非常规天然气产能建设规划陆续启动，页岩气发展成热点

中国严重依赖煤炭的畸形能源结构以及世界非常规天然气产业取得的成就，促使国家重视非常规天然气与常规天然气并重发展。中国未来能源发展方向将扩展天然气应用范围以及新能源开发，由扩大产能和装机容量转向加快利用、加快页岩气、煤层气等非常规天然气探采以及开发规模等。2012年7月，中国石油经济技术研究院在北京发布的《2012年国外石油科技发展报告》显示，全球总的页岩气可采资源量为1,870,000亿立方米，其中中国约占资源总量的20%，为360,825亿立方米，排名世界第一。2012年中国首次页岩气资源潜力调查评价也表明中国页岩气分布面积广，发育层系多，资源潜力大。目前，中国对非常规天然气资源的利用还处于探索阶段，但相关各方已经开展了积极的规划和探索工作。已有不同省市开展了对于页岩气的勘查及规划工作，取得的重大进展如表2所示。预计未来几年内对于页岩气资源的勘探开发将进一步深化。

表 2　　2012年各地区非常规天然气主要产能规划情况

时间	地区	事件内容	进展与规划情况
3月	重庆市	第一口已完钻压裂的页岩气调查井“黔页1井”进行了点火测试并获得成功	为推进渝东南页岩气勘探开发奠定了基础

续表

时间	地区	事件内容	进展与规划情况
4月	陕西省	《陕西延长页岩气高效开发示范基地总体规划》通过国土资源部、财政部专家审查	“十二五”期间将投入25亿元实施页岩气勘探、评价、开发示范工程。到2015年力争新增页岩气探明地质储量1,500亿立方米，形成页岩气开采产能5亿立方米
5月	南海北部	中国第一艘自行设计的可燃冰综合调查船“海洋六号”再次深入南海北部区域对区域内水合物分布情况进行新一轮“精确调查”	中国南海北坡的神狐海域可燃冰富集区，预测储量约194亿立方米
5月	涪陵	中国石油化工集团公司首个页岩气产能建设项目启动	目标是到2012年底在涪陵地区建成页岩气年产能3-5亿立方米，2013 年达到10亿立方米
5月	江西省	江西煤田地质局成立了江西省页岩气勘查开发有限公司	标志着江西页岩气勘查开发将进入实质性阶段
5月	重庆市酉阳县	页岩气勘探开采规划通过国家评审	初步估计酉阳县境内页岩气储量达8,000亿立方米

资料来源：《天然气技术与经济》

（二）2013年中国天然气市场发展展望

在国家“十二五”规划中，为保证中国油气产业可持续发展，中国政府及相关决策部门将加快推进一系列的配套改革，加快财税体制改革、深化成品油和天然气价格改革、强化节能减排目标责任考核，并出台扶持低碳及非常规能源发展的政策。可以预见，随着环保要求和人民对生活质量要求及政策引导，用气区域深入东部发达省市地区以及用气方式向低碳方向发展，天然气在中国能源消费结构中的占比将会进一步提高。预计2013年天然气供需将继续平稳增长，消费增长速度在10%以上，进口天然气增速将远高于国内产量增速，对外依存度将突破30%。

1. 天然气市场价格改革继续深化

未来天然气价格改革仍是重点工作之一，国家发改委计划采取进一步的措施，用2–3年时间在全国理顺天然气价格，使天然气定价在符合新的定价机制上，取得突破性进展。总体来看，未来中国天然气价格改革将主要呈现以下趋势：以“小步快跑”的方式逐步理顺国产气与进口管道气、进口液化天然气（LNG）价格的矛盾；中国气价格结构与国际渐趋一致；天然气的市场价格，逐步按照竞争性替代能源的热当量价格来确定；逐步完善天然气价改的配套措施。

2. 天然气供需快速增长且市场区域扩大化

在国家积极鼓励民间资本、外资通过与国有企业合作的方式进入油气建设领域的政策下，石油天然气产量将不断提高，尤其是非常规天然气开发会突飞猛进。2013年，中国塔里木、川渝、长庆、青海等四大天然气气藏地区，向外输气管网项目以及液化天然气（LNG）进口项目的进一步推进和实施，中国天然气供应格局“西气东输、北气南下、液化天然气（LNG）登陆，就近外供”的天然气供应格局将进一步铺开，并覆盖全国。特别是大型长输天然气管道的建成投产，使天然气消费市场区域不断扩展至东部能源消费大户，新的用户用气条件将日益成熟，尤其是在长三角、珠三角、环渤海地区等天然气干线沿线省区。

3. 天然气占能源消费比例将会达到5%

自哥本哈根气候大会中国承诺减排目标以来，中国就非常重视低碳经济发展，而2013年是中国经济转型、产业调整的关键一年，天然气作为清洁能源，提高其在中国能源消费结构中的比例有利于中国节能减排和能源供应安全问题的解决。预计，2013年天然气在我国能源消费结构中的比例将会达到5.7%左右。“十二五”末天然气在中国能源消费结构中的比重由4%提高到8%。届时，国内天然气普及率将有显著提高，天然气用户将由大城市逐步向县市级等二三线城市的普及，在经济条件发达的地区，还将向城镇及农村进行延伸。

4. 天然气进口持续增加并呈现多元化

中国已经基本建成了以中亚、中缅、中俄等陆上管道和沿海液化天然气（LNG）为主的两个进口通道，形成“西气东输、海气登陆、就近外供”的多元化进口格局。2013年中国油气企业将继续加大外部资源引进力度，并通过积极进行海外并购的方式，进行海外区块开发，努力保障国家用气需求。除了加大煤层气、页岩气等非常规天然气资源的开发力度外，中国为保障天然气消费需求，必然加大天然气进口量。预计，未来中国天然气市场供应将形成供气来源国多元化、供气种类多元化、供气主体多元化的“三元开泰”格局。

5. 用气方式向低碳方向发展

2008年城市燃气已是天然气第一大用气领域，随着中国城市化水平的提高，2013年天然气向城市燃气市场的主要燃料方向发展，城市燃气和工业用气占天然气消费比例将提高到65%左右；天然气发电利用比例稳步上升，化工比例将不断降低，整体上呈现出“三足鼎立”的局面。

6. 天然气将成为公共交通领域具有竞争力的燃料

截至2011年底，全国天然气汽车总数接近40万辆，其中出租车和公交车有35万辆，占全国出租车和公交车总数的20%。随着各地城镇化水平和环境质量要求的提高，具有价格竞争力的天然气将在各城市公共交通领域得到较快发展，主要表现为：天然气将成为大多数中小城市出租车的主要燃料；大中城市的公交车燃料将逐步升级为天然气等清洁燃料；液化天然气（LNG）车将向城际车发展；局部地区私家车天然气燃料改造将比较踊跃。预计2020年中国天然气汽车总数将接近200万辆，车用天然气消费量约为200亿立方米/年。公交车和出租车气化率将达到50%。

中国油气勘探产业发展分析与展望

在"油气并举，稳住东部，加快西部勘探开发"的总体思路下，2011年中国油气勘探成果明显。截止到2012年年底，中国石油天然气集团公司连续6年新增探明石油地质储量超过6亿吨、天然气地质储量超过4,000亿立方米，探明油气储量当量10亿吨，进入了储量增长高峰期；中国石油化工集团公司油气探明储量首次突破8亿吨油当量。

一、2012年中国较大油气勘探成果及分布

2012年，各油气企业集团强化新区勘探突破，深化老区稳定增产，积极开展非常规油气资源勘探，使得油气勘探获得重大发现与进展。

（一）陆上油气资源勘探

1. 西部地区油气勘探进一步加快、深化

中国石油天然气集团公司塔里木油田在热瓦甫区块发现了超千亿立方米含量的天然气新气藏。在英买7、羊塔克、喀拉玉尔滚三条油气带内部区域逐步落实玉东1和英买46两个凝析气藏，新发现玉东6凝析气藏。截止到2012年10月下旬，长庆油田基本落实石油探明地质储量达3.57亿吨，储量品位持续提升。长庆油田10年共提交石油探明地质储量20亿吨，目前已累计探明石油储量达30亿吨。青海油田油气勘探也取得重大突破：一是天然气勘探取得突破，东坪勘探区获得高产气流，初步确定有利勘探面积100平方公里以上，基本上具有形成规模整装气田的基础；二是预探井发现厚油层；三是扎哈泉获工业油流，柴达木盆地西南部发现新的含油区带，预计可新增储量2,000万吨，实现了老区勘探的新突破；四是昆北油田累计探明石油地质储量达到1.07亿吨。

中国石油化工集团公司华北分公司，在陕西平凉市境内石油勘探工作取得重大进展。位于平凉市境内的红河油田探明储量3,607万吨，其中泾川县2,500万吨，崆峒区707万吨，崇信县400万吨。

2. 中东部地区油气资源勘探取得重要进展

2012年，中国第二大油田胜利油田累计探明储量1亿吨，为油田可持续高产量运营奠定基础。

此外，中国石油化工集团公司江苏油田分公司亳州探区“凤凰1号”钻井开钻。“凤凰1号”钻井所在的构造位于周口凹陷东部，其构造演化总体具有“早期逆冲推覆，中期走滑，晚期拉张”的特点，这些构造运动为该区油气的生成、运移、富集和保存创造了良好的匹配条件。公司依据圈闭面积、油气层厚度、单储系数、充满系数等参数估算，“凤凰1号”钻井所在构造地质储量为2,218万吨（油当量）。

3. 东北部地区油气资源勘探有重大发现

2012年11月1日，国土资源部发布《东北地区油气资源动态评价成果》。数字显示，东北地区油气地质资源量比2007年有大幅增长，石油地质资源量增长超过三成，天然气地质资源量增长达127%。东北地区石油地质资源量225亿吨，可采资源量72亿吨，天然气地质资源量4.5万亿立方米，可采资源量2.5万亿立方米。

此外，中国石油天然气集团公司吉林油田加大天然气勘探开发力度，相继发现长岭气田、龙深气田和王府断陷三个千亿立方米含气区。

4. 海相油气勘探深入发展

西南油气田将首先在四川盆地建设川西新场须五陆相和川西南井研—犍为海相两个页岩气示范区。2012年9月，西南油气田第一口海相页岩气井—金石1井压裂成功，该井加入液量3,400立方米，成为西南油气田压裂施工规模之最。该井是西南油气分公司在四川盆地西南井研—犍为地区部署的一口预探井，以海相页岩为主要目的层，该井的开发主要是了解海相其它层系的含油气情况及页岩气情况。金石1井的成功压裂，拉开了海相区域页岩气开发的序幕。

（二）海上油气勘探取得重大进展

2012年，中国海洋石油总公司在南海、渤海、珠江口等区域的勘探取得重大突破。

中国海洋石油总公司继东方13-1气田发现以来，在中国南海西部海域再获新发现——东方13-2。东方13-2，位于南海西部海域莺歌海盆地中央凹陷北部地区。其中，东方13-2-1井共钻遇35米的天然气层，所在海域水深65米，完钻井深3,168米。经测试，该井日产天然气约4,240万立方英尺。新发现东方13-2是公司在莺歌海高温高压天然气勘探领域的又一成功突破，该发现进一步展示了莺歌海盆地良好的勘探前景。

在渤海和珠江口也取得两个勘探新发现——旅大6-2和陆丰15-1。其中，旅大6-2构造位于渤海辽东湾海域，平均水深约31米。2012年，先后钻探了旅大6-2-4井和旅大

6-2-5井，并分别钻遇40米和147.6米厚的油层，测试平均日产油约850桶。陆丰15-1构造位于珠江口盆地，平均水深283米。公司钻探了陆丰15-1-2井，钻遇油层26.8米，测试日产油约800桶。陆丰15-1含油构造钻探成功，有力促进了陆丰15构造带油气勘探，开辟了珠江口盆地自营勘探新领域。

（三）非常规油气资源探勘成绩斐然

根据2012年4月《石油勘探与开发》杂志中《中国非常规油气资源与勘探开发前景》一文，中国非常规油气资源丰富，发展潜力大，其中页岩气可采资源量为 15×1012-25×1012立方米，煤层气可采资源量为 10.9×1012立方米，致密气可采资源量为8.8×1012-12.1×1012立方米，致密油可采资源量为13×108-14×108吨，目前已形成了全数字地震勘探技术、低渗低阻气层识别技术，等一系列关键技术，且应用效果显著。

1. 煤层气

2012年1月，国家储委在北京审查并通过中国石油天然气集团公司华北油田山西郑庄区块里必井区308亿立方米煤层气探明储量。至此，加上原樊庄和郑庄已探明的844亿立方米地质储量，中国石油天然气集团公司在沁水盆地累计探明地质储量为1,152亿立方米。这是中国首个整装千亿立方米规模储量煤层气田。

2. 页岩气

在页岩气领域，中国的探索引人注目。截至2012年11月，延长石油集团已经完钻页岩气井16口，成功压裂试气8口，均获页岩气流，单井日产气约1,000立方米到2,000立方米。据初步估算，延长油气区页岩气资源量近18万亿立方米，约占全国页岩气可采资源量的72%；辽宁省阜新市首次探明页岩气资源，根据《辽宁阜新盆地刘家区页岩气资源勘查设计报告》，阜新市页岩气资源潜力巨大，仅刘家区资源量就达87.34亿立方米，具有良好的页岩气资源开发地质条件和资源条件。

2012年8月25日，由湖南省科技厅组织的《湖南省古生界页岩气成藏条件与资源评价》项目通过了专家了鉴定。该项目明确提出了湖南省页岩气资源主要分布在湘西北，初步估算为4.81万亿立方米，占全省总资源量的近70%；其次是湘中，资源量为1.25多万亿立方米；湘东南资源量近1万亿立方米。

2012年，重庆市实施的页岩气勘查评价也取得重大进展：彭水地区的直井“彭页1井”岩心收集气体点火成功；水平井“彭页HF-1井”完钻并圆满完成储层分段压裂改造施工；南川地区正在实施二维地震资料采集，初步落实2-3个稳定区；秀山区块页岩气勘查稳步推进；永川、江津、荣昌、涪陵、梁平等区县也启动了页岩气勘查评价及产能建设项目。

3. 致密油

2012年，长庆陕北石油评价项目组加强姬塬地区上部层系、志靖地区下部层系等的评价力度，通过精细评价，在陕北地区取得突破性进展。姬塬地区上部层系评价取得良好效果，在相关层系多口井试油获得成功，其中5口井分别获得高产工业油流，并发现多个高产含油富集区。其次，周家湾地区立体评价成效显著。根据这个地区的含油特点，油藏评价按照立体评价思路，在评价上部层系的同时，选择部分井加深评价下部层系，取得良好效果。盆地致密油藏评价取得阶段性成果，共有14口油井达到工业油流，其中3口油井获得高产工业油流。致密油藏试油的成功，展现了盆地致密油藏评价的前景，为姬塬地区致密油藏提交亿吨级储量奠定了坚实基础。

二、2012年中国油气勘探技术进步分析

2012年中国油气勘探事业取得了一系列重要的发现，这与油气勘探技术进步密不可分。2012年，中国常规油气勘探技术和非常规油气勘探技术都取得了重大进步，技术创新成果丰富。

在常规油气勘探方面，中国海陆勘探技术都取得长足进步。5月9日，“海洋石油981”钻入南海荔湾6-1区域1,500米深的水下地层。“海洋石油981”是中国首座自主设计、建造的第六代深水半潜式钻井平台，最大作业水深3,000米，钻井深度可达10,000米。6月26日，中国石油天然气集团公司东方地球物理勘探有限责任公司发布研发的GeoEast-MC多波地震资料处理系统，该系统具有从资料预处理到时间域成像的完整配套功能，形成了七大技术系列，在转换波静校正、成像参数估计与建场以及时间域成像等方面优于国外主流软件，整体技术达到国际先进水平。9月19日，863计划海洋技术领域重大项目组自主研制的中国第一套海上高精度地震勘探技术装备，以及深水防喷器、深水钻井隔水管、深水水下井口头等深水核心装备工程样机等成功通过验收。9月22日，国家超级计算天津中心与中海石油（中国）有限公司天津分公司、中海油田服务股份有限公司签署战略合作协议。此后，渤海海域油气勘探将用上“天河一号”三维逆时偏移处理这一国际领先技术。该技术可以把要勘探的地域呈现出一个三维立体图，提高大规模数据处理质量和地震成像准确度、清晰度，进而提高油气资源勘探成功率。

在非常规油气勘探方面，中国在页岩气、煤层气、深层石油、致密油、重（稠）油、超重油、致密砂岩气等方面的勘探技术都获得突破性进展。3月，中国石油天然气集团公司钻井工程技术研究院依托国家科技重大专项自主研制的PCDS-I精细控压钻井系统，

在华北油田牛东102井实施精细控压钻井作业取得突破性成功。该井从5,378米开始采用PCDS-I精细控压钻井系统，机械钻速提高90%，解决了漏失、井壁坍塌等钻井复杂难题。该控压井技术的突破有利于中国深层、复杂地层的油气勘探开发；青海油田基本形成了水平井加体积压裂为核心的致密油勘探技术，为盆地规模勘探开发提供有力的技术支撑。7月，由陕西延长石油集团承担的"陆相页岩气勘探发现及技术突破"项目，通过陕西省科学技术厅组织的成果鉴定，等级总体为国际先进，其中陆相页岩气发现、页岩气新型油基泥浆钻井和CO_2压裂技术达到国际领先。9月9日，由中国海洋石油总公司发展监督监理技术公司总包作业的山西柳林第一口煤层气U型井的CLU-02H井水平段与其直井CLU-02V井顺利连通，这是中国海洋石油总公司自行钻探的第一口煤层气"U"型井，成功将部分海上钻井技术和理念应用到了陆地煤层气开发领域。

三、2012年中国油气勘探政策点评分析

2012年，中国油气勘探产业政策层面积极落实"稳定东部、加大西部、加快南方、推进海域、突破非常规"的资源战略，稳扎稳打，重点有序地推进油气勘探。

（一）大力推进页岩气勘探开发

针对煤层气和页岩气，国家分别于2011年12月31日和2012年3月16日出台了《煤层气（煤矿瓦斯）开发利用"十二五"规划》（以下简称《煤层气规划》）和《页岩气发展规划（2011-2015年）》（以下简称《页岩气规划》），大力促进两者的发展。

2012年11月5日，财政部又下发了《关于出台页岩气开发利用补贴政策的通知》，表示为大力推动中国页岩气勘探开发，中央财政将安排专项资金支持页岩气开发利用，2012年至2015年间的补贴标准为0.4元/立方米。补贴标准将根据页岩气产业发展情况予以调整。这一补贴标准超出业内预期和美国页岩气开发初期的标准。另外，还表示地方财政可根据当地页岩气开发利用情况对页岩气开发利用给予适当补贴，具体方式由地方根据当地实际情况研究确定。

2012年11月23日，国土资源部发布《关于加强页岩气资源勘查开采和监督管理有关工作的通知》，鼓励矿业权人加快页岩气勘查开采。页岩气勘查取得突破的，可以申请扩大勘查面积，经国土资源部组织论J70证后，依法进行变更登记。页岩气勘查过程中可以申请试采或部分区块转入开采，但应当依法申请试采或办理采矿权登记手续。另外，要建立部省协调联动机制。通过部省合作等方式，共同推进页岩气调查评价、勘查开采示范等有关工作，并为页岩气勘查、开采创造良好的环境。

（二）着力解决非常规油气勘探的技术瓶颈

煤层气勘探方面：继续实施国家科技重大专项、科技支撑计划、973计划、863计划，加强基础理论研究，加快关键技术装备研发，着重解决煤层气产业发展中重大科学技术问题；加强国际合作和交流，积极引进煤层气勘探开发利用先进技术；建立和完善以企业为主体、市场为导向、产学研用相结合的煤层气（煤矿瓦斯）技术创新体系；发挥技术咨询服务机构作用，统筹考虑现有科研布局，整合现有科研资源，加强煤矿瓦斯治理国家工程研究中心和煤层气开发利用国家工程研究中心等专业机构建设，提高自主创新能力，推进技术装备国产化；建立健全煤层气标准体系，加快出台勘查、钻井、压裂、集输等方面的标准。鼓励高校与用人企业合作，采用订单式等培养模式联合培养煤层气相关专业人才。

页岩气勘探方面：通过国家科技重大专项等，加大对页岩气勘探开发相关技术研究的支持力度，在“大型油气田及煤层气开发”重大专项中将“页岩气勘探开发关键技术”列为重点项目，增设“页岩气勘探开发示范工程”。加强国家能源页岩气研发（实验）中心和其他页岩气重点实验室建设，建立高层次人才培养和学术交流基地。鼓励中国企业及院所与国外研究机构开展勘探开发关键技术联合研究，通过引进国外技术服务和开展对外合作等，吸收借鉴国外先进的成熟技术，从而形成具有中国特色的勘探开发核心技术。

（三）积极鼓励民营企业参与

2012年7月27日，国家发展改革委员会办公厅发布了《国家能源局关于鼓励和引导民间资本进一步扩大能源领域投资的实施意见》（国能规划〔2012〕179），该实施意见中指出将鼓励民间资本参与能源资源勘探开发。继续支持民间资本以多种形式参与煤炭资源勘探、开采和煤矿经营，建设煤炭地下气化示范项目。支持民间资本进入油气勘探开发领域，与国有油气企业合作开展油气勘探开发，以多种形式投资煤层气、页岩气、油页岩等非常规油气资源勘探开发项目，投资建设煤层气和煤矿瓦斯抽采利用项目。

2012年9月10日，国土资源部在官方网站发布公告，面向社会各类投资主体公开招标出让页岩气探矿权。本次招标共推出20个区块，总面积为20,002平方公里，分布在重庆、贵州、湖北、湖南、江西、浙江、安徽、河南8省（市）。与2011年6月首轮页岩气探矿权招标采取的邀标方式不同，此轮招标没有区分国有企业和民营企业，而且对部分外资开放。此轮有意参与招标的70余家单位中，民营企业占1/3。但考虑到民营企业参与其中也面临着风险大、成本高、运作周期长等现实问题，除了放低竞标门槛外，国土资源部还将招标区块面积缩小，以便民营企业有实力参与勘探开发。

四、2013年中国油气勘探产业展望

（一）总体思路

常规油气资源勘探开发方面，政府与企业将继续实行油气并举的方针，稳定东部、加快西部、发展南方、开拓海域；推进原油增储稳产，稳步推进塔里木盆地、鄂尔多斯盆地等重点石油规模生产区勘探开发；推进海上油气田勘探开发，逐步提高天然气在一次能源结构中的比重。

非常规油气资源开发方面，将加快煤层气勘探开发，增加探明地质储量，推进沁水盆地、鄂尔多斯盆地东缘等煤层气产业化基地建设；加快页岩气勘探开发，优选一批页岩气远景区和有利目标区；加快攻克页岩气勘探开发核心技术，建立页岩气勘探开发新机制，落实产业鼓励政策，完善配套基础设施，实现到2015年全国产量达到65亿立方米的总体目标；加大页岩油、油砂等非常规油气资源勘探开发力度。

（二）勘探投入

1. 中国石油天然气集团公司

在勘探方面，中国石油天然气集团公司一方面将继续加强综合地质研究，增加勘探投入，优化部署，推进勘探开发一体化，巩固资源基础，强化圈闭储备；另一方面围绕提高储量动用率、采收率和单井产量目标，加强技术攻关，优化产能建设，以保证油气产量稳中有升。2013年中国石油天然气集团公司勘探与开发板块的资本性支出有望超出1,800亿元，其中约350亿元用于油气勘探活动。中国重点突出储量增长高峰期工程，加大松辽盆地、鄂尔多斯盆地、塔里木盆地、四川盆地、渤海湾盆地、等重点油气区域的整体控制；海外重点突出中亚、中东、美洲和亚太合作区的油气勘探开发工作。

2. 中国石油化工集团公司

2013年该公司资本性支出将超过2,000亿元，其中：勘探及开采事业部资本支出约950亿元，占总支出的47.5%，主要用于胜利滩海油田、西北塔河油田、鄂尔多斯油气田、四川盆地气田勘探开发以及山东液化天然气（LNG）等项目建设。

3. 中国海洋石油总公司

为加大勘探开发力度以支持可持续增长，2013年公司的资本支出预计将达到120至140亿美元，其中，勘探、开发和生产资本化投资分别约占19%、70%和11%。2013年，公司计划钻探约140口勘探井，采集二维地震数据约1.54万公里及三维地震数据约2.48万平方公里，并将继续加强深水勘探。2013年的储量替代率目标为100%以上。在非常规能源勘探方面，中国海洋石油总公司表示在未来5年，将投资99.333亿元进行煤层气的勘探。

其全资子公司将与中联煤层气在山西、陕西等9省份共同勘探、开发、生产及销售煤层气及煤层气产品。

（三）政策展望

1. 加大投资吸引力度，完善产业管理制度

《煤层气规划》指出，继续安排中央预算内投资支持煤矿安全改造及瓦斯治理示范矿井建设。提高勘探投入最低标准，促进煤层气企业加大勘探投入。引导大型煤层气企业增加风险勘探专项资金，加快重点区块勘探开发。加强对外合作管理，吸引有实力的境外投资者参与煤层气风险勘探和试验开发。鼓励民间资本参与煤层气勘探开发、煤层气储配及长输管道等基础设施建设。拓宽企业融资渠道，支持符合条件的煤层气企业发行债券、上市融资，增强发展能力。

《页岩气规划》提出要建立页岩气勘探开发新机制，加快引入有实力的企业参与页岩气勘探开发，推进投资主体多元化。同时要制定准入门槛和资质，推动矿权招投标制度、区块退出机制及合同管理，大幅度提高最低勘查投入，杜绝“跑马圈地”等现象。石油天然气、煤层气矿业权人应综合勘探开发矿业权范围内页岩气资源。页岩气勘探开发要与其他固体矿产矿业权、整装勘查区相互衔接，协调处理好矿业权重叠，确保安全生产。从事页岩气勘探开发的企业，经国土资源部前置性审查，由国家发改委报经国务院批准后，与国外有经验的公司合作，引进页岩气勘探开发技术。要进一步完善页岩气勘探开发监管机制。

2. 继续推进非常规天然气勘探

（1）加快煤层气勘探

“十二五”期间，中国以沁水盆地和鄂尔多斯盆地东缘为重点，加快实施山西柿庄南、柳林、陕西韩城等勘探项目，为产业化基地建设提供资源保障。推进安徽、河南、四川、贵州、甘肃、新疆等省区勘探，实施宿州、焦作、织金、准噶尔等勘探项目，力争在新疆等西北地区低阶煤煤层气勘探取得突破，探索滇东黔西高应力区煤层气资源勘探有效途径。到2015年，新增煤层气探明地质储量为1万亿立方米。

（2）继续推进页岩气勘探

“十二五”期间，页岩气勘探开发以四川、重庆、贵州、湖南、湖北、云南、江西、安徽、江苏、陕西、河南、辽宁、新疆为重点，建设长宁、威远、昭通、富顺—永川、鄂西渝东、川西—阆中、川东北、安顺—凯里、济阳、延安、神府—临兴、沁源、寿阳、芜湖、横山堡、南川、秀山、辽河东部、岑巩—松桃等19个页岩气勘探开发区。国家继续加大对页岩气资源调查评价的资金投入，设立页岩气调查评价和勘查国家专项，一是

开展页岩气资源调查评价和潜力评价；二是开展页岩气靶区优选和勘查技术攻关示范；三是开展页岩气地质理论研究和国际合作交流。同时致力于页岩气资源评价技术、页岩气有利目标优选评价方法、页岩储层地球物理评价技术、页岩气水平井钻完井技术、页岩储层改造及提高单井产量技术、产能预测、井网优化与经济评价技术、编制页岩气勘探开发技术规范、培育专业化技术服务公司等8个具体方面的技术攻关。

到2015年，基本完成全国页岩气资源潜力调查与评价，掌握页岩气资源潜力与分布，探明页岩气地质储量6,000亿立方米，可采储量2,000亿立方米，优选30–50个页岩气远景区和50–80个有利目标区，建成一批页岩气勘探开发区，初步实现规模化生产。页岩气勘探开发关键技术攻关取得重大突破，主要装备实现自主化制造，形成一系列国家级页岩气技术标准和规范，建立完善的页岩气产业政策体系，为“十三五”页岩气快速发展奠定坚实基础。

3. 促进南海油气资源勘探开发

2012年8月28日，中国海洋石油总公司在其网站公布，中国海域2012年第二批可供外国公司进行合作的区块，此次中国海洋石油总公司共推出26个区块，总面积73,754平方公里，包括渤海湾1个开放区块，东海丽水凹陷3个区块，南海东部18个区块，南海西部4个区块。通过与国外公司合作，可以充分利用国外的技术优势和中国在南海的资源优势，实现优势互补，促进中国南海资源的勘探开发。

未来中国将加快对外合作力度，与东南亚各国以及西方国家石油公司进行油气开发合作，加快区块招标，共同开发南海地区的油气资源。

中国油气开发产业发展分析与展望

2012年中国国内原油产量约2.07亿吨，比2011年增长约2%，天然气产量1,067亿立方米，比2011年增长6.7%。在中国三大油气公司中，中国石油天然气集团公司油气产量最大，原油产量达1.1亿吨，较2011年增长279万吨，连续3年实现年净增原油200万吨以上，新建原油产能1,564万吨，创历史之最。新疆、陕西、四川等西部地区依旧是中国油气产量增长的主要来源，东部地区及海上油气产量基本与2011年持平。

一、2012年中国油气产量完成情况

（一）总体情况

1. 油气产量持续增长

2012年，中国原油生产共计2.07亿吨，比2011年增长了2%，增速比2011年有所增加。第一季度生产原油5,070.1万吨，同比下降1.5%；第二季度生产原油4,985.4万吨，同比下降3.3%；第三季度生产原油5,198.8万吨，同比增长2.5%；第四季度生产原油5,445.7万吨，同比增长8.7%。

2012年，中国天然气生产共计约1,067亿立方米，相当于9,541万吨油当量，比2011年

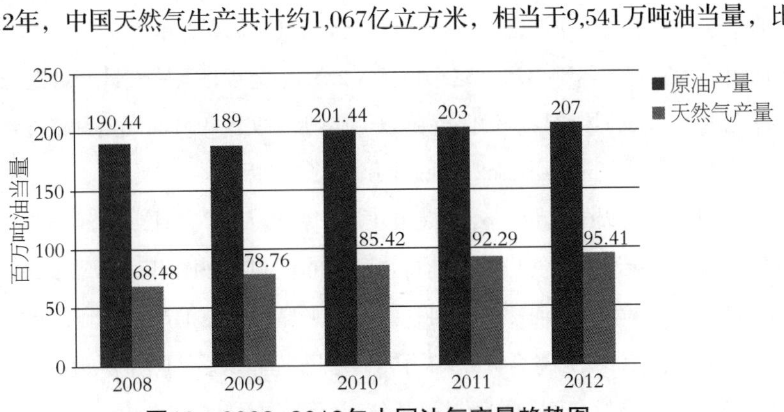

图12　2008-2012年中国油气产量趋势图

数据来源：中国石油和化学工业联合会

增加了6.7%，增速比2011年有所下降。近年来，中国大力推动对页岩气、煤层气等非常规油气资源的开发，非常规油气产量占总产量比例逐年上升。

2. 2012年月度油气产量

从全年月度数据来看（见图 13），2012年全年的原油产量呈平稳态势；天然气产量全年呈现“两头高，中间低”的态势，4月以后随着供暖季节的结束，天然气产量平稳回落。

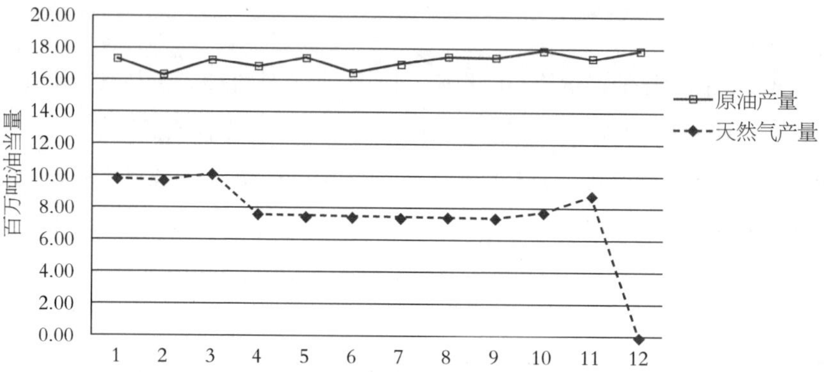

图13　2012年中国国内原油天然气产量月度分布表

数据来源：中国石油和化学工业联合会

（二）石油公司油气产量完成情况

1. 中国石油天然气集团公司

2012年该集团境内原油产量11,033万吨（约合7.8亿桶），同比增长279万吨，实现连续三年净增原油200万吨以上，时隔17年原油产量攀上1.1亿吨的高位；天然气产量约800亿立方米。

大庆油田连续十年实现原油稳产4,000万吨，天然气33亿立方米。

长庆油田，为实现“西部大庆”这一目标，2012年全年将天然气日产量提升至8,000万立方米以上水平，同时原油日产量保持在6万吨以上，实现年产油气当量超过4,500万吨的新高点。其中，原油产量达到2,262万吨，同比增长260万吨。

2012年，中国石油天然气集团公司提出建设“新疆大庆”，计划到2015年，新疆油田、塔里木油田、吐哈油田油气当量合计将达到5,000万吨。2012年，新疆油田、塔里木油田、吐哈油田共实现生产原油1,839万吨。其中，新疆油田原油产量达到1,103万吨，天然气产量31亿立方米，油气当量合计1,351万吨；塔里木油田生产原油580万吨，生产天然气193亿立方米，油气当量合计2,119万吨，连续6年保持在2,000万吨水平上。

辽河油田，以科技创新推进油田开发方式的转变，将重力泄水辅助蒸汽驱技术

（SAGD）第1个成功应用于中深层稠油开发，已实现区块年产量超过50万吨；创新实施的精细多元化注水，让注水油田产油达到334万吨。2012年全年，辽河油田实现生产原油1,013万吨，连续稳产27年。

2. 中国石油化工集团公司

2012年，该集团公司境内原油产量为4,318万吨（约合3.07亿桶），同比增长1.1%；生产天然气169亿立方米，同比增长15.7%。

胜利油田，2012年全年生产原油2,755万吨，天然气5亿立方米，连续17年稳产在2,700万吨以上。

中原油田，2012年大力推进东濮老区效益开发、普光气田增产增效、内蒙探区增储上产，全年实现生产原油252万吨，天然气104.8亿立方米，油气当量合计达到1,300万吨，同比增长17%。

3. 中国海洋石油总公司

2012年的中海石油油气净产量约3.4亿桶油当量（合约0.48亿吨油当量），其中国内原油净产量约2.3亿桶油当量（合约0.32亿吨油当量）；中国海域天然气产量约为72亿立方米。

4. 延长石油集团

该公司自2010年原油年产量首次达到1,200万吨，2012年延长石油集团油气产量稳步增长，全年生产原油1,254.8万吨，比2011年净增20.8万吨；同时加快天然气勘探开发和国家级陆相页岩气示范区建设，建成投产了2个液化天然气（LNG）项目，全年完成天然气产量2.56亿立方米。

二、2012年中国油气产能建设情况

（一）总体情况

2012年，中国油气生产呈上升趋势，中国三大油气公司及所属油气田针对各自情况，制定了实现石油的稳产高产、进一步加快油气开发步伐的战略目标和战略措施。

中国石油天然气集团公司及所属油气田针对油田开发现状，大力推广技术创新，启动老油田二次开发，同时加强新区产能建设，实现油田平稳增产。中国石油化工集团公司及所属油气田重点强化老油气区综合开发，加大低品位油气储量开发动用力度，加快提高采收率步伐，加强新区产能建设过程优化。中国海洋石油总公司重点强化成熟区块稳产增产，逐步释放深水新增产能，扩大非常规油气产能建设，实现油气生产平稳增长。

（二）石油公司产能建设情况

1. 中国石油天然气集团公司

中国石油天然气集团公司“十二五”期间的主要发展目标为：原油产量保持年增长200万吨，加快天然气产能建设步伐，到2015年产量占公司油气总当量的50%。

2012年中国石油天然气集团公司资本性支出约为人民币3,000亿元，其中用于勘探开发部分支出为人民币1,729亿元。中国石油天然气集团公司全年新建产能1,564万吨，共完成水平井1,701口，其中国内1,351口，国外350口，创历史之最。

长庆安塞油田，截至2012年7月中旬，产能建设累计进尺80.61万米，完井503口，完成全年生产任务的80%。安塞油田通过区块优选、井网优化、坐标分级等措施，优化储层工艺改造参数，推广应用储层改造新技术，新井投产数目快速增加，新井平均日产量达到2.3吨。长庆油田在2012年超低渗油藏开发中计划新钻水平井140口，新建产能240万吨，年产原油预计达到680万吨。

塔里木油田，2012年全年整合勘探开发和产能建设力量，在库车、塔北、塔中，形成了克深-大北、哈拉哈塘、塔中I号三大规模储量区，连续7年三级储量规模增长，进入储量高峰增长期，为落实2015年“新疆大庆”的规划目标奠定了坚实的基础。塔里木油田全年新建油气当量产能1,300万吨。9月初，塔里木油田塔中碳酸盐岩凝析气藏整体开发一期项目开工。预计到2014年年底，塔中碳酸盐岩储层将新建130万吨油气当量的产能。11月底，塔里木油田克深气田产能建设一期项目——克深2区块工程投产。工程建成后，每年天然气产能将达到60亿立方米，相当于塔里木油田向西气东输一线年输气量的1/3。

新疆油田，2012年通过实施二次开发工程，共在24个区块完钻新井1,938口，新建产能171.34万吨。在风城超稠油藏产能建设风城油田作业区2012年计划新建产能97万吨，占新疆油田全年新建产能的57%。该产能建设规模最大、技术含量高、地面条件复杂、建井周期短、现场组织实施要求高。同时，在风城油田开展SAGD开发和火驱开发2个重大实验项目。这2个项目全面提升了风城超稠油整体开发水平，实现了有效开发。

青海油田在2012年台南气田1.5亿立方米产能建设工程全部建成投产。该工程是青海油田2012年重点工程之一。钻井工程于2月25日开工，到7月18日钻井实现开钻15口，完井15口，累计进尺2万米，落实完成全年计划。

中国石油天然气集团公司煤层气产能在2012年达到30亿立方米。中国石油天然气集团公司自2012年，每年新增煤层气生产井2,500口，对中国煤层气产业投资占整个产业投资的80%。

2. 中国石油化工集团公司

2012年，中国石油化工集团公司勘探开发资本支出约为782亿元，主要用于胜利滩海油田、西北塔河油田、鄂尔多斯油气田、四川盆地气田勘探开发，以及山东液化天然气（LNG）等项目建设。

2012年前三季度，胜利油田全面加快东部、西部、非常规油气的开发力度。新井产油同比增加3万吨，对46个单元进行整体调整，夯实老区稳产基础，西部新区加强一体化协调运行，产量超计划运行。胜利油田制订出中国石油化工集团公司首部非常规通用技术规范，“井工厂”试验开钻3口井。

大牛地气田在2012年部署开发100口水平井，全部为低品位储层建设新产能，实现了中国石油化工集团公司致密低渗气田水平井规模开发。截至2012年10月底，大牛地气田已完成81口水平井的试气压裂，单井平均日产气量达到4.2万立方米，年产能预计为10.2亿立方米。11–12月，待投产20口井，2012年底将超额完成10亿立方米年产能目标。

中原油田，2012年坚持探评建一体化，在东濮老区建成产能14万吨，恢复产能5.5万吨；在普光气田通过增加产能、提高产量，气田生产规模突破100亿立方米；在内蒙探区新建产能10万吨。

江苏油田，2012年在永联、韦庄、秦营3个新区投产油井55口，日产原油240多吨，合计建年产能超过7万吨。

另外，中国石油化工集团公司在页岩气开发上加快步伐。涪陵区块页岩油气勘探开发产能建设项目在2012年5月启动，该项目是中国石油化工集团公司首个页岩气产能建设项目。该计划到2012年底在涪陵地区建成页岩气年产能3亿–5亿立方米/年，2013年达到10亿立方米/年。

3. 中国海洋石油总公司

根据《中国海洋石油有限公司2012年战略展望》，中国海洋石油有限公司2012年资本性投资为90–110亿美元，比2011年上升37.08%–63%，其中开发总投入占总资本性投资的68%，开发投入比2011年有明显大幅增长。该公司“十二五”期间，主要业务领域将由“十一五”期间的浅水、常规油气领域转型成成熟区块稳产增产、深水、非常规油气领域；深水业务的新增产能逐步释放、深水作业进入实际操作阶段；成熟区块的稳产增产业务将稳中有升；还扩大煤层气等非常规油气领域的服务种类。

2012年，中国海域投产4个新项目，分别为涠洲6–9/6–10、崖城13–4、番禺4–2/5–1、流花4–1。其中，崖城13–4气田位于海南省三亚市西南约72公里的南海北部海域，气田范围内平均水深约85米。该项目依托崖城13–1气田现有生产设施，新建了三套水下生产装置用于整体开发，并部署了3口开发井。该气田预计将于2013年实现3.5亿平方米的高峰年产量。12月28日，番禺4–2/5–1调整项目及流花4–1投产成功。番禺4–2/5–1油田（占75.5%权益）平均水深约为100米，该调整项目充分利用已有的生产设施，更加合理有效地开发番禺4–2/5–1油田。预计该调整项目将于2014年达到高峰产量。流花4–1油田平均水深约268米。结合该油田特点，采用新建水下生产系统，同时依托周边已有相关设施进行开发。预计油田将于2013年达到高峰产量。

同时，中国海洋石油总公司对油气田的综合调整工作，也是2012年的开发工作重点。其中，渤海油田2012年已有83口调整井投产，累计增油50万立方米。规模实施调整井是2012年渤海油田上产的重要举措。

4. 延长石油集团

“十二五”末，该集团原油总产量达到1,500万吨，天然气产能达到100亿立方米，是延长石油集团“十二五”期间重要的目标之一。2012年，延长石油集团全年总投资407亿元，主要用于煤气油盐综合利用等重点项目的建设。其中，具体油气开发投资计划是加快靖边园区项目施工建设，完成投资70亿元以上；富县煤油气综合利用项目完成投资23.5亿元。

同时，2012年页岩气计划新增产能2,000万立方米。9月27日，国家发改委批准设立“延长石油集团延安国家级陆相页岩气示范区”（发改办能源〔2012〕2583号文）。该示范区面积为4,000平方公里，“十二五”期间安排探明地质储量1,500亿立方米以上，建成产能5亿立方米以上。自2011年起，延长石油集团承担的鄂尔多斯盆地东南部页岩气高效开发示范工程，打出中国第一口陆相页岩气井并成功压裂产气，截止到2012年底已成功钻出页岩气井16口，单井日产气约1,000立方米到2,000立方米，压裂试气8口。

三、2012年中国油气开发技术进步分析

油田开发追求高效益，就要追求油气开发技术的不断进步。2012年，中国油气开发取得一系列重大突破，这些成果的取得和油气开发新技术的不断运用密不可分。2012年，中国油气田开发技术在以下这些方面都有所突破和推广应用。

针对中国大部分油田处于中后期开发阶段，油气田产量逐步缩减，提高采收率成为常规油气田开发的重要手段之一。精细注水开发技术为老油田后期开发提供了有力的技术支撑。从2005年开始，胜利油田开展了“胜利油区主力油田注水开发关键技术研究”。截止至2012年底，已完成的多层砂岩油藏集成细分注水技术、定量配水技术以及分层注

水技术系列，研究成果整体达到国际领先水平，并成功的在各区块推广应用。针对剩余油层的普遍分布，建立了层系井网重组、变流线调整、变井网密度调整等注水开发模式；针对剩余油藏局部富集，建立了厚油层顶部水平井整体调整、单砂体注采完善、韵律层细分挖潜等注水开发模式。

针对老油气田经过长期开发，综合含水高、驱油效果越来越差的情况，各油田根据不同地下油藏描述采取不同技术方案。胜利油田，自2010年下半年，展开内源微生物驱油先导试验。该技术通过向油藏中注入适当的营养物质，选择性地激活油藏中的有益微生物，利用微生物的活动、代谢作用及代谢产物的作用来提高水驱效率，达到提高油藏采收率的目的。截至到2012年9月，该区块共有12口油水井实施内源微生物驱油技术，日增油达15吨，累计增油1,000余吨。

针对致密砂岩和页岩气的开采，其核心技术是水平井多级分段压裂技术。2012年2月13日，胜利油田运用水平多级分段压裂完井技术成功应用于致密砂岩油井樊154–平3井；同时，胜利油田自主研发的耐高温速溶瓜胶压裂液，以速溶瓜胶作为增稠剂、乳液交联剂作为高温交联剂，在140℃条件下，该压裂液体系表观粘度大于100毫帕秒，高于标准要求，其溶解速率、水不溶物等主要性能指标均达到国外同类产品水平，该压裂液对义123–3HF井实施压裂改造取得成功。2012年5月29日，延长石油集团在鄂尔多斯盆地地区陆相页岩气水平井压裂成功。

针对中深层超稠油藏，利用稠油蒸汽辅助重力泄油技术（SAGD），辽河油田打破国外SADG主要适用于浅层原始稠油油藏的固有思维，成功突破中深层超稠油油藏吞吐后期转SAGD开发的技术瓶颈，解决黏度大、埋藏深和布井方式难的技术难题，形成直平和双水平井组合布井方式。截止到2012年底，辽河油田曙一区稠油蒸汽辅助重力泄油（SAGD）区日产原油2,200吨，已连续4个月保持在日产2,000万吨以上。

针对海上非常规稠油开采，中国海洋石油有限公司在南堡35–2油田利用非常规稠油防砂热采技术，不仅采收率提高了11%，而且解决了防砂问题。截至到2012年底，南堡35–2油田单井注入多元热流体后，焖井5天，生产周期可达1年，自喷时间从2009年的1个月延长到2012年的2个月，下抽油泵后原油产能维持较高水平。

针对低渗透油藏的一系列问题，各油田根据各区块不同的低渗透油藏问题专项攻关。自2010年以来，华北油田利用可动凝胶与聚合物微球复合调驱配套技术，在楚102断块、宁50断块、留70断块、西柳10断块、泽70断块、赵108断块和宝力格油田7个油藏实施深部调驱技术后，截至2012年9月中旬，采收率提高4.5个百分点，自然递减率比2009年下降了8.9个百分点。2012年，中国石油天然气集团公司针对鄂尔多斯盆地的低压超低渗油气资源的开发，创新形成了低压超低渗油气藏勘探开发理论技术系列。这项研究发展了超低渗油藏多相非达西渗流理论；研发出了超低渗油藏单井产量评价和注水开发动态预测技术，预测精度由70%提高到90%；形成超低渗储层测井产能快速预测评价系统，产能预测符合率提高15%以上；创新形成超低渗裂缝性油藏精细描述技术、精细分层超前温和注水技术，以及油藏整体调剖工艺技术，油藏水驱波及体积提高7%、采收率提高1.5%，储量水驱动用程度提高10%；研发形成致密非均质气藏富集区筛选及井位优选配套技术，超低渗油气藏水平井开发井网及井眼轨迹设计、动态跟踪预测技术，油气藏水平井规模有效开发技术，超低渗油气藏水平井多簇、多段、多缝压裂系列技术，创新了地面工艺技术和标准化建设模式。这个技术系列，是"西部大庆"建设的有力技术支撑。2012年11月，胜利油田设计的一种变径天车轮无游梁抽油机获得国家专利授权，该技术打破了传统游梁式抽油机的限制，能使一些低渗透井、低产井得到有效开发。

针对超深超高压油气田的开发，中国石油天然气集团公司在塔里木盆地迪那2气田创新形成了超深超高压凝析气藏开发技术系列。这项研究研发形成裂缝综合评价及预测配套技术，稀井网条件下带裂缝、低孔特低渗气藏精细建模技术，带裂缝应力敏感性凝析气藏井底压力计算、数值试井及产能评价技术，低渗裂缝超高压凝析气藏钻完井技术，超深、超高压凝析气藏有缆测试配套工艺技术；首次在国内引入双管式射孔枪概念，研发出直径127毫米的高温超高压全通径射孔器及配套工具，设计并合成了适合超级13铬油管的高温酸化缓蚀剂，建立了高压凝析气标准处理工艺。这个技术系列的形成与应用还为后续超深高压气田，尤其是大北、克深等气田的开发和建设提供了技术支撑，为西气东输工程的平稳运行提供了气源保障。

另外，在油气田开发的进程中，各油气田通过不同的开发技术手段使得开发过程节能环保，创造了能源和环境的和谐发展。2012年，大牛地气田部署水平井增至200多口，所需要的钻井液、压裂液都大幅增加，平均每天都有1,000多立方米的废液亟待处理。8月19日，中国石油化工集团公司华北分公司在大牛地气田DPH—15井现场，实施了"试气点火燃烧蒸发返排液技术"的试验，引入钻井液池内的放喷火炬，通过燃烧钻井液、压裂返排液，有效地解决了气田废水的拉运、回注、占用压裂罐等造成的资源浪费。2012年11月20日，中原研制的含油污泥填充凝胶颗粒驱油技术，在文23—7井等3个井组通过现场试验，成功填充污泥30吨，这成功解决了含油污泥无害处理。自2007年，中国石油化工集团公司开展二氧化碳捕集和封存驱油技术研发，并在胜利油田建成国内外首个燃煤电厂烟气CCUS 全流程示范工程。截至2012年11月，驱油封存现场已累注二氧化碳7.66万吨，增油1.8 万吨，动态封存率达90%，预计可提高采收率17.2%，项目建成后，可年减排二氧化碳150万吨。在实现CO_2减排封存的同时有效提高了原油采收率，达到社会环境效益与经济效益共赢。

四、2013年中国油气开发产业展望

（一）总体思路

根据“十二五”规划的指导思想，油气开发产业总体发展思路体现为，加强陆上油气开发，提高原有采收率、增加经济可采储量、提高难采储量的动用率，扩大油气生产能力；强化海域勘探开发，提高油气产量；加快推进非常规油气开发进程，为保障国家能源安全提供支持；建设多元化的全球油气生产与供应基地，力争增加海外油气权益产量；突破油气开发关键技术，提升自主创新能力。

陆上加强东部油田老区精细开发，油藏评价扎实推进，在保持稳定生产的基础上努力增加油气储量和产量；立足中部的四川、鄂尔多斯两大盆地，加大开拓规模增储阵地，加强中部地区油气开发；着力发展西部塔里木、准噶尔盆地，建立油气战略接替区，适时扩大生产能力。海上开发重点集中在对南海、渤海、东海海域的油气开发，加强已发现大型油气田的开发，提高油气产量；着眼于海上油气中长期发展战略，使中国走向深水、走向非常规油气资源勘探开发，实现二次跨越。

在保障国家能源安全的现实需要的基础上，保证非常规油气资源重点项目的稳产上产，推进非常规油气资源对外合作及新技术和先进管理经验的引进推广，持续改进安全环保和节能减排工作。面对动荡的地缘政治局势，努力把握国际油气市场，加大新项目开发力度，与中东、欧美、亚太地区建立长期稳定的合作关系，积极参与国外油气勘探开发，从而形成一定规模的海外油气生产、供应基地；建设综合性国际能源公司，充分发挥对自营业务的示范带动和海外业务的协同促进作用。技术上坚持突破陆上油气、海上油气、非常规油气勘探开发关键技术，加强提高储量采用率、采收率和单井产量的关键技术攻关和应用，开展非常规油气资源技术开发。

在《国家能源科技“十二五”规划（2011–2015）》中指出，油气开发产业高效开发体现为低品位油气资源的开发。该规划还提出，在“十二五”期间中国油气勘探与开采技术领域，将完善复杂地质油气资源、煤炭及煤层气资源综合勘探技术，形成页岩气等非常规天然气勘探开发核心技术体系及配套装备。煤层气、页岩气、致密气、油砂等非常规油气资源也将会成为传统油气资源的有效补充，也已成为三大石油公司未来发展重要战略方向之一。

（二）开发投入

2012年，中国石油天然气集团公司资本性支出预计达到人民币3,000亿元，其中用于油气开发部分的支出约为人民币1,729亿元；中国石油化工集团公司预计资本性支出人民币1,729亿元，其中用于勘探开发部分支出人民币782亿元；中国海洋石油有限公司资本性支出预计共90–110亿元，其中开发投入占68%，延长石油集团全年资本性投入约407亿元。

为了实现油气上产增储、油气稳产，预计2013年各石油公司的油气开发投入规模将进一步加大，中国石油天然气集团公司用于油气开发的资本性支出将达到1,900亿元，中国石油化工集团公司用于勘探开发的资本性支出将超过800亿元，中国海洋石油总公司用于油气开发的资本性支出将超过70亿元，延长石油集团的油气开发投资将达到100亿元。随着中国页岩气勘探开发进程的加快，各石油公司对页岩气开采的投入将继续扩大。

（三）2013年油气产量预测

原油产量方面，2013年中国石油天然气集团公司的国内产量预计将超过11,500万吨，中国石油化工集团公司将达到4,378万吨，中国海洋石油总公司将达到3,300吨，延长石油集团有望突破1,300万吨。

天然气产量方面，2013年中国石油天然气集团公司的国内产量预计将超过850亿立方米，中国石油化工集团公司将超过180亿立方米，中国海洋石油总公司将达到75亿立方米，延长石油集团有望达到10亿立方米。

（四）政策展望

1. “十八大”首次提出生态文明建设，加强油气开采节能环保监管

中共十八大报告独立成篇地系统论述了“大力推进生态文明建设”，将生态文明建设提高到前所未有的重要地位。正如报告所指出，“建设生态文明，是关系人民福祉、关乎民族未来的长远大计”，生态文明建设是中国今后发展的重要方向。

然而目前，中国油气资源开采相关的节能环保监管还需进一步加强。2012年11月12日，延长石油集团七里村采油厂杨家沟选油站注水罐出口管线破裂，油水混合物通过下水道流入延河中。从2005–2012年，媒体报道的延长石油集团漏油和安全事故11起，这11起被公开的事故主要集中于延安和榆林两地，延长石油集团旗下共有23个采油厂分布于陕西境内，其中延安榆林两地分布最广，也最为密集。2011年6月4日开始，康菲担任作业者的蓬莱19–3油田连续发生两起溢油事故，造成渤海湾污染面积达5,500平方公里，严重破坏了当地的海洋生态环境，并给当地渔民造成了巨大损失。自渤海溢油事件一周年以后，2012年6月4日，渤海蓬莱19–3油田再次出现漏油，约0.6吨原油溢出。

以上这些事件，凸显了中国陆上油气资源开采及海上油气资源开采监管制度的不健

全。中国政府应加快完善相关法律法规，建立多层面监督处罚制度，促进油气开采节能环保，以把十八大提出的“大力推进生态文明建设”落到实处。

2. 继续推进页岩气勘探开发政策出台

2012年3月，国家能源局发布《页岩气发展规划（2011–2015年）》；2012年4月，国土资源部出台《进一步加强地质与矿产领域对外开放与合作的政策措施》，鼓励国外企业投资中国矿产勘查开发，同时鼓励和引导民间资本积极参与矿产勘查开发；2012年11月22日，国土资源部发布《关于加强页岩气资源勘查开采和监督管理有关工作的通知》，其中鼓励社会各类投资主体依法进入页岩气勘查开采领域。2012年11月5日，财政部下发《关于出台页岩气开发利用补贴政策的通知》，中央财政将安排专项资金支持页岩气开发利用，2012–2015年补贴标准为0.4元/立方米。国家希望通过补贴来鼓励企业进行页岩气勘探开发，这一补贴政策的出台，无疑将极大地激发企业参与页岩气开发利用的积极性。现有页岩气扶持政策均以采气量为依据，企业一旦采不出气，就要承担高额的勘探风险。按规定，参标者必须承诺三年内在招标区块完成一定的投入，如果限期结束后没有发现页岩气，还可承诺继续投入或者放弃勘探。按现有政策，若放弃继续勘探，此前投入将视为自主风险投资。目前，由国家能源局会同有关部门制定的《页岩气产业政策》已基本制定完成，正在征求各方意见，有望在2013年初出台。征求意见稿提出，鼓励投资多元化，如允许合资公司持有矿权，对外合作可探讨产品分成以外其它模式；页岩气勘探开发优先用地审批，示范工程简化投资程序；此外，页岩气开发利用还将获加速折旧等财税政策支持。

上述国家一系列关于推进页岩气勘探开发相关政策出台之后，后续的政策扶持必将相继出台，可能包括免收页岩气开采资源税、免征进口设备关税及增值税、国债专项资金支持、开采企业增值税返还、土地优惠以及页岩气定价自主化等。

3. 进一步鼓励民营企业投资油气开发

2012年6月，国家能源局发布《关于鼓励和引导民间资本进一步扩大能源领域投资的实施意见》。在民营企业投资油气开发方面，该意见鼓励民间资本与国有油气企业合作开展油气勘探开发；同时，鼓励符合条件的民营企业，依法合规成为非常规油气开发主体。

该细则对于民营企业可进入的领域和方式，市场准入标准、进入规则，明确、清晰的财政金融等支持政策标准均没有明确说明。这样看来，这份细则的可操作性还有待加强，具体政策仍需要进一步细化，而且能源开发的重要领域仍然存在限制和禁入。对民间资本开放的主要是非常规能源领域，在常规油气（石油、天然气）资源勘探开发领域，民间资本仍不能作为独立的开发主体，油气产业的上游垄断依旧；原油进口经营权没有对民间资本开放。在油气勘探开发领域和跨境、跨区石油和天然气干线管道项目建设上，民间资本必须与国有油气企业合作。民间资本勘探开发、加工、进口的石油和成品油，仍只能交由中国石油天然气集团公司、中国石油化工集团公司的批发企业经营，不能自采自用、自主销售。

4. 煤层气抽采补贴或将增加

由国家能源局牵头制定的煤层气开发利用“十二五”规划，已于2012年初公开发布。2012年11月15日召开的“第十二届国际煤层气研讨会”上透露，中央财政将增加煤矿安全技术改造国债资金，由目前的每年30亿元增加到50亿元，煤层气抽采补贴由目前的0.2元/立方米提高至0.6元/立方米。该方案已经上报到相关部门待批。

早在20世纪70年代，为解决煤矿瓦斯灾害，美国煤矿业主请石油服务公司利用常规油气开发技术进行瓦斯抽采实验，经多年探索取得成功，形成煤层气产业。因此，煤层气开发还承担了保障煤矿安全生产的重要使命。中国煤矿数量众多，煤层瓦斯含量高，42%的井下煤矿为高瓦斯矿井。许多小煤矿开采技术落后，管理混乱，事故多发。2005年国务院决定开展煤矿瓦斯治理和小煤矿关闭整顿。2005年起，中央财政每年为煤炭企业提供30亿元国债资金专项用于煤矿安全技术改造，特别是煤矿瓦斯治理项目。经过努力，煤层气抽采量由2005年的22.3亿立方米增长到2011年的115亿立方米。由此看来，若补贴提升至0.6元/立方米，必将极大地提高相关企业的积极性，促进中国煤层气产业快速发展。

中国油气工程技术服务产业分析与展望

近几年，中国油气公司与服务公司的分离，形成了石油工程技术服务产业的竞争性市场。进入21世纪，国际原油价格飙升，世界经济的蓬勃发展使得油品需求不断增长，并促成石油工程技术服务产业的空前繁荣。石油工程技术产业的物探、钻井完井、测井录井、油田生产、油田建设等5个板块及下属32个具体项目在业务额、业务收入、业务利润等方面屡创新高。

一、2012年中国油气工程技术服务市场分析

（一）与外资油服企业合作力度不断加强

为维持油气生产的稳定，中国油气企业需持续探明新储量、提高采收率，还需加快非常规油气资源的开发利用步伐。然而，中国存在技术短板，设备相对落后，管理及发展模式存在缺陷，因此亟需获得国际先进技术、设备，与外资油服巨头的合作共赢也成为必然。

哈里伯顿自20世纪70年代末，就已进驻中国市场并陆续展开设备及设备技术转让、人员培训等一系列合作，直接推动了中国油服企业的快速发展。2012年9月11日，斯伦贝谢与重庆地质矿产研究院合资成立页岩气技术服务公司，次日成立中国地球科学与石油工程研究院，并于13日宣布与其持股20.1%的安东石油合资组建油田服务公司，提供陆上油气田开发一体化项目服务；贝克休斯也在中国积极寻求页岩油、页岩气开采的合作伙伴，并于2012年12月11日与宏华（中国）订立备忘录，携手进军页岩油气领域，商定开展非常规油气开发的一体化服务、研究和地质油藏评价及工程设计服务等方面的合作。

（二）海外油服业务向高端市场扩展并积极开展与外资巨头的业务合作

美国次贷危机发生后，中国油服企业海外业务拓展的速度放缓，但同时，次贷危机也为全球油服市场的整合提供了契机，我国油服企业若能把握机遇，将进一步扩大规模与影响力。目前，中国对民营油服企业开展海外业务的限制逐步放宽，将有更多油服企

业加入海外拓展的行列，从而加剧低端市场的竞争；而工程技术服务利润空间也不断被压缩，因此进军高端市场成为中国油服企业自身发展的重要途径。

中国油服企业参与国际竞争时间尚短，在技术装备、市场影响力及公共关系等方面处于劣势，与国际大型油服企业及产油国当地油服企业的合作，成为中国油服企业学习新技术、掌握竞争者情况的“捷径”。2012年9月，中原油田SINO–28钻井队的70D钻机运抵沙特并验收合格，这是其与贝克休斯的首次合作，是继2010年与哈里伯顿合作中标沙特阿美公司钻井大包项目之后的又一钻井合作项目。

（三）石油装备采购重心移向中国

经济危机爆发后，石油石化及工程技术服务企业资金纷纷吃紧，而装备成本基本占据投资成本的50%。因人工成本低，中国石油技术装备较国际价格普遍低30%左右，因此成为国内外石油石化及油服巨头的优先选择，是其削减投资成本、提高利润水平的重要途径，近年来石油装备采购重心不断移向中国。

目前，中国正全力打造石油装备全球采购中心，每年中国都举办中国国际石油化工技术装备展览会、中国国际石油石化技术装备展览会等重要展览会，2011年起中国开始举办中国石油装备采购国际峰会，同时建立了石油装备网、中国石油科技装备网等网络采购中心。2012年10月，山东东营的中国石油装备产业基地国际交流中心获得国际认可，并吸引了来自壳牌石油及美国、中东地区多家公司的投资，致力于建成功能完善、国际一流的石油装备产业现代城市服务综合区。

（四）中国油服企业仍以三大集团为主

与石油石化产业的总体情况相似，由于特殊的政治、经济地位以及高额资金成本，中国油服企业也以三大石油集团为市场主导。其中，中国海洋石油总公司剥离出中海油服、海油工程、海油发展、中信海直等一批颇具实力的油服企业，中国石油化工集团公司也于2012年12月28日，通过成立中国石油化工集团公司石油工程技术服务有限公司，实现了石油工程技术服务板块的剥离，但中国石油天然气集团公司仍以下属企业（西部钻探、长城钻探、渤海钻探、川庆钻探、东方物探、测井有限公司、海洋工程及装备制造企业）的形式开展油服业务，三者基本垄断了中国油服市场。

尽管中国正在逐步放宽对民营油服企业的准入限制，甚至页岩气等非常规能源的开发也允许民营企业投标，但缺少核心技术及装备、资金及服务规模小及缺乏与政府的长期稳固合作关系等都是民营工程服务企业的先天不足，仅有安东石油等少数民营企业能实现持续发展。

（五）工程技术服务趋向于一体化项目管理

一体化项目管理，是业主与项目承接方组织结构、程序体系的一体化，包括目标、价值观、设计、施工等方面的一致，对双方的统一与兼容性要求较高，并需要使项目成功的相应经验技能。随着中国陆上油气开采难度加大，页岩气等非常规能源及海洋勘探开采项目增多，单项服务在成本节约、提高产量方面已经不能满足需求，一体化项目管理则更好适应现阶段中国油气开采的特点。

一体化项目管理，可以实现业主与项目承接方资源的最优化整合，业主的政府关系、组织运作与项目承接方的技术、经验、装备结合，将优秀人才集中到项目运作中，保证项目以整体而非两个独立个体的方式运转，保证双方的沟通交流与目标、价值观的统一。2012年9月13日，安东石油与斯伦贝谢合作成立的合资公司以及2012年12月11日宏华集团与贝克休斯公司签署的战略合作备忘录，也都提出开展为全球和中国非常规油气开发提供一体化服务的合作意向，其他公司也正陆续开展一体化服务合作项目。

（六）海洋勘探开发领域取得进展

目前，我国陆上油气产量增产困难，但陆上油气勘探技术、装备的日益成熟，为海洋油气勘探开发的快速发展提供了可能。

中海油是我国最大的海上油气生产商，在海洋勘探开发领域占据绝对优势。中海油将深水油田勘探开发作为“十二五”期间发展规划的重点，并建成了“海上大庆”油田，建立了比较完整的海洋石油工业体系。从技术装备看，中海油在近海复杂油气勘探、海上稠油开发、深水油气勘探、深水工程及重大装备等技术领域均取得突破性进展，并成功钻探渤海最深井——渤中21-2-1井，进一步挖掘了古潜山构造的开发潜力。

（七）页岩气勘探开发限制放宽，并广泛采取中外合作方式

中国于2005年掀起页岩气勘探开发的热潮，并成为除北美地区外率先发现页岩气储量的国家。鉴于中国页岩气研究、勘探、开发仍处于起步阶段，亟需外资协助。

2012年10月25日，国土资源部举行页岩气探矿权招标开标仪式，放低准入门槛，允许民营企业进入页岩气勘探开发领域，并鼓励中外合作开发。2012年9月27日，中国石油天然气集团公司与壳牌合作的首口页岩气井阳201-H2井成功试采，瞬时产气量约6万m^3；2012年10月8日，重庆能源集团与壳牌签署《战略合作备忘录》，双方未来将在页岩气等非常规能源的勘探开发等相关领域进行合作。

（八）中国石油工程技术水平不断提高

2012年，中国油田工程技术水平不断提升，在常规及非常规油气勘探技术方面都取得了一系列成就，多项技术实现重大突破，国有化水平持续提高，这对中国摆脱国外技

术垄断、开发地质条件复杂地区、深海及非常规油气资源都有举足轻重的意义。

常规油气服务方面，新疆水力射流水平侧钻作业取得成功，“试气点火燃烧蒸发返排液技术”实验有效解决了气田废水处理问题，胜利油田提高采收率的微生物驱油技术、变径天车轮无游梁抽油机也有效实现增产；“海洋石油981”钻头成功钻入1,500米深，9月中国第一个自主完成设计、生产的桁架腿自升式钻井平台CP—300自升式海上钻井平台正式交付，国产化率达90%以上。

非常规油气服务方面，采用稠油蒸汽辅助重力泄油（SAGD）技术后产量稳定上升，7月延长石油集团的“陆相页岩气勘探发现及技术突破”项目的陆相页岩气发现、页岩气新型油基泥浆钻井和CO_2压裂技术经鉴定达到国际领先水平。

二、2012年中国主要油气工程技术服务企业经营情况

近年来，中国工程技术服务企业迅速成长，技术水平及业务量大幅提高，这些企业承担了中国陆地及海洋勘探开发的重担，并逐步走向国际。中国工程技术服务企业众多，下面介绍在A股上市、主营业务为工程技术服务的油服企业2012年的经营情况。

表 3　　A股上市主要油服公司

分类	公司名称
三大石油集团公司	中国石油天然气集团公司、中国石油化工集团公司、中国海洋石油总公司工程技术服务板块
A股上市、主营业务为工程技术服务	神开股份、江钻股份、杰瑞股份、安东油服、仁智油服、通源石油、准油股份

资料来源：和讯网ICB行业板块石油与天然气板块资料

（一）三大石油集团工程技术服务板块

1. 中国石油天然气集团公司

技术装备方面，2012年6月26日，中国石油天然气集团公司下属8家工程技术服务企业、钻井工程技术研究院研发的12项新技术在中国石油天然气集团公司2012年工程技术新产品新技术发布会上发布，主要包括大庆钻探的随钻地层压力、温度测试工具，西部钻探的自动垂直钻井系统等，标志着中国石油天然气集团公司工程技术服务板块重组以来技术攻关的又一系列成果，技术应用能力及一体化综合服务能力不断增强。

2012年，中国石油天然气集团公司拥有自主知识产权的分段压裂工具系列在致密油

气、页岩气等非常规领域的油气藏储层改造技术方面取得重大突破，这套工具是复合桥塞+多簇射孔联作适合三种套管尺寸的，对于致密油气、页岩气高效开发及降低投入有突出效果，目前已成功分段压裂12口井，对打破国外技术垄断意义非凡。

油田建设及增产方面，2012年，建设“新疆大庆”成为中国石油天然气集团公司年度的重点项目之一，新疆3个油田企业及西部钻探、渤海钻探、川庆钻探、东方物探、中油测井5个工程技术服务企业坚持把油气勘探放在首位，并加速新技术的推广。

2012年，大庆油田连续第10年保持增产4,000万吨，其自主创新技术——注水井高效测调工艺技术、多级细分注水工艺技术和井下全自动智能配注技术是保持增产的关键技术，注水开发更是油田开发最成熟、有效的技术。此外，大庆油田还进一步确定了注水技术与电子自动化结合的新研究方向。

2. 中国石油化工集团公司

2012年12月28日，中国石油化工集团公司石油工程技术服务有限公司成立，这是中国石油化工集团公司的全资子公司，也是未来中国石油化工集团公司唯一对外开展油服业务的公司，其业务覆盖物化探、钻完井、测录井、井下特种作业、技术研发等领域，是中国目前规模最大、产业链最完整的一体化油服公司，这一专业化重组行为实现了中国石油化工集团公司油服板块的剥离。

油服技术方面，2012年中原油田引进的分层同采技术在采油三厂卫2—45井应用成功，这一技术实现了油藏分层同采，并大大提高了分层挖潜增产的可能性。中国石油化工集团公司石油工程技术研究院，自主研发的多级滑套耐磨可钻式球座也极大地促进了该技术的推广，水平井分段压裂施工过程中技术瓶颈的解决，标志着中国Φ127多级滑套分段压裂工具的研发及应用使该项技术达到世界先进水平，自主研发能力进一步提高。

3. 中国海洋石油总公司

（1）中海油服

中海油服是我国近海规模最大的综合性油服企业，主要从事海洋油气工程及生产服务，其业务分为物探、钻井、油田技术服务及船舶四部分。

海洋油服装备方面，2012年4月，中海油服深水工程勘察船“海洋石油708”正式投运，并成功实施海底300米钻孔取样，该船是中国目前唯一能在五级海况条件下作业的工程勘察船舶，最大作业水深为3,000米，提升了中海油服的深水服务能力。10月，中海油服新购置的二手半潜式钻井平台——“南海八号”正式交割，预计其经恢复性维修后可具备800米左右深水作业能力，此举将进一步提升中海油服的深水钻井服务能力。

海洋油服技术方面，2012年1月，中海油服完井增产中心首次为中国石油化工集团公司完成压裂作业，成功实施了中国石油化工集团公司宁波14-2-1井的压裂作业，为东海低渗油气田的进一步开发提供了技术保障。

海外服务方面，2012年7月，中海油服中标泰国国家石油公司的“泰国安达曼海三维采集作业”项目，这是该物探板块首次拿到的冬季国际物探市场的此类合同。中海油服在东南亚地区的市场信誉及服务能力正逐步得到肯定，并补充了物探作业淡季的业务量。7月，中海油服在印尼成功实施的化学堵水施工作业，这是其增产板块海外业务的巨大进展。

（2）海油工程

海油工程是目前中国唯一从事海洋油气开发工程建设的承包公司，业务范围主要是海洋油气开发及陆地终端建设、海上油气田平台建设等。

2012年3月，海油工程“海洋石油278”船交付使用，这是世界第一艘具备2级动力的5吨半潜式自航工程船，标志着中国海洋装备的进一步完善，这对于大型组块的装卸、钻井平台（甚至包括目前世界最先进的第六代钻井平台“海洋石油981”）运输等作业均能提供服务。

2012年5月15日，海油工程“海洋石油201”建成投运，这是亚洲第一艘具备3,000米级深水作业能力的海洋工程船舶，也是世界第一艘还同时具备4,000吨级重型起重能力、DP-3级动力定位能力的深水铺管起重船，多项配备技术达到世界先进水平，标志着中国海洋石油工程服务装备的逐步完善，提升了深水作业能力。11月，海油工程的18,000吨下水驳船“海洋石油228”及多功能水下工程船“海洋石油286”同时开工，其建成将成为中国海洋工程装备发展的又一里程碑。

2012年9月，海油工程历时近两年的南海深水气田项目3万吨级导管架滑移下水海上安装完成，该导管架是世界第五、亚洲第一，极具施工难度，创造了海油工程该类项目的新纪录，预示着海油工程具备了超大型海上平台导管架设计、建造的实力。

（3）中信海直

中信海直具有通用航空全业务运营资质和能力，与石油工程技术服务相关的业务是陆上石油服务、海洋石油服务等。

自成立以来，中信海直与中国海洋石油总公司保持了长期的密切合作，2012年5月9日，顺利完成为“海洋石油981”平台提供通航保障的任务。随着中国深水油气勘探开发的不断推进，中信海直的EC225远程直升机将进一步发挥其远程运输作用，而中信海直也在不断引入新机型，以提高深水领域作业能力。

（二）其他主要油服企业

1. 神开股份

神开公司是中国石油化工装备制造业的骨干企业之一，是中国石油天然气集团公司、中国石油化工集团公司的网络采购供应商，并提供综合录井等工程服务。

作为中国石油化工装备产业的优势企业，2012年神开股份生产的油气设备进一步开拓市场、走向国际。2012年3月19日–21日，神开股份在第十二届中国国际石油石化技术装备展览会（CIPPE）展示了FMWD无线随钻测斜仪、井下采油树主阀和节流阀、K3双闸板防喷器、钻头等一批重点新产品；4月30日–5月3日，神开股份参展世界上最具影响力的石油天然气领域专业展览会——第43届美国国际石油天然气展览会（OTC），吸引多个国家客户；6月25日–29日，神开股份在独联体及东欧地区最大的石油天然气工业设备展——俄罗斯14届油气设备及技术展展示了CMS综合录井仪、U型防喷器组、HH级采油树和井口装置、MWD、辛烷值测量仪器等先进仪器设备，进一步开拓了独联体及东欧地区市场。

2. 江钻股份

江钻股份是亚洲最大、世界先进的石油钻头制造商，其主导产品油用牙轮钻头在中国市场多年保持60%以上占有率，国际市场占有率达到10%，其他主要产品有油田用金刚石钻头、井下动力钻具等。

2012年9月，江钻股份董事会通过收购美国PDC Logic有限责任公司40%股权，及公司与美国Hijet钻头有限责任公司设立合资公司的决定，并已完成在美全资子公司的设立。

当前，中国页岩气勘探开发势头正热，对钻头需求量大，尤其是单价4–5万元的PDC钻头，而此钻头正是江钻股份的重要钻头产品之一，约占其总销售收入的30%，且江钻股份的牙轮钻头技术先进，资金实力雄厚，江钻股份有望成为页岩气开采钻头设备领域收益最大的公司。

在海洋油气勘探方面，2012年10月，江钻股份承担的“海洋深水水下井口头系统与生产平台采油井口系统研制技术”通过验收，该技术已具备设计和制造10,000psi压力等级、1,000m水深的条件下水下井口头系统的能力，是江钻向油钻之外装备领域发展转型的重要一步。

3. 杰瑞股份

杰瑞股份的主营业务是，油气田钻采设备、油井服务设备、完井设备等研发制造及开展油田工程技术服务、油气工程设计总承包的综合性企业。

油服装备方面，杰瑞股份2009年研制成功的世界最大功率2500型压裂车在四川、新疆等油田已成功实施压裂作业，并广泛运用于中国常规压裂及页岩气压裂作业，在北美页岩气市场也有一定的占有率。3月，杰瑞股份正式成为国际知名天然气压缩机制造商Ariel公司在中国的首家分销商，并于7月共同举办了天然气压缩机技术交流会，这使杰瑞股份在这一领域的知名度大大提升。

油服项目方面，2012年8月，杰瑞股份旗下艾迪士公司在辽宁阜新煤层气径向水力喷射技术成功实现增产，增产效果达214%，显示了该技术在煤层气市场的广阔前景。11月，杰瑞股份发布消息证实其石油井压裂服务业务已实现盈利，目前其4个压裂服务队、16台2500型压裂车正在饱和作业，其中2个服务队从事煤层气压裂业务，剩余2个服务队进军致密气领域，业务范围进一步拓展。

4. 安东油服

安东石油是中国最大的民营油田技术服务公司，也是中国领先的独立油田技术服务提供商，其油气田开发一体化服务产品及服务涵盖油气田开发作业的全过程，业务总量的20%来自于海外市场。

2012年7月8日，斯伦贝谢购入安东油服20.1%股份成为其少数股东，并于9月13日成立合资公司开展一体化项目管理服务，体现了国际油服公司对中国市场的重视及对安东油服实力的肯定，也是安东油服开展国际业务的重要里程碑。

2012年，中国分段压裂服务市场持续扩大，安东油服的水平井分段压裂技术得到市场的高度认可，并保持了明显的增长趋势。2012年，安东油服连续三次从中国石油化工集团公司中标共约120口井的分段压裂服务订单，创业务量新高，安东油服在此领域的技术品牌和服务质量优势得到充分体现。随着水平井分段压裂技术在天然气开发领域的广泛应用，安东油服在致密气开发领域积累了丰富经验，并为页岩气开发打好了基础。

中国钻井液服务市场广阔，尤其在塔里木地区钻井及钻井液更是主要的工程难题，2012年，安东油服在钻井液服务市场也实现突破。年初，安东油服设立了钻井液服务部门，并与麦克巴（斯伦贝谢旗下M–I SWACO的中国钻井液合营公司）建立战略合作。5月，安东油服收购了巴州公司（塔里木地区知名的高端水基钻井液公司）55%的股权，夯实了人才与技术基础。7月16日安东油服签订了为塔里木地区超高压、超高温的常规天然气井提供油基钻井液服务的协议，奠定了在该领域的领先地位，取得了阶段性成功。

5. 仁智油服

仁智油服是中国实力较强的民营钻井液技术服务提供商，主要提供石油天然气钻井工程、钻井液及油田环保等技术服务，西南地区（尤其是四川省）是其主市场。

中国油气资源开采难度加大、钻井深度的不断升高持续推动了中国钻井液工程服务市场规模的扩大，仁智油服的钻井液服务已在西南地区创造了多项技术服务纪录，这是其巨大的市场优势。

西南地区是中国页岩气勘探的主阵地，仁智油服的区位优势是其进入页岩气开发领域的优势之一。页岩气勘探技术是在致密油气勘探技术基础上发展而成，仁智油服在致密气方面拥有丰富的技术经验，2012年11月，仁智油服自主研发的用于分段压裂技术的压裂液已在华北油田等地推广，目前正与中国石油化工集团公司进行四川地区页岩气井服务的研究。

6. 通源石油

通源石油，是一家以油田增产服务（复合射孔技术、爆燃压裂）为核心，以完井和油田综合治理服务为补充的综合油服公司。

复合射孔技术是通源石油的产业领先技术，2012年1月，通源石油与中原测井公司合作的普光气田成功完成水平井完井施工，该井创造了通源石油进入油服产业以来水平井施工最深等记录，其射孔井段为国内最长，展现了通源石油作为国内复合射孔领域技术领军企业的实力。6月6日，通源公司新疆呼图壁储气库项目成功运用射孔工艺起爆成功，为整个储气库项目乃至西气东输管网的建成奠定了基础。

2012年8月，通源石油新研发的射孔技术在“中俄第七届测井年会”上引起关注，通源石油下一步有可能进军俄罗斯市场。9月，通源石油参加了“2012年CIPPE中国国际石油天然气及石化技术装备展览会”，其《非常规油气藏开发中的特殊射孔技术》和《水平井分段压裂特殊工具》2个报告进一步宣传了技术。

三、中国油气工程技术服务产业面临的挑战

（一）外资企业加速进入中国油服市场，竞争加剧

后金融危机时代，西方发达国家原油需求缓慢回升，勘探开发投入锐减，而我国率先走出金融危机阴影且近年经济的迅速发展带动了能源需求的大幅增加，这使我国成为国际工程技术服务企业关注的焦点。自2003年起我国已成为世界第二大能源消费国，为满足能源需求、降低能源风险，我国不断增加勘探开发投资，对于迫切提高业务量的国际油服企业极具吸引力。

相对中国油服企业，外资企业在技术、设备、人才、管理效率等各方面都拥有绝对优势，近年来斯伦贝谢、哈里伯顿、贝克休斯等油服公司在中国油服市场投资动作频繁，显示了进军中国市场的坚定决心。同时，外资企业中国本土化的进度加快，招聘、培训中国

员工，在抢夺人才的同时更为熟悉中国竞争模式及市场运作情况，无疑加剧了中国油服企业的竞争难度。另外，壳牌等外资企业不断将部分业务核心移向中国，通过在北京、上海等一线城市及重庆等资源城市设立分公司，以加强对中国市场信息的把握，使中国企业的信息优势进一步削弱。总之，对中国油服企业来说，未来中国市场竞争压力将不断增大。

（二）中国勘探开发难度及风险加大，对油服技术提出了更高要求

目前中国主力油田基本进入开发中后期，稳产、增产难度加大，采收率提高困难；易开发、易勘探区域已基本探明，新油藏勘探开发难度大，有油藏深、油层薄、断块复杂、油气藏隐蔽等特点；新勘探区域多处于沙漠、沼泽、海洋等非常规地质地貌产区，勘探开采、后勤支持难度大。同时，勘探开发难度的加大，设备、人员、资本投入等风险加大。

勘探开发难度及风险的加大，近年国际原材料价格上涨引发的设备、运输成本增加，以及人力资源成本的提高使中国油服企业勘探开发成本居高不下，利润空间被压缩，对其抗风险能力、技术水平、管理效率等方面提出了更高要求。

（三）非常规能源开采存在技术瓶颈

相对外资油服企业，中国油服企业在技术、设备上处于劣势，尽管通过加大研发投入、购进新技术及设备等使情况有一定改善，但在油服产业尤其非常规能源开采领域仍存在短期难以弥补的弱点。在近年的热点——页岩气、页岩油等非常规能源勘探开发中，中国油服企业更是处于探索阶段。

尽管页岩气探矿权已实现面向社会公开招标，放低了准入门槛，但非常规能源勘探开发技术水平要求高，需要精准的数据以及资金、技术、管理经验，这恰恰是中国油服企业所缺乏的。如何降低成本、改进勘探开发技术、改善管理等前期准备是中国“十二五”时期的重点，但短期内很难实现突破。国土资源部曾承诺3年内为首轮页岩气竞标的中标企业——中国石油化工集团公司提供5.9亿元的投资用于前期勘探开发，但中国石油化工集团公司董事长傅成玉仍将前5年视为探索期，认为很难有实质性进展。而同时，美国页岩气勘探开发技术已经趋于成熟，国际油服企业在这一高技术领域具备绝对的领先优势，就2012年斯伦贝谢、贝克休斯与中国企业的接洽来看，国际油服企业对中国页岩气市场极为重视，中国油服企业面临严峻挑战。

四、2013年中国油气工程技术服务产业展望

（一）油服企业由专业化向综合一体化的方向发展

当前，经金融危机洗牌和实力重组后，国际油服巨头正逐步由专业化趋向于综合一

体化，这一趋势也将影响中国油服企业的发展方向。油服企业将逐步减少传统的总承包模式，由单一项目合作转变为综合、总包服务，最终过渡到综合一体化服务。2012年，中国油服企业与斯伦贝谢等国际巨头的合作，就已经体现出这种一体化服务的趋势。这样的发展转变是油服企业适应并防范经济危机的应时之举，能进一步优化油服公司的项目管理效率并降低投资决策风险，以更完善的服务形式与油公司建立长期稳定的合作关系。

（二）海洋油气勘探开发是大势所趋

据最近的石油资源评价结果，海洋石油资源占全球石油总资源量的22.9%，海洋天然气占全球天然气总资源量的29%。近年来，全球新探明储量也多来自海洋，加大海洋勘探开发力度是全球性的趋势，也间接影响到中国勘探开发重点领域的转变。

相对陆地，中国海上油气资源勘探开发起步晚，待开发油气资源储量大，海洋勘探开发符合中国的现状及发展需求，海洋油气资源将是中国未来的重要能源保障。据2010年国家海洋局发布的《中国海洋发展报告》指出，中国近海探区总面积约130万平方公里，约有360亿吨石油资源量，且中国海洋油气资源勘探开发还处于早期阶段，油气资源探明率相对较低，海上已探明原油和天然气储量分别只占资源储量的17.6%和11.9%。

随着陆地油气资源总量的减少以及海洋勘探开发技术的成熟，海洋工程技术服务将成为中国油服企业的关注点，也是对其技术、装备的挑战。2013年，油气勘探开发市场需求、制定海洋勘探开发规划、研发石油工程关键技术及装备、改进管理及服务模式、开展与外资企业合作等都将成为中国油服企业关注的重点。同时，被中国庞大市场需求吸引的国际油服巨头也将给中国油服企业开展海洋工程技术服务带来压力与动力、合作与挑战。

（三）页岩气仍将是热点

近年，北美地区的页岩气迅速发展掀起了全球“页岩气革命”，页岩气能保持开发后期以日产量1–2万m^3持续生产30–50年，对于保障能源安全意义重大。

中国页岩气资源丰富，据2012年国土资源部初步地质勘探评估结果显示，中国陆地页岩气资源约为134.42万亿m^3，可采资源潜力为25万亿m^3。中国对页岩气勘探开发十分重视，通过制定远期规划将其列入发展蓝图。尽管中国页岩气勘探开发起步晚，生产规模尚小，但在短短数年内中国已实现页岩气评估、勘探、开发技术等重大突破，且中国页岩气储量十分丰富，有广泛的发展空间，因此未来数十年页岩气等非常规能源的开发利用将成为中国优化能源结构、缓解能源安全危机的重要途径。

目前，中国与北美等页岩气开发较为成熟的地区差距依然很大，广泛开展外资企业及政府间合作及借鉴北美地区成功经验将成为必然，这种模式可以实现市场开拓及技术进步的共赢。以2012年的技术进步速度看，未来中国页岩气等非常规能源科研投入将进一步加大，政策及财政支持力度也将加强。中国油服企业应积极寻求与外资的合作，一方面实现中国页岩气等非常规能源勘探开发的突破性进展，另一方面也应学习外资的先进技术、管理模式等实现自身发展。与发达国家相比，中国油气资源探明率较低，工程技术服务、市场运作模式及油服企业管理模式等方面都有待改进。中国油气储量的勘探开发还处于稳定增长期，中国油气产业有一定的持续发展空间；同时，中国石油工程技术服务产业可以通过借鉴国外“三巨头”的技术及经验，总结出适合中国特色的油服企业发展模式，通过改进技术、改进管理、开拓市场等措施成长为国际先进油服企业，保证中国油气探明储量的“可持续”增长。

中国炼油化工产业发展分析与展望

炼化行业历经2010年的缓慢复苏以及2011年的平稳较快增长后，由于2012年整体环境的不确定性和不稳定性加大，油价波动频繁，化工市场低迷，炼化行业呈现出增速放缓的特点。据统计，2012年石化产业累计完成工业总产值122,416亿元，同比增长12.2%。其中，化工行业72,036亿元，同比增长14.2%；炼油行业33,561亿元，同比增长9.7%。5月份以来，石化产业产值扭转了增速持续回落的态势，产值增速逐步趋稳回升，12月份产值达到10,076亿元，同比增长16.8%。2012年，石化产业实现工业增加值同比增长10%左右，其中炼油行业同比增长6.3%，化工行业同比增长11.7%。全年生产原油20,747万吨，同比增长1.9%。加工原油46,791万吨，同比增长3.7%；全年国内天然气产量1,067亿立方米，同比增长6.7%。

2012年，是“十二五”的第二年，随着“十二五”规划的深入开展，炼化行业向着规模化、一体化发展，合资共建炼厂渐成趋势，同时面临清洁环保的新挑战，政府在市场准入的政策方面予以民间资本更多鼓励，炼化行业将稳步进入2013年。

一、2012年宏观经济形势对中国炼油化工产业的影响

2012年，全球经济仍处于金融危机后的调整期，世界经济复苏的不稳定性、不确定性上升，欧债危机反复恶化，全球经济增长速度明显放缓，经济复苏道路曲折艰难。日本和美国维持低速增长；欧元区经济增长情况不容乐观；出口导向的新兴经济体受外部环境拖累，资本外流，经济增速放缓，货币政策逐步转向宽松，依然是全球经济增长的主要驱动力。受全球经济疲软影响，石油需求低迷，国际油价波动较大，国际大石油公司经营业绩普遍下滑。

2012年，中国房价、物价涨幅明显降低，出口增长大幅回落，投资和消费增长也有不同幅度下降，经济增长率呈现继续下行态势。这种态势主要由结构性失衡所致，

由出口和投资拉动的经济增长模式急需改变，经济增长阶段转换的征兆更趋明显。由于宏观经济政策继续兼顾稳增长、稳物价目标，在实际中逐步偏重稳增长，2012年经济增长总体表现为“走稳”的态势。炼油化工产业一方面受国际环境复杂性和不确定性的影响，另一方面受中国宏观经济增速减缓影响，因此炼油化工产业总体增长趋缓，下行压力比较大。

二、2012年中国炼油化工产业发展状况

（一）各化工产品产量情况

2012年，全年生产原油20,747万吨，同比增长1.9%；加工原油46,791万吨，同比增长3.7%；生产成品油28,171万吨，增长5.5%，其中汽油8,975万吨，增长10.3%，柴油17,063万吨，增长2.3%；成品油表观消费量27,336万吨，同比增长5.2%，其中，汽油8,684万吨，增长12.3%，柴油16,972万吨，增长1.5%；2012年国内天然气产量1,067亿立方米，同比增长6.7%；天然气进口量（含液化天然气）407亿立方米，增长29.9%；天然气表观消费量为1,445亿立方米，增长12.8%。

2012年，石化产业生产除乙烯及部分后加工产品外均保持一定增长，其中原油加工量46,791万吨，同比增长3.7%；成品油28,171万吨，同比增长5.5%；乙烯1,487万吨，同比下降2.5%；合成树脂5,213万吨，同比增长5.5%；合成橡胶379万吨，同比增长7.1%；化肥7,432万吨，同比增长10.9%；农药355万吨，同比增长19%；轮胎89,167万条，同比增长4.2%。

（二）中国炼油化工能力持续增长，增速放缓

2012年，我国炼化企业原油生产量同比增长1.9%，原油加工量同比增长3.7%，成品油生产量同比增长5.5%，在主要化工产品方面，合成橡胶产量同比增长7.1%，化肥产量同比增长10.9%，农药产量同比增长19%。这些统计数据都表明我国炼化能力仍在持续增长，炼化企业生产出更多的炼化产品。

炼化能力的持续增长主要得益于许多炼化项目于今年建成投产，如扬子石化巴斯夫二期投资项目、镇海炼化100万吨/年乙烯工程、呼和浩特石化公司500万吨/年炼油扩能改造工程、大庆石化乙烯项目、抚顺石化“千万吨炼油、百万吨乙烯”工程等。这些炼化项目对产能的扩充主要通过升级改造炼化装置、淘汰落后产能、在实现规模化产能组合的同时改进炼化技术等途径实现。

2012年我国炼化企业生产能力虽在继续增长，但与2011年相比，主要炼化产品增

速有所放缓。2011年原油加工量同比增长4.9%，2012年同比增长3.7%，增速下降1.2%；2011年成品油同比增长5.9%，2012年同比增长5.5%，增速下降0.4%；同时，合成橡胶产量、化肥产量、农药产量、轮胎产量同比增长速度分别下降6%、1.2%、2.4%、4.3%，主要化工产品乙烯产量甚至下降2.5%。出现这种现象主要是因为炼化板块出现的亏损状况和市场对高质量油品和化工产品的需求导向使炼化企业更加关注产品结构优化，不再单纯追求产量的提升。

（三）炼油化工产业布局更加合理

截止到2012年年底，中国新建并改扩建了一批炼油化工项目，新建炼油化工项目有：中国石油天然气集团公司古雷百万吨级乙烯项目、中沙天津聚碳酸酯项目、中海油气泰州石化一体化项目以及中国石油化工集团公司川维1.4-丁二醇、醋酸一体化项目等。改扩建项目主要有：大庆120万吨乙烯改扩建项目、内蒙古呼石化年500万吨炼油扩能改造项目、中国石油天然气集团公司抚顺石化百万吨乙烯技术改造工程以及金陵石化1,800万吨/年油品质量升级改造工程等。中国炼油化工项目开工呈现新特点：

一是新建项目主要集中在东南沿海地区和西南地区。东北、华北、西南等区域供需逐渐趋于平衡，炼油化工产业布局与区域经济进一步协调发展。产能过剩的东北地区炼油产能比例有所下降；随着中部的振兴发展，华北和华中所占比例有所提升；华南地区大量炼油厂开工，炼油产能有了较大提高，平衡了中国能源需求分布；浙江台州炼油化工一体化将缓解华东地区乙烯及丙烯资源紧张状况，改变其大量依赖进口的格局；中国石油天然气集团公司昆明安宁万吨炼油化工基地项目环评通过国家环保部专家评估，配套基地设施工程已全面启动，项目建成后将改变云南缺油现状。

二是各区域内部产业集群化、园区化、基地化趋势不断推进。随着一些千万吨级炼油化工项目的建设，福建地区届时将形成古雷港区石化基地、湄洲湾炼油化工一体化石化园区和泉港石化区三大炼油化工产业群；天津滨海新区发布了工业发展“十二五”规划，重点打造以大型炼油、乙烯项目为龙头，高端化工材料、有机原料和高端精细化工产品为主体的炼油化工产业集群，并与下游轻工纺织、橡塑加工等专业园区相对接，建设世界级生态型炼油化工产业基地；中国海洋石油总公司与珠海高栏港经济区合作，投资150亿元建设精细化工园区，打造一体化、基地化、规模化的炼油化工产业基地；广东虎门港积极引进炼油化工项目，推进炼油化工园区的发展壮大；抚顺石化致力于形成“千万吨炼油、百万吨乙烯”及“油化纤塑洗蜡剂”为一体的大型炼油化工生产基地，与下游相关产业形成配套的炼油化工工业园区。

三是改扩建项目突出技术进步和装置升级，炼油化工产品向高端精细化工方向发展，高端产品不足的状况有所改善。济南炼油化工装置经过改造，在生产出重质润滑油基础油的核心产品——150BS“光亮油”的同时，还根据市场需求，加快近百种高附加值润滑油产品的开发，形成具有中国炼油化工资源与技术特色的重质润滑油基础油生产体系；大庆炼化围绕“特色炼化”的发展定位，采用异构脱蜡技术奠定高档润滑油基础油的技术基础，并着力建设发展高档润滑油基础油基地、油田化学品基地和聚丙烯基地；抚顺石化拆除11套老旧装置，新建9套炼油装置、8套化工装置，同时为下游60余个深加工产业链条提供优质原料资源，延伸塑料、橡胶、精细化工等下游相关产业，变原料输出为高端产品输出。详情见表 4。

表4　　2012年国内新建和改扩建项目

地区	项目	隶属单位	地理位置	新建/改扩建
东北地区	大庆炼化	中国石油	黑龙江大庆	扩能
	大庆石化	中国石油	黑龙江大庆	改扩建
	抚顺石化	中国石油	辽宁抚顺	改扩建
华北地区	中沙（天津）石化	中国石化与沙特	天津	新建
	呼石化	中国石油	内蒙古呼和浩特	扩能
东部沿海	泰州石化一体化	中国海油	江苏泰州	新建
	扬子石化	中国石化与巴斯夫	江苏南京	改扩建
	金陵石化	中国石化	江苏南京	改扩建
	济南炼化	中国石化	山东济南	改扩建
	台州炼化	中国石油与卡塔尔、壳牌	浙江台州	新建
华南地区	古雷炼化一体化	中国石化与台商合作	福建漳州古雷港区石化基地	新建
	中化炼化	中化集团	福建湄洲湾石化基地（泉州）	新建
	广东炼化	中国石化与委内瑞拉合作	广东揭阳	新建
西部地区	榆林炼油厂	延长石油集团	陕西榆林	改扩建
	1.4–丁二醇、醋酸一体化项目	中国石化川维与韩国SK、英国BP合作	重庆	新建
	安宁炼化	中国石油	云南昆明	新建

资料来源：国家石油和化工网

（四）炼油业继续整体亏损

2011年，我国炼油业呈现整体亏损的状态，2012年前三个季度延续了2011年的整体颓势，从第三个季度开始减亏。2012年1–11月份，石化产业实现利润3,249亿元，同比下降9.4%。其中，炼油行业净亏损115亿元，与上年同期基本持平；化工行业实现利润3,193亿元，同比下降10.7%。预计全年实现利润3,800亿元，同比下降10%左右。炼油行业由月度亏损转变为8、9、10、11月份分别盈利13、51、90、67亿元，拉动石化产业利润降幅收窄。

在经济飞速发展的今天，石化行业的表现尤为亮眼，而作为石化产业链的关键一环——炼油却一直在亏损，其中一个原因是我国石油资源相对短缺。2012年10月24日，中国国务院新闻办发布的《中国的能源政策》白皮书称，近年来，中国能源对外依存度上升较快，特别是石油对外依存度从本世纪初的32%上升至目前的57%。炼油行业的原料是原油，进口是国际价，并且原油成本占炼油成本的70%–80%，而成品油消费却受到管制，那么在油价高居不下和大量进口原油的前提下，国内石油加工成本也大幅提高，炼油企业的利润空间变小。其二，价格管制会导致炼油业亏损。我国成品油市场与其他国家的不同在于定价由政府制定，企业基本没有权利制定。由于政府的价格管制，导致原油和成品油价格倒挂。因为成品油定价机制对国际油价的上涨变化敏感，而对下降变化不敏感，调价周期过长，存在滞后性，这就严重地扭曲了价格传递的市场信号，从而使炼油企业在油价居高不下时，成品油价格调整严重滞后，企业囤集或抛售，造成市场油品短缺或过剩的虚假现象，影响炼油企业的盈亏。除此之外，我国炼油企业自身管理低效和落后的体制运行也是阻碍炼油扭亏为盈的重要原因。在国际油价不断攀升的情况下，我国炼油企业缺乏应对高油价风险能力。由于油价攀升，原油成本占加工总成本的比例随之提高，所以为了降低原油成本，各国都争先研发利用劣质廉价原料油生产高附加值产品的加工技术。而我国除了中石化具备这样的技术，大部分炼油企业都缺乏这样的技术和能力。

（五）煤化工与生物质能不断发展，替代能源方兴未艾

1. 煤化工持续高调发展，政府出台各项措施加强规范

2012年，中国煤化工发展持续高调向前。如延长石油集团煤油共炼试验示范项目开工建设，神华宁煤利用国内自主技术开工建设400万吨煤炭间接液化项目，大唐国际第一套煤制天然气一期年产13亿立方米项目投产以及多个煤制烯烃项目投入运行等，尤其是全球首套煤制乙烯工业化示范项目——神华60万吨/年煤制乙烯装置采用国产新型低碳烯烃精制催化剂，将为煤制乙烯今后在国内外的发展提供示范，标志着中国煤化工技术的进一步发展。内蒙古与山东洪业化工集团合作投资500多亿，将建成新型高科技多联产煤

化工基地。此外，潞安180万吨煤间接液化项目和同煤集团40亿立方米煤制天然气项目已相继获得国家发改委审批。

在各地煤化工项目争先上马的同时，国家与地方出台了各项政策措施引导规范煤化工产业的发展。2012年2月3日，工信部下发的《石化和化学工业“十二五”发展规划》对煤化工仍坚持从严政策。规划提出的发展思路是：综合考虑煤炭、水资源、生态环境、交通运输、地区经济发展情况及区域二氧化碳、节能和主要污染物减排指标等综合条件，在蒙、陕、新、宁、贵等重点产煤省区，适度布局。同时提高门槛，要求新建项目烯烃规模要达到50万吨/年以上，要重点组织实施好煤制烯烃升级示范项目建设。目前，国家发改委严格控制煤制烯烃项目的审批，以防止未来几年烯烃产业出现产能过剩。6月29日，中国石油和化学工业联合会煤化工专业委员会成立，旨在协助政府加强对煤化工产业的管理。山西不断推进煤化工产业转型跨越发展战略，与中国石油和化学工业联合会签署协议，积极引导山西煤化工产业向高端化和精细化方向发展，为山西新能源战略的实施奠定基础。

2. 中国政府鼓励生物质能发展

中国政府也积极鼓励生物质能的发展，国家能源局于2012年12月28日发布了《生物质能发展“十二五”规划》。规划指出到2015年，中国要形成较为完整的生物质能产业体系。在电力、供热、农村生活用能领域初步实现商业化和规模化利用，在交通领域扩大替代石油燃料的规模。建成一批生物质能综合利用新技术产业化示范项目。2012年，中国生物质能技术有所突破。由新奥科技发展有限公司承担的国家863计划项目“二氧化碳—油藻—生物柴油关键技术研究”已通过科技部验收，预计2014年将建成油藻固碳产业化示范基地，2015年实现油藻生物柴油的产业化，年产生物柴油5,000吨。未来中国生物质能还有很大发展空间，国家能源局估计到“十二五”末，生物质能产业将新增投资1,400亿元。

（六）加强国际合作，合作主体多元化

2012年中国炼油化工产业国际合作得到加强和深化，中国企业与资源国开展了多个大型合作炼油化工项目。

1. 合作主体呈现多元化趋势

总体来看，中国形成了国有企业、民营企业与国外多个资源大国能源企业广泛合作的多元化格局。中国除了中国石油天然气集团公司和中国石油化工集团公司两大主导企业外，以中国海洋石油总公司和陕西延长石油集团为代表的其他国有企业与民营企业也积极参与。国外合作对象不仅有沙特、阿联酋、卡塔尔、委内瑞拉等资源大国，还有壳

牌、BP、KBR等实力雄厚的石油能源企业。

2. 合作内容不断深化

合作领域体现在炼油化工一体化、精细化工、重质原油加工、煤化工技术等多个方面的合作。如扬巴二期工程着重生产精细化工产品，中沙天津聚碳酸酯项目，中委广东炼油化工项目以及延长石油集团与BP、KBR开展煤油共炼技术项目等，同时，中国石油天然气集团公司与阿联酋筹划将在油气勘探开发、工程技术服务、工程建设、装备物资、石油贸易和人员教育培训等方面全面开展合作。

3. 中国油气企业“走出去”步伐加快

中国油气企业一方面积极寻求适当机会在国外建立炼油厂，另一方面进行并购整合扩大自己实力。2012年1月15日，中国石油化工集团公司与沙特签署延布炼油厂合资协议，这是中国石油化工集团公司首次在海外投资建设炼油厂，也是中国在沙特最大的投资项目。另外，中国石油化工集团公司有望与南非共同修建位于伊丽莎白港Coega工业区Mthombo原油冶炼项目。中国海洋石油总公司并购加拿大能源公司尼克森后，公司的整体实力将大幅提升，中国油气产业“三分天下”的局面将更加凸显。

（七）推进安全环保、节能减排

中国炼油化工企业继续加强安全管理并向精细化管理方向发展。如沧州炼化在管理上大力推行“问题管理法”、“标准作业指导卡”制度，及时发现解决问题，规范员工操作。到2012年年底，沧州炼化已经连续第9年无安全事故发生。同时，炼油化工企业加大了对炼油化工装置安全隐患的排查力度，并实施了一些安全项目建设。沧州炼化新建的两座5万立方米原油罐年底投用，该项目有利于减缓油罐腐蚀速度。四川石化在其炼油化工一体化项目中对化工区中间罐区的设备防腐给予高度重视，依照防腐绝热的不同施工方法，分别制定施工方案。中国石油天然气集团公司“十二五”期间，重点安全节能改造项目——大庆石化公司年600万吨常减压安全节能改造项目于2012年8月实现中交，主要是为消除原常减压装置安全隐患并实现节能降耗，增强企业市场竞争力，推进可持续发展。

各炼油化工企业继续加大对环境保护的重视力度，并积极落实到行动中。如继续增加环保投入，购置清洁生产设施、污染处理设施，采用新技术及新工艺，优化工艺流程，走清洁化生产路线，建立“零排放”系统减少对环境的污染等。比如，金陵石化在走清洁化生产路线的过程中发展渣油加氢技术，力争“十二五”期间淘汰全部焦化装置以满足环保要求；吉林石化在检修工作中加强含油污水的分析力度，及时监控，确保水质达标；北海炼油化工项目对环保配套设施工程建设投入达6亿元，超过生产区投资总额的10%，污水处理系统、烟气脱硫系统和燃料气回收系统的建设确保排放符合国家一级排放标准；安庆石化炼油化工一体化项目的环保投入也高达15%，有7.5亿元用于改建环保处理设施，6亿元用于购置加氢装置。各炼油化工企业在环保方面均做出巨大努力并取得明显成效。

在倡导低碳经济发展的大背景下，中国炼油化工企业继续大力推行清洁生产、发展循环经济，以精细化管理和先进技术促进节能减排工作的进行，节能减排力度持续增强，效果日益显著。2012年8月，中国石油天然气集团公司首个节能增效重大科技专项——“炼化能量系统优化研究”成功收官，有利于推进中国石油天然气集团公司炼油化工板块能量系统优化工作，提高企业能源利用水平，提高炼油化工板块国际竞争力。2012年9月发布的炼油化工产业先进适用技术目录中，收录了和炼油、乙烯相关的节能减排技术，有利于这些技术的产业推广，引导企业采用先进技术进行节能减排。大庆炼化化工污水治理项目、吉林石化动力一厂6号炉低氮燃烧技术改造项目、辽阳石化十大节能节水工程项目、镇海炼化180万吨／年重油催化裂化装置烟气脱硝除尘脱硫项目等，都体现了炼油化工企业在节能减排方面做出的巨大努力。

三、中国炼油化工产业面临的挑战

（一）安全隐患依然存在，环保压力巨大

最近几年，原油质量下降对炼油、化工设备抗腐蚀能力提出更严峻的挑战。而炼油化工设备的新旧程度对炼油厂的安全生产也有很大影响。2012年6月，中国石油化工集团公司沧州炼油厂聚丙烯车间发生爆炸，对事故原因的调查就反映出炼油厂在管理机制、炼油设备方面的问题。从企业层面看，违规作业、检修疏漏、安全规章制度遵守程度和执行力度不够，应急预案可操作性不强等现象依然存在。近几年发生的炼油化工企业安全事故表明，96%的安全事故根源是企业员工违反操作规程造成的，由此可见，加强对职工的培训，提高其安全意识、安全生产技术操作能力及安全事故应急能力是炼油化工企业安全工作的重中之重。另外，部分地方炼油化工企业和民营炼油化工企业在追求规模扩张的过程中存在削减安全成本支出的现象，为安全生产埋下了隐患。总体上看，中国在安全技术、安全设施装备和安全管理手段上与发达国家相比仍存在一定差距。安全问题关乎企业形象，目前中国三大石油公司都有在海外布局建设的炼油化工项目，并且海外炼油化工业务拓展的步伐仍在加快，这些项目一旦发生安全问题，必将为中国国有企业形象带来极大的负面影响，进而影响中国炼油化工板块的国际竞争力。

中国炼油化工产业环境保护起步较晚，存在众多中小规模的炼油厂且分布分散，目

前已形成的炼油化工企业布局本身就对炼油化工企业环保工作形成一定的制约。在此背景下，炼油化工产业在环保方面依然面临许多问题：未来市场对高质量、清洁化油品和高端化工产品的需求要求炼油化工企业改进技术，开展清洁化生产，企业环保成本增加；城市化进程加快对炼油化工项目布局提出新的挑战，炼油化工产业向规模化、一体化方向发展过程中建设的大型炼油化工项目会给区域带来潜在环境安全风险；部分地方和民营炼油化工企业环境风险防范设施不全，环境事件应急能力不足，甚至环境事件发生后处理能力也相对较弱；一些地方政府在引进炼油化工项目时偏重其经济贡献，而忽视项目的合理布局及区域环境承载能力；公众在一些炼油化工项目建设环境影响评价中参与程度有限，知情权得不到保证，不能合理的发表意见，甚至会出现阻碍项目实施的情况。2012年，准备建造的镇海炼油化工一体化项目，虽计划了36亿元的环保投入，但仍因群众的反对而搁置，一定程度上反映了公众不能充分参与项目环评所带来的问题。

2012年修订的环保法草案增加了企业负责人环保责任制度、企业自检公开制度、限期治理制度和排放物申报和征缴税费制度，这一举措对炼油化工企业环保工作将产生更强的约束力。环保部实施的西部大开发战略环评对炼油化工企业在西部建设的炼油化工项目也设置了更高的环境准入门槛。

（二）节能减排监管更加严格，对炼油化工企业提出更高要求

进入“十二五”规划阶段，国家对各项节能减排指标要求更加明确，对节能减排的监管更加严格。国务院发布的《节能减排“十二五”规划》，提出了三项主要任务，对中国污染减排工作做出具体部署和要求，其中包括提高新建项目节能、环保等准入门槛；严格控制高耗能、高排放和资源性产品出口；把能源消费总量、污染物排放总量作为能评和环评审批的重要依据等。在国家全面推进的低碳发展战略下，各地方政府也陆续出台了区域性绿色发展政策，炼油化工企业面临更加严峻的局面。

受中国炼油产业政策持续收紧、节能减排工作力度不断加大的影响，许多碳排放和能耗大的炼油装置遭到淘汰，许多中小炼油化工企业由于缺乏先进的产业技术和设备装置，现代化信息管理手段落后，整合企业资源能力差等原因将面临更大的节能减排压力。新形势下，如何挖掘炼油化工企业节能减排潜力，成为中国炼油化工企业实现可持续发展迫切需要解决的重大课题。

（三）成品油定价机制尚不完善，阻碍炼油化工产业持续发展

中国的成品油市场是由政府主导的，成品油价格由政府制定。因此，政府主导的市场会扭曲价格信号，从而阻碍炼油化工产业的发展。首先，中国成品油定价机制对国际油价的上涨变化敏感，而对下降变化不敏感，调价周期过长，存在滞后性。根据发改委

制定的调价依据：当国际市场原油连续22个工作日移动平均价格变化超过4%时，可相应调整国内成品油价格。但是上涨4%比下跌4%容易，比如100美元上涨4%到104美元，只需4美元，但是下降4%却需4.16美元，这就直接导致了上涨容易下跌难。另外，国际成品油的价格是随着国际油价的变动而变化的，而中国成品油价格的变动周期比较长，这就严重地扭曲了价格传递的市场信号，从而使炼油企业在油价居高不下时，成品油价格调整严重滞后，企业囤集或抛售，造成市场油品短缺或过剩的虚假现象，阻碍炼油化工产业发展。第二，政府对成品油价格的宏观调控政策缺乏透明度，社会公众对于调价的原因难以理解，并且对两大石油集团炼油化工板块亏损存在疑问，对国有企业获取大额政府补贴也难以认同。

（四）民营炼油企业自身实力成为发展障碍

2012年6月20日，国家能源局下发了《关于鼓励和引导民间资本进一步扩大能源领域投资的实施意见》，与2010年出台的“新36条”相比，新《实施意见》对民间资本投资范围更加明确、配套措施更加细化和全面，并且首次提及大型炼油项目。新《实施意见》对民间资本开放了从资源勘探开采、管道运输、炼油加工、仓储转运等整个产业链，也明确了电力、新能源领域，这为民间资本投资能源领域清除了障碍；同时还鼓励民间资本参股建设大型炼油项目，这为地方炼油企业参与大型炼油项目开辟了新道路。一方面，新《实施意见》的出台，对民间资本进入能源领域起到促进推动作用，而且为其提供了公平的政策和环境。另一方面，虽然新《实施意见》中民间资本投资能源领域的范围更广，方向更明确，配套措施更全面，但是对地方炼油企业来说门槛依旧高，支持力度还不够彻底。一是目前在国家发改委立项的大型炼油项目中还没有民间资本的参与，因为大型炼油项目的规模大、投资周期长、资本投资收益不确定性大，对民间资本的要求太高，进入的速度不会太快；二是政府主导的定价机制尚未改变，部分能源产品的收益受到国家管控；三是对地方炼油企业的扶持力度仍不足。在油气勘探开发领域、油气干线管网项目、大型炼油项目，民间资本只能与国有油气企业合作建设和参股建设；对地方炼油企业十分关心的原油进口权问题也未提及。

民营炼油企业进入能源领域，不仅需要国家出台更规范、更明确的操作细则等政策支持，更需要强化自身实力。首先，民营炼油企业应加强清理整顿，取缔小炼油厂，吸收合并，扩大炼油规模和提升炼油技术；其次，应积极寻求大型国有企业的支持，加强与中国石油化工集团公司、中国石油天然气集团公司等公司的合作，实现资源的优化配置，优势互补，努力实现双赢；第三是引进外资，加强与国际石化公司的合作，充实民间资本，扩大投资规模，为民间资本进入大型炼油化工项目提供保障。只有充分利用国家政策的优惠和扶持，并增强自身能力，民营炼油企业才能摆脱困局，持续发展，走向国际。

（五）炼油化工园区化定位不明、产业链较短、管理机制不完善

国家《炼油工业中长期发展规划》提出，采取“基地化、大型化、一体化、园区化”发展模式掀起了中国“园区化”建设的高潮，园区化发展成为带动中国炼油化工产业发展的主导力量，但同时还存在许多问题亟待解决。一是部分园区发展求速度不求质量，因急于招商而降低入园标准，园区内部出现鱼龙混杂局面，多数项目以单体形式存在，不能有效形成产业集群，无法形成良好的循环经济发展模式，为日后合理发展埋下隐患；二是部分园区规划不明、定位不清，缺乏有效的产业链规划与实施，造成产业链较短，产品链向上、下游延伸深度不够，同时项目低水平重复化现象严重；三是一些园区管理混乱，安全环保风险凸显，安全、环保制度不够完善，监管不到位，安全事故时有发生，给社会带来了负面影响。

四、2013年中国炼油化工产业展望

（一）2013年炼油化工产业亏损状态有望好转

从2011年下半年至2012年，中国炼油化工产业一直处于亏损状态，从而导致炼油化工企业整体业绩下滑，其根本原因是成品油和化工产品的需求增长速度放缓。2012年前三个季度，国内生产总值同比增长7.7%，与往年相比放慢了很多，中国各行各业的市场需求都不是特别旺盛，这就导致为各个产业提供动力的成品油需求也乏力了许多；同时，由于欧美经济继续走低，需求持续不振，中国的外贸订单量在不断减少。由于国际国内需求都有大幅度回落，导致炼油业亏损。虽然需求低迷使得业绩下滑，但是与2012年上半年相比，炼油业的亏损有一定好转。这主要得益于发改委对成品油价格的及时调控，即油价上涨。化工产业受到国际环境的影响，整体低迷，由于化工原材料的价格很高导致成本上升，而终端化工产品的需求严重不足，导致化工产品的毛利空间被挤压到很有限的空间，使化工产业呈亏损状态。随着2013年成品油定价机制的完善以及政府出台的财政货币政策，一方面加大投资，一方面实行积极的货币政策。由于国家有效刺激国内需求，2012年底炼油化工产业进一步减亏，预计在2013年将有望好转。

（二）炼油化工园区成为炼油化工产业发展重要推动力

近年来，炼油化工园区已成为世界炼油化工产业发展的重要趋势，也是中国炼油化工产业发展的新型模式。依托现有炼油化工企业改造或新建石化园区，通过对区内产品项目、辅助工程、环境保护和管理服务的整合，形成专业集成、资源集约与效益聚集，

成为促进中国炼油化工一体化发展的有效途径之一。因此，中国石化园区良性循环发展关系到中国炼油化工产业未来的可持续发展。国家相关部门适时出台相关政策措施，规范改进石化园区的发展。2012年3月21日，国家发改委、财政部联合发布《关于推进园区循环化改造的意见》，就推进全国园区循环化改造进行部署。意见提出，“十二五”期间50%以上的国家级园区和30%以上的省级园区要实施循环化改造，培育百个国家循环化改造示范园区。这对中国未来石化园区可持续发展有重大指导意义。

（三）节能减排力度不断加强

面对巨大的节能减排压力，发展循环经济是中国炼油化工企业实现可持续发展的必由之路，炼油化工企业将继续采取升级改造炼油化工装置、淘汰落后设备和工艺、采用清洁生产技术、对废物进行资源化利用等措施不断加强节能减排强度。而从发达国家炼油化工企业可持续发展的经验看，中国推动炼油化工企业向新能源炼油厂转型是一个新的趋势。目前，美国能源部正加快推进对炼油企业生物炼油厂项目的投资步伐，新加坡也确立了清洁能源发展方向，致力于将本国打造成世界清洁能源中心。另外，信息技术在炼油化工企业的节能减排工作中也将逐渐发挥作用。中国石油化工集团公司在“十二五”期间提出了打造“智能石化”的信息化建设课题，通过信息技术与管理的结合，加强节能减排力度，推动炼油化工板块向高度集约化方向发展，实现转型。

（四）炼油化工企业强化环保工作

炼油企业规模化、一体化步伐加快，在这一资源整合的过程中必将逐渐淘汰设备装置陈旧、技术过时的落后产能，构建符合环保标准的环保工程，采用先进的清洁生产技术，优化调整原料和产品结构，走清洁化生产路线。但从当前来看，中国大部分炼油化工一体化项目仍在筹建或建设中，中国炼油化工产业的一体化进程是一个长期的过程，炼油化工一体化对目前炼油化工企业面临的环保压力的缓解作用是有限的。目前，炼油化工企业的环保工作依然主要依靠采取并改进传统的环境保护措施，如升级改造设备、采用清洁生产技术、创新生产管理方式等。

（五）炼油化工企业必须更加重视安全生产

由于生产工艺复杂，原料和产品具有易燃、易爆、易污的特殊属性，炼油化工企业的安全生产问题不仅直接影响到企业稳定有序的生产进程，更和员工的生命安全、社会的财产安全、社会秩序的安定有序，甚至和自然环境安全息息相关。加强对安全风险的全面控制，形成安全生产的长效机制是炼油化工企业未来在安全方面的发展方向。炼油化工企业将继续加强安全文化建设，增强员工风险防范意识和安全责任意识；扩大安全支出，优化升级炼油化工设备，尽量减少安全隐患；构筑更全面细致的HSE管理体系，强化对生产过程中的细节管理；完善安全事故应急预案编制，提高事故应急处理能力；继续发挥信息化技术在安全生产中的作用，如中国石油天然气集团公司的环境在线监测技术，对其炼油化工板块的安全生产过程将发挥重要的监控作用。

此外，发达国家炼油化工企业在安全操作规程制定、安全机制建立、安全生产技术开发等方面也有许多值得中国炼油化工企业学习借鉴的地方，中国炼油化工企业安全问题的解决将是一个复杂长久的工程。

（六）成品油定价市场化势在必行

中国原油进口依存度2011年已经达到56%以上，国内油价应与国际接轨；国内成品油价格应由国内市场供需情况决定。因此，成品油定价市场化是未来发展的方向。随着中国经济总量的不断扩大，定价市场化有利于节约能源，也有利于传递资源的真实价格信息。完善成品油定价机制势在必行。

中国油气管道产业发展分析与展望

2012年，西气东输三线工程开工建设，中缅油气管线工程国内段全线开工，多条地方油气管道进展迅速，油气管线总里程接近94,000公里。其中，原油管道约19,000公里，天然气管道约55,000公里，成品油管道约19,000公里。过去十年间，中国油气管网产业迅速发展，覆盖全国的油气管网初步形成，东北、西北、西南和海上四大油气通道战略布局基本完成，建设了畅通便捷的能源通道。预计2015年，中国境内油气管道里程将达到15万公里。

一、2012年中国油气管道产业新进展

（一）原油、成品油管道

1. 中缅油气管道国内段全线开工

中缅油气管道在缅甸境内双管并行，从云南瑞丽进入国内，在贵州安顺实现油气管道分离。中缅原油管道起点是缅甸西海岸的马德岛，终点是重庆市，在缅甸境内全长771公里，国内全长1,631公里，设计年输油能力为2,200万吨。中缅天然气管道始于缅甸皎漂港，终点为广西市，在缅甸境内全长793公里，国内全长1,727公里，设计年输气能力为120亿立方米。

2012年4月6日，国家发改委对中缅天然气管道（国内段）、中缅原油管道（国内段）给予核准批复，标志着国内段工程可正式展开全线建设。5月17日，国内段首条控制性隧道贯通。6月底，中缅油气管道瑞丽段开工建设，将国内段与国外段连接起来。7月31日，扒车岭隧道正式交付线路安装铺管，标志着中缅油气管道隧道安装工程正式启动。10月24日，作为首个贯通的跨越工程，澜沧江跨越工程贯通并交付铺管。

2. 其他原油管道建设情况

长呼原油管道工程全线贯通。项目起于陕西定边县长庆油田油房庄生产运行储备库，途经陕西、内蒙古，终点为呼和浩特石化公司，全长565公里，设计年输油能力为500万

吨。该项目的贯通既为内蒙古提供重要能源保障，又为长庆油田建立了灵活的原油外输管网，同时缓解了铁路运输压力，为原油外输提供了新的运输渠道和保障。

独乌原油管道投产成功。该项目起于独山子阿独管道末站，止于乌鲁木齐王家沟末站，全长231公里；该项目对优化西北原油输送管网、完善中国西北能源走廊、保障能源安全具有重要意义。

兰成原油管道建设顺利进行。项目起于甘肃兰州市，经陕西到达成都市，线路全长882公里，设计年输油能力为1,000万吨。该项目是国家油气骨干管网的重要组成部分，对保障中国西南地区用油安全、促进地方经济社会发展具有十分重要的意义。

3. 地方成品油管道建设情况

锦郑成品油管道工程开工建设。项目起自锦州首站，沿途经过辽宁、河北、天津和河南省，终点为郑州末站，全长1,636公里，设计年输油能力为1,300万吨。该项目的建成将有力促进东北和东中部地区成品油资源的优化配置，推动沿线地区经济发展。

浙江甬台温成品油管道开工建设。项目起自镇海炼化算山首站，沿途经过宁波市、台州市、温州市，终点为温州瑞安油库，全长430公里，设计年输油能力为600万吨。该项目是目前浙江省内最长的一条成品油输送管道，对进一步完善成品油管网布局、缓解浙江沿海地区成品油保供压力，促进沿线经济快速发展将起到积极的作用。

驻马店—信阳成品油管道开工建设。项目起点为驻马店，终点为信阳，具备正反输功能，全长172公里，设计年输油能力为225万吨。该项目的建成将改变河南省内的成品油调运方式、优化成品油供应链、全面提高成品油的供应能力、储运能力和辐射能力。

苏北成品油管道开工建设。项目起自扬子石化，途经南京、扬州、泰州、盐城、淮安、宿迁，终点为新沂，全长618公里，设计年输油能力为770万吨。该项目建成后，将进一步保障苏北地区的成品油市场供应，推进淮安绿色能源建设，促进经济社会更好更快地发展。

江西成品油管道二期工程全面启动。该项目包括樟树—吉安—赣州、樟树—抚州—鹰潭—上饶两条管道及6座配套大型油库建设，全长共742公里，总设计年输油能力为670万吨。其中樟树至赣州成品油管道起至樟树结点站，向南经吉安市，终于赣州末站，全长352公里，设计年输油能力为240万吨；樟树至上饶成品油管道，起至樟树结点站，向东经抚州市、鹰潭市、上饶市，终点为上饶市玉山县双明镇，全长390公里，设计年输油能力为430万吨。该项目对优化江西省内成品油管网、带动沿线经济发展起到重要的作用。

4. 对部分老管道进行改造

铁大线高官台管段改线工程投产成功。铁大线高官台管段处于铁岭站和沈阳站之间。

由于沈阳城市建设快速推进，这段管道被周围建筑物包围，存在严重占压问题，给管道安全运行及周边生产生活带来威胁。此次改线工程线路长17.3公里，成功地消除了高官台管段违章占压的安全隐患。

鲁宁管道隐患整治工程正式开工。鲁宁管道自1978年7月建成投产以来已运行32年，受自然条件等各种因素影响，管道老化现象频现，同时外管道占压、打孔盗油情况严重，造成站场和外管道存在较大的安全隐患。为消除安全隐患，中国石油化工集团管道公司对鲁宁管道存在的隐患进行整治。工程将分为外管道改线、外电线路改造和输油站场及自控仪表系统安全整治四部分有序进行，预计在2014年10月30日前完成。

铁抚管线扩能改造建设完工，抚前管线光荣退役。抚前管线投产于1971年，是中国首条长输管线分支末线，主要肩负对抚顺石油二厂和对朝装车的原油输送任务。为配合抚顺炼油化工一体化建设，中国石油天然气集团公司的管道公司全面开始铁抚管线扩能改造建设。改造后对原抚顺至石油二厂管线停输封存，原油通过新建的抚顺至东洲末站管线向抚顺石油二厂输送原油，年输油能力为1,150万吨。

漠大线适应性改造工程开工建设。该项目是在漠大线设计年输油能力为1,500万吨的基础上对其进行适应性改造。项目建成投产后能降低管道运行风险，提高漠大线输量的弹性余量，改善俄罗斯原油进口输送趋紧状态。

金陵石化实施长输管线改造。金陵—扬子原料互供长输管线的建设较早，受到化工园区扩张、道路改新建、民房压占等影响，管道埋地敷设部分出现裸露，安全隐患十分严重。中国石油化工集团金陵石化公司实施长输管线改造，以彻底消除长期困扰金陵石化的一大安全隐患。

（二）天然气管道

1. 西气东输二线工程全线建成投产，三线开工建设

2012年，西气东输二线工程全线建成投产。5月18日，广深支干线广求段正式投运，有效缓解了深圳及珠江三角洲地区用气压力，并进一步优化能源消费结构。5月19日，上海支干线正式通气，有效地保障了长三角地区天然气供应。5月20日，平泰支干线进气投产，改善了地区能源结构，为河南省、山东省内多个城市提供天然气。5月29日，南百支线工程开工建设，建成后将改善广西的能源结构，保障天然气供应，助推南宁市经济及民生工程建设。11月5日，轮吐支干线投产运行，有效地将塔里木气区的天然气分输至西气东输主干线上。12月19日，广深支干线求大段管道和香港支线成功投产，具备向香港供气条件，将缓解香港用气紧张局面。12月30日，广南支干线建成投产，为南宁700多万市民送去温暖。至此，起于新疆霍尔果斯首站，途经全国15个省区市192个县级单位，止

于香港的西二线工程1条干线8条支干线全部建成投产。管道全长8,704公里，与国内外20多条管道连接贯通，在国内形成近4万公里天然气管网，基本覆盖中国28个省区市和香港特别行政区，设计年输气能力300亿立方米，可稳定供气30年以上，对保障国家能源安全、优化能源消费结构、节能减排和加快经济发展方式转变具有重大意义。

2012年10月16日，西气东输三线工程全面开工建设。项目包括1条干线、8条支线，总长度约7,378公里，配套建设3座储气库和1座液化天然气（LNG）站。干线西起新疆霍尔果斯，途经新疆、甘肃、宁夏、陕西、河南、湖北、湖南、江西、福建和广东10个省区，东至福建福州，全长5,220公里，设计年输气能力为300亿立方米。西气东输三线的主供气源为中亚土库曼斯坦、乌兹别克斯坦、哈萨克斯坦三国天然气，补充气源为塔里木增产气和新疆煤制天然气。其中，新增进口中亚天然气250亿立方米/年，塔里木增产气和新疆煤制天然气50亿立方米/年。工程分为西段、中段和东段建设，计划2015年全线贯通。西气东输三线的建设，对于完善中国油气战略通道、扩大海外天然气引进规模、保障国家能源安全、调整优化中国能源消费结构、促进节能减排、推动地方经济增长等方面，都具有重要意义。

2. 中亚天然气管道C线开工建设

2012年9月28日，中亚天然气管道C线开工建设。管线南起土库曼斯坦和乌兹别克斯坦边境的格达依姆，沿途经过卡什卡塔里、布哈拉和纳沃伊3个州，最后从乌哈边境的沙依让库杜克进入哈萨克斯坦，国外段全长529公里，与目前正在运行的中亚天然气管道A线和B线并行。该项目建成后中亚天然气管道全线年输气能力将提升至550亿立方米。

2012年10月20日，中亚天然气管道A线和B线实现每年300亿立方米输气能力的建设，日输气能力提升至8,900万立方米，对保障中国市场需求、扩大海外天然气引进规模、巩固与中亚地区国家油气合作基础有着深远的意义。

3. 地方管网建设情况

秦沈天然气管道锦西石化支线工程建成投产。项目起于葫芦岛分输站，设计年输气能力为1.6亿立方米。该项目可用天然气替换锦西石化所消耗的燃料渣油，替换后的燃料渣油可作为商品重油，提高原油及其副产品资源的利用率，对促进地方经济发展、改善生态环境起到积极作用。

四平—白山天然气管道工程开工建设。项目起于哈沈线的四平分输站，沿途经过四平市、东辽县和辽源市等，止于白山末站，全长350公里，预计2013年12月30日投产，将优化地方能源结构，为沿线工业快速发展提供有力保证。

山东天然气管网工程莱钢支线建成投产。项目起于山东天然气管网工程干线莱芜分输站，经过莱芜市莱城区和钢城区，终点为莱钢支线末站，全长37.2公里，设计年输气能力为4亿立方米，保证了周边地区对天然气能源的供给，将有效地改善了城市能源结构。

陕京三线市内配套工程完工，即将供气北京。该项目是整个陕京三线最后一段管道工程，线路南起良乡输气站，北至西沙屯输气站，全长86公里，途经房山、丰台、门头沟、海淀、昌平，穿越了24条河流、41条公路和4条铁路，对缓解未来北京市天然气供应可能出现的紧张局面有着重要的意义。

南疆天然气利民工程主干线喀泽段、和泽段建成。喀什至泽普段天然气管道于2010年7月开工，2012年9月建成试运行，日输送天然气45万立方米；和田至泽普段于9月30日建成，并具备临时通气条件。该项目与前期给喀什、和田、克州供气的“气化南疆”管道形成环网对接，为新疆加速推进新型工业化、城镇化和农业现代化提供重要的能源和资源保障，对改善民生、凝聚民心、保护生态、促进发展、增进团结和维护稳定具有重要的战略意义。

湘娄邵管道工程全线贯通。项目自西气东输二线樟树—湘潭联络线湘潭末站，途经湘潭市、湘潭县、韶山市、湘乡市、娄底市、涟源市和新邵市，止于邵阳市邵阳末站，全长226公里，一期设计年输气能力为4.8亿立方米，远期设计年输气能力为17亿立方米。该项目是“气化湖南”工程建设的首条天然气管道，是保障天然气供给、优化能源结构、造福三湘人民的惠民工程。

甬台温天然气输气管道开工建设。项目起自宁波市鄞州区，止于温州市苍南县，全长505公里，设计年输气能力为95亿立方米，超过了杭湖线、杭甬线、杭嘉线三条管线总长，贯通后将使浙江省天然气供应能力增加2倍多。

广东省天然气管网一期工程东莞—惠州段投产运行。项目包括广州—惠州干线之潼湖阀室至惠州分输站管线及东莞支干线，全长约60公里，将向东莞和惠州等地区供气。

4. 非常规天然气管道建设取得重大进展

伊宁—霍尔果斯煤制气管道工程建成投用。起自伊宁首站，止于霍尔果斯末站，全长64公里，设计年输气能力为300亿立方米。该项目作为煤制天然气的外输通道，将煤制天然气引入西气东输三线，为西气东输管道提供了煤制天然气的供给，同时也给伊犁地区带来显著的经济效益。

乌海至银川焦炉气管道完工运营。项目起于乌海市，止于银川市，全长220公里，设计年输气能力为16.1亿立方米，气源为来自乌海千里山工业园区、西来峰工业园区的焦炉煤气、园区液化天然气（LNG）工厂和清洁油工厂的副产品氢气混合气。该项目投产对内蒙古乌海市焦炉尾气回收利用、减少废气排放将发挥作用，为中国乃至世界焦炉煤气回收利用开创了先河。

太原—和顺—长治煤层气输气管道工程投运。项目起于太原，止于长治，全长460公里，设计年输气能力为4.95亿立方米，对提高居民生活质量和城市品位，促进山西省转型跨越发展具有重要意义。

（三）液化天然气（LNG）项目建设情况

1. 环渤海地区

大连液化天然气（LNG）接收站，引进“阿尔华利亚”号超级天然气船。该接收站是中国目前技术最先进、功能最齐全、国产化率最高、占地面积最小和投资最低的液化天然气（LNG）接收站，同时也是中国目前唯一具有装船能力的液化天然气（LNG）接收站。经接收站气化后的天然气，通过大连至沈阳输气管道与东北和华北输气管网相连，供气范围可覆盖整个东北和部分华北地区。

唐山液化天然气（LNG）接收站第三座16万立方米储罐成功气顶升。项目位于河北唐山曹妃甸工业区，由液化天然气（LNG）接收站和液化天然气（LNG）专用卸船码头组成，主要功能是接收、存储和再气化液化天然气（LNG），预计2013年建成投产，将为华北地区增加一个新的可靠供气气源，用以补充京津冀地区的天然气需求，可满足天津和河北唐山与秦皇岛等地区季节性天然气调峰需求。

邯郸液化天然气（LNG）示范基地项目开工建设。项目规划建设液化天然气（LNG）工厂1座，铺设山西晋城至邯郸高压输气管道270公里，建设液化天然气（LNG）加气站50座，并开展相关的配套能源装备制造和物流储运。该项目的建成，对促进河北省生态环境改善和经济发展具有重要意义。

天津浮式液化天然气（LNG）接收终端项目开工建设。项目一期位于天津港南疆港区，由浮式储存气化装置、港口工程、储罐工程、输气管线工程四部分组成。该项目采用的浮式储存气化装置（FSRU）技术在中国属于首创，具有建设周期短、成本低、灵活性高、简单易行的特点，将有效地改善天津天然气气源不足和应急储备缺乏的状况，对推进天津市的能源结构调整具有重要意义。

2. 南部地区

广安液化天然气（LNG）工厂投产。项目位于四川省广安经济技术开发区内，采用国际先进的单循环混合制冷工艺，产品主要用于汽车燃料和城市天然气调峰，是中国石油天然气集团公司第一套日产100万立方米液化天然气（LNG）项目。该项目对保障能源供给，壮大工业经济总量，推动产业优化升级，加快新型工业化进程将产生重大而深远的影响。

海南中油深南液化天然气（LNG）储备库及配套码头工程项目获批开建。项目位于澄迈县老城开发区，主要包括20万立方米的液化天然气（LNG）罐和配套设施及一座液化天然气（LNG）码头。该项目的建成，可以有效改善海南汽车燃料消费结构和大气环境质量。

中国石油化工集团公司广西液化天然气（LNG）项目正式提交环评报告。项目由码头工程、接收站及输气管道三部分组成，其中接收站年接收液化天然气（LNG）可达300万吨，并配套全长1,336.88公里的输气管道，设计年接收液化天然气（LNG）能力300万吨，主要气源来自澳大利亚，总投资将达到177.75亿元。该项目计划为广西的12个城市及广东省的两座城市提供天然气，有利于完善沿海液化天然气（LNG）布局，更好地保障能源供应。

二、2012年中国油气管道产业技术进步分析

（一）自动化管理水平进一步得到提升

大港油田天然气管道实现数字化管理。天然气公司开发研制了一个以地理信息系统为基础的数字化管理平台，应用数据收集系统、全球卫星定位系统等，涵盖管道资源、环境、社会和经济等各个复杂因素，并在可视化的条件下为管道管理提供决策支持和服务，提高了管控能力。

油气管道仿真软件国产化工业应用启动。该成果填补了中国油气管道运行管理技术领域的不足，与国外同类软件相当，适应性更好，为今后科研与生产紧密结合和技术成果向生产效益的快速转化积累了经验，将对中国管道科研核心技术自主研发和管理水平的持续提升，产生积极的示范和带动效应。

武汉输油处启用“GPS巡检监测系统”。该项目对全长979公里的仪长管道进行了专业的测绘，并借助测绘成果建立了武汉处“管道地理信息系统”，及“管道GPS巡检监测系统”。通过系统的建立投用，该处的管道巡检工作从传统的人工抽查迈入到卫星实时定位监管阶段，在有效解决人工巡线监管难题的同时，也有力地促进了该处数字化管道和平安管道的建设。

自动化站控系统新软件成功应用。中国石油管道局自主研发的天然气管道自动化站控软件EpipeView3.2，在江西省天然气管网二期工程5个站场成功应用，顺利并入站控SCADA系统，确保输气生产安全可靠，提升管道运营管理水平和效率，并填补中国天然气管道自动化站控系统一项技术空白。

（二）管材设计和制造技术有所突破

随着中国油气输送管道建设高峰期的到来，对高强度钢管的需求量猛增。为满足油气管网建设对高钢级管线钢的巨大需求，打破国外产品垄断，中国管材设计和制造技术有所突破。

中国X80钢级大口径螺旋钢管试制成功。这是中国首根X80钢级最大壁厚大口径螺旋埋弧焊钢管，在渤海装备华油钢管公司试制成功，各项理化性能指标和无损检测数据均达到美国石油协会API技术要求，是西气东输二线首选用管。

X80级抗大应变钢管实现国产化。X80级抗大应变钢板和钢管通过新产品鉴定，渤海石油装备、宝鸡石油钢管公司已具备大批量生产能力，将在西气东输三线等重大管道工程建设中全面应用。该产品打破了国外同类产品的垄断，是落实国家创新战略，推动企业技术进步，加快新产品、新工艺在国家重大工程应用上所取得的又一重要成果。

国产首根高钢级、大口径预精焊钢管下线。该钢管为X70钢级，长18米，采用预精焊技术，在宝鸡石油钢管公司顺利下线，各项性能指标均达到荷兰壳牌NAM Norgron项目管线管技术要求，标志着宝鸡钢管公司在预精焊生产工艺的研究与应用上迈上了新台阶。

（三）液化天然气（LNG）装备国产化进程加快

近年来，在市场需求和节能减排政策的推动下，中国液化天然气（LNG）产业快速发展，对海外天然气资源的需求增长很快，且液化天然气（LNG）调峰、储存性能优越，中小型液化天然气（LNG）站建设市场前景广阔，促进了中国液化天然气（LNG）装备的国产化进程。

湖北液化天然气（LNG）工程核心技术装备全面国产化。项目包括规模为500万立方米/天的液化天然气（LNG）装置，以及配套的公用工程和辅助生产设施，是目前中国规模最大的天然气液化工厂。全厂设备均采用国产化装备，是全国首个实现技术装备国产化的同类项目，建成后年供气量约为20亿立方米，可有效缓解湖北省天然气供应紧张压力。

泰安液化天然气（LNG）装备国产化项目工程开工建设。项目位于山东省泰安市范镇工业园区，建成后天然气日处理能力达到260万立方米，可为周边地区提供年60万吨液化天然气（LNG）能源，是中国第一个具有完全自主知识产权和单套液化生产能力最大的天然气液化项目，也是目前中国石油天然气集团公司正式开工建设的，中国规模最大的液化天然气（LNG）工厂项目，对打破国外技术垄断、保障国家能源安全和提升民族装备制造工艺水平具有十分重要的意义。

大庆石化机械厂掌握液化天然气（LNG）装备检测关键工艺。在首台液化天然气（LNG）固定储罐焊缝致密性检测中，大庆石化机械厂成功应用负压法氦试漏检测技术，掌握了液化天然气（LNG）装备关键制造工艺，为今后批量生产液化天然气（LNG）装备打下基础。

（四）海底管道技术有所提高

近几年，中国海洋管道建设发展迅猛，中国海洋石油总公司、中国石油化工集团公司、中国石油天然气集团公司均将海底管道技术发展作为重点，着力为海洋油气资源的开发提供保障。

中国深水高压输气管线首用国产厚壁直缝埋弧焊管。这种焊管由渤海装备公司研制，首先用于中国南海深水天然气管线，具有优良的承压、止裂、抗疲劳及耐腐蚀能力，技术含量高，打破了长期以来海底管道用厚壁直缝埋弧焊管依靠进口的局面，实现了中国深水管线直缝埋弧焊管的国产化。

大力推进海底管道“智能球内检测”技术应用。该技术基于“漏磁检测”原理，采用“渐进式通球”工艺对海底管道进行内部检测，也被称为“漏磁智能检测”技术，将海底管道管理由以往的应急维修转变为预知性维修，提高了海底管道的管控能力，确保了海底管道的安全运行。

“深水海底管道铺设技术”课题通过国家验收。该课题属于“国家863”计划，形成了适用于3,000米水深的S型铺管成套技术，在深水S型铺设技术方面取得了8项创新性成果，使中国海洋石油总公司的深水技术水平有了极大提升，使中国进军深海的步伐迈出了更加坚实的一步。

首艘深水铺管起重船“海洋石油201”完工投产。2012年5月15日，“海洋石油201”从青岛起航奔赴中国首个深海气田“荔湾3-1”，与早前已开钻的海洋石油981钻井平台会合，进行1,500米深水铺管作业。“海洋石油201”是世界上第一艘同时具备3,000米级深水铺管能力、4,000吨级重型起重能力和DP-3级动力定位能力的船型深水铺管起重船，代表了国际海洋工程装备制造的最高水平，填补了中国在海洋工程深水装备领域的空白。

（五）积极推进天然气长输管道关键设备国产化

长期以来，中国对压缩机组和大口径阀门等关键设备进口需求量很大，严重阻碍了大规模管道建设进程。积极推进天然气长输管道关键设备的国产化，打破这类产品长期依赖进口的局面，促进相关产品性能、标准和技术规范等达到国际先进水平，对保证国家能源供应安全和振兴民族装备制造工业意义十分重大。

2012年11月6日，中国首套国产20兆瓦天然气管道试制电驱压缩机组，在西气东输二线高陵分输压气站点火成功。这标志着中国长输管道关键设备全面国产化进入工业性应用阶段，将打破这类产品长期依赖进口的被动局面。

（六）管道适应恶劣环境能力得到提高

漠大线穿越的地带号称“神州北极”，管道投运后遭遇的最低气温为零下52.3摄氏度，冻胀融沉等自然灾害严重威胁着管道安全。投运以来，漠大线依靠技术创新，管控能力全面提高，已安全输送原油2,500万吨。

采用埋深探测仪结合水准仪的测量方法解决冻土灾害，实现了不良冻土区域管体位移变化的宏观识别，为高风险区域的识别和分类提供科学依据。利用“物理支撑、热管辅助”的方法治理融沉风险，最大限度减少管道变形，实现了安全平稳输油。“木屑护层”技术解决太阳辐射造成的热融问题，通过管道上铺上木屑，形成隔热层，阻断太阳热量与永冻层的热交换，降低融沉风险。

开发出电驱无人机巡护系统，解决了人员难以到达地区巡线难的问题，大大减轻了劳动强度，降低了管理风险。应用机械式管体位移监测方法及装置，有效解决了高寒地区电子监测设备极易失效的难题，能够准确反映管体位移变化情况。应用斜坡稳定性监测系统，实现对斜坡表部位移、深部位移、温度和水分四位一体的监测，实时掌握斜坡的状态，较好地解决高寒地区管道工程的冻土地区斜坡稳定性问题。

三、2013年中国油气管道产业发展趋势及展望

“十二五”期间，中国油气进口战略通道建设将进一步推进，中国主干管网将得到不断完善，初步形成多气源、连接主产区、消费地和储气点的全国基干管网。同时还将不断增强管道建设的自主研发能力与核心竞争力，进一步提升技术和装备水平，力争实现关键设备国产化。预计到2015年，中国油气管道总长度将达15万公里，覆盖全国的油气管道将与进口战略油气管道一起，共同筑成中国能源大动脉。

（一）保障清洁能源供给，着力推进天然气管网建设

天然气作为一种优质的气体燃料，燃烧时仅排放少量的二氧化碳粉尘和极微量的一氧化碳、碳氢化合物、氮氧化物，是一种清洁的能源，以环保、快捷、高效、安全的优势已被世界广泛采用。目前虽然中国天然气在能源结构的整体占比偏低，但随着用气普及率的不断提高，天然气产业正进入快速发展阶段。

在天然气输送方面，管网运输与其他运输方式相比，有着无可比拟的优势。它运输成本较低，占地少、投资小、建设较快，操作方便、运油量大，比较容易实现管理自动化。且天然气被封闭在管道内而与外界隔离，不易受到干扰，对环境污染小。为了保障天然气供给，中国天然气管网亟需进一步完善，逐步形成覆盖全国的规模性管网。

"十二五"期间，中国将加快西北、东北和西南三大陆路进口天然气干线管道建设，完善川渝、环渤海、珠三角、中南、长三角等区域性管网，重点建设西气东输三线和四线工程、中亚天然气管道二期、中缅天然气管道、东北天然气管网、陕京四线、青藏输气管道、煤制气外输管道等天然气管道工程。

（二）完善城市管网体系，扩大城市用气量

改革开放以来，中国经济发展十分迅速，城市用地不断增加，城市规模也越来越大。天然气的输送范围在不断扩大，输送距离也在不断延长，现有城市天然气管网体系已经无法满足需求，天然气利用受到客观条件的制约。

随着人们生活水平的不断提高，城市居民对天然气的消费逐年增长，而城市天然气的使用对于城市的建设以及社会的发展都具有里程碑式的意义。加快完善城市天然气管网体系，让家家户户享受到天然气的便利，对打破天然气利用的制约、将改革发展切实落实到民生中，都有十分重要的意义。

（三）合理布局液化天然气（LNG）接收站，加快配套管线联网

天然气作为清洁能源越来越受到青睐，很多国家都将液化天然气（LNG）列为首选燃料，天然气在能源供应中的比重迅速增加。随着中国对能源需求的不断增长，引进液化天然气（LNG）将对优化中国的能源结构，有效解决能源供应安全、生态环境保护的双重问题，实现经济和社会的可持续发展发挥重要作用。为加快发展中国的液化天然气（LNG）工程，必须充分考虑地区经济发展及能源供应能力，合理布局液化天然气（LNG）接收站。

与此同时，液化天然气（LNG）项目还需要充分考虑到配套管线建设问题。液化天然气（LNG）接收站不能孤立存在，应与已有或者规划建设中的天然气干线联网，构成各接收站与干线组成的管网体系，最大限度地发挥其作用，保障中国能源供给能力。

（四）加快非常规天然气管道建设，力争气源多元化发展

非常规天然气主要包括页岩气、致密气、煤层气和天然气水合物等，中国页岩气、煤层气、致密砂岩气等资源量达到了约70万亿–80万亿立方米，资源开发潜力大。但是，受发展思路、政策、技术以及整个天然气在中国能源结构中所占比重太轻等因素影响，非常规天然气在中国并没有高速发展。当前中国正处于经济发展与能源消费快速增长期，能源供需矛盾突出，加快非常规天然气开发和利用对保障中国能源供应安全意义重大。

长期以来，中国天然气输送管网等基础建设滞后，非常规天然气管道更是少之又少。如何保证安全地把非常规气体由上游输送到消费端，对非常规天然气供应商是一个巨大的挑战。因此，加快非常规天然气管道建设，力争实现气源多样化发展，对中国非常规天然气开发与利用具有重要的意义。

（五）加强关键技术研发，推进关键设备国产化

随着油气管道产业的飞速发展，对技术的依赖性也不断增加，关键技术日益发挥着重要的地位。掌握关键技术，就是掌握管道建设的核心命脉。加强关键技术研发，将有助于提高油气管道的建设能力。同时，大规模的管道建设对关键设备的需求量很大，推进关键设备的国产化，将降低油气管道建设成本，对保障油气管道安全运行意义重大。

按照安全可靠、先进高效、经济适用、绿色环保的要求，依托管道建设重大工程项目，通过不断创新，增强自主发展能力与核心竞争力，进一步提升技术和装备水平，重点领域包括研制X100、X120高强度管线钢和天然气长输管线大型球阀等关键设备。

（六）新老管线建设改造，数字化当道

随着天然气市场的逐步扩大，长输天然气管道具有广阔的市场前景，传统的勘查设计和施工管理方法已经不能满足管道建设和运营的需要，数字化管道应运而生。数字化管道是应用数据收集系统或自动化控制系统、全球定位系统、地理信息系统、业务管理信息系统、计算机网络和多媒体技术、现代通信等高科技手段，对管道资源、环境、社会、经济等各个复杂系统的数字化、数字整合、仿真等信息集成的应用系统，并在可视化的条件下提供决策支持和服务。数字化管道将极大地提高勘察设计水平，实现科学规范的项目施工管理标准和信息化的项目管理手段，减少对环境的破坏、对人员健康的危害及事故安全隐患，提高管道标准化运营水平，为管道工程建设提供保证。

2013年，新管道建设将以数字化为目标，把数字化融入到管道勘探设计、管道施工建设和管道运营管理的每一个环节中去。老管道改造也将数字化作为目标之一，全面提高管控水平。管道数字化建设是中国管道建设可持续发展的必由之路。

（七）提高管控能力，精细化管理是关键

随着国际化进程的加快、产业竞争加剧，油气管道企业面临着严峻的挑战，从前的粗放式管理开始显露弊端。精细化管理，是一种先进管理理念和管理技术，是落实管理责任并将其具体化、明确化。它以专业化为前提、技术化为保证、数据化为标准、信息化为手段，把服务者的焦点聚集到满足被服务者的需求上，以获得更高的效率、更高的效益和更强的竞争力，是提升企业整体执行能力的一个重要途径。

2013年，油气管道产业继续蓬勃发展，管道建设项目也不断推进。随着项目不断增加，运行管道越来越多，提高管控能力显得尤为重要。要高效率、更高质量地完成管道建设项目，全面提高管理控制能力，都需要依赖精细化管理的强大支撑。

合作篇

发达国家经济复苏缓慢似乎为中国油气企业"走出去"进一步提供了契机，虽然中国在2012年的海外油气并购交易数量与2011年基本处在同一水平，但交易金额却几乎为2011年的3倍，三大油公司海外收购支出约340亿美元。中海油以151亿美元整体收购加拿大油气企业尼克森无疑成为最大亮点；中国与加拿大、俄罗斯、中东地区和欧洲地区油气合作进一步深化，达成多个油气合作项目，并在北非新签了一批油气合作协议。

2012年，中国海外油气权益产量首次突破9,000万吨，比2011年增长了3%。中石油海外油气作业项目81个，2012年海外权益产量约5,200万吨油当量，同比增长1.39%；中石化海外油气作业项目47个，海外权益产量约为2,900万吨油当量，并成为首个中国能源企业在海外自建石油仓储基地的公司；中海油2012年海外油气产量1,000万-1,300万吨。

油气进出口方面，2012年中国的原油与天然气进口量继续保持较高速度增长，全年进口原油2.71吨，原油对外依存度达56.4%；进口天然气407亿立方米，天然气对外依存度达到26.2%。随着中俄油气合作的不断深化，中国自俄罗斯进口原油量逐年递增，2012年俄罗斯向中国出口原油2,400多万吨，同比增长23%，一跃成为中国第三大原油进口来源国。中东仍然是中国原油进口的主要来源，2012年仅沙特阿拉伯就向中国出口原油5,400多万吨，约占中国全年原油进口的20%。由于国内炼油能力增长迅速，而国内成品油需求增速放缓，2012年中国成品油出口大幅增加，全年成品油净出口达到507万吨，比上年增加25.7%。

展望2013年，中海油成功收购尼克森将为中海油大量增加海外油气产量，中国企业海外油气权益产量有望突破1亿吨油当量；美国降低石油对外依存、全球持续低迷的经济增长或将对国际油价形成打压，并为中国原油进口提供较为宽松的外部环境，中国原油对外依存度或将达到58%；由于炼油能力急剧扩张，中国的成品油出口将进一步增加。

中国油气产业国际合作发展分析与展望

2012年总体来说是国际政治纷繁复杂和经济持续低迷的一年，中国石油天然气集团公司、中国石油化工集团公司和中国海洋石油总公司三大国有石油公司，构成了中国海外能源合作的主力军。据统计，2012年中国海外油气权益产量首次突破9,000万吨，比2011年增长了3%，并购金额也创历史新高，中国企业成为全球石油公司中最大的海外油气资产收购方，累计并购交易金额340亿美元，创历史新高。其中，中国海洋石油总公司全年海外并购金额214亿美元，是并购规模最大的中国公司。中国石油化工集团公司交易金额72亿美元，中国石油天然气集团公司超过40亿美元。中国油气企业的海外油气投资范围已扩展到近30个国家，业务遍及中东、非洲、拉美、俄罗斯—中亚、北美、东南亚等产油区，如今中国国际油气合作业务范围已涵盖勘探开发、炼油化工、管道运输、销售贸易和工程技术服务于一体的完整的油气产业链。

一、2012中国油气产业国际合作概况

2012年，中国油气企业继续在国家大力支持油气企业“走出去”的发展背景下，大力发展国际油气合作，尽管存在很多阻力，但还是取得了丰硕成果。油气合作方式更加灵活，合作领域更加广泛，海外油气投资额激增，海外油气产量稳步提高。中国与加拿大、俄罗斯、中东地区和欧洲地区油气合作进一步深化，达成多个油气合作项目，并在北非新签一批油气合作协议。中国油气企业本着互利双赢的原则，拓展更加广阔的海外油气合作事业。

（一）中国石油天然气集团公司国际油气合作成果

1. 在中东非洲新签一批油气合作协议

2012年1月17日，中国石油天然气集团公司与阿布扎比国家石油公司签署战略合作协议。中阿双方将在油气勘探开发、工程技术服务、工程建设、装备物资、石油贸易和人员教育培训等方面，全面开展合作。

2012年1月18日，中国石油天然气集团公司与卡塔尔石油国际有限公司、壳牌（中国）有限公司签署浙江台州炼油化工一体化项目合资原则协议，三方将进一步加强合作，推动项目的实施。这是中国石油天然气集团公司国内炼油化工业务布局调整的重点项目，也是深化与中东主要资源国以及国际大石油公司合作的又一重要进展。

2012年1月13日至15日，中共中央政治局委员、中央书记处书记、中央组织部部长李源潮率领中国共产党代表团访问南苏丹、苏丹。中国石油天然气集团公司与两国政府部门和合作伙伴新签一批协议。13日，中国石油天然气集团公司与南苏丹石油部签署了石油合作过渡协议，还与南苏丹石油部及南苏丹项目各合作伙伴共同签署了石油培训合作协议。14日，中国石油天然气集团公司与苏丹石油部签署了深化合作谅解备忘录。15日，中国石油天然气集团公司与苏丹财政与国民经济部，签署了关于苏丹原油贸易预付款合同事宜的框架协议。

中国石油天然气集团公司与合作伙伴新签一批油气合资合作协议，深化和扩大与合作伙伴在油气生产等上下游领域的合作。这些协议的签订和实施，对于进一步巩固中国与中东，以及非洲相关国家的友好合作关系，促进经济社会发展具有重要意义。

2. 伊拉克项目成为海外油气生产主力

2012年8月19日，中国石油天然气集团公司的伊拉克三大项目（鲁迈拉项目、哈法亚项目、艾哈代布项目）日产原油稳定在160万桶以上首次突破15天，创历史新高，全面步入投资快速回收阶段，成为集团公司海外油气生产的主力。截至到目前，中国石油天然气集团公司已投资33亿美元用于开发伊拉克石油项目。

艾哈代布项目在2012年8月已突破600万吨产量；鲁迈拉项目是3个项目中唯一的非作业者项目，中国石油天然气集团公司是与英国石油公司（BP PLC）联合开发。油田分南北两部分，南鲁迈拉油田和北鲁迈拉油田共占地1,800平方公里。南鲁迈拉油田探明储量为19.6亿吨，北鲁迈拉油田探明储量为11.2亿吨。总储量大概有200亿桶。该项目目前原油日均产量接近134万桶，占伊拉克日产原油总量的44%；哈法亚项目是中国石油天然气集团公司作为作业者在海外规模最大的投资项目。哈尔法亚油田位于伊拉克东南部，根据伊拉克政府提供的数据，哈法亚油田可采储量约为41亿桶。2012年6月16日，年产原油500万吨的一期产能建设项目成功投产，提前15个月实现合同要求的7万桶/日初始商业产量目标。

3. 阿富汗油田项目成功开工

2011年12月28日，中国石油天然气集团公司和阿富汗当地Watan石油天然气公司联合体，与阿矿业部正式签署阿姆·达利亚盆地油田开发协议。中国石油天然气集团公司将向阿支付15%的矿产税，20%的营业税，并上交50%–70%的利润。

2012年10月21日，中国石油天然气集团公司投资的阿富北部油田阿姆·达利亚油项目正式投产，日产量1,950桶。从2013年起，年产量将达到150万桶。所产原油将运往土库曼斯坦，冶炼后运回阿富汗或在国际市场销售。而且，中国石油天然气集团公司还将在2至3年内在法利亚布省或萨利普省建成炼油厂。

阿姆·达利亚油项目的建成，将使得中国石油天然气集团公司在阿富汗未来的能源开放中占据更加有利的地位，也将有助于促进阿富汗的经济和社会的发展。但是阿富汗久陷动乱，中国石油天然气集团公司由此面临的政治风险仍然不可小觑。

4. 伊朗投资稳中求进

伊朗的南帕尔斯气田位于波斯湾伊朗和卡塔尔交界处，覆盖面积9,700平方公里，其中3,700平方公里归伊朗所有。伊朗部分估算拥有14万亿立方米天然气和180亿桶天然气凝析液储量，占世界天然气储量的8%和伊朗天然气储藏的50%。目前已经投产的南帕尔斯气田项目有10期，另外5期正在建设中，其余的14期还处于规划阶段。

2009年，中国石油天然气集团公司曾与伊朗签署了一份作价47亿美元的合同，中国石油天然气集团公司也随即从道达尔手中接管了其在该项目的权益，成为第11期项目的开发者。由于两伊战争、海湾战争等历史遗留问题，伊朗还存留着大量雷场，这也让当地施工人员的生命安全、物资运输条件等都无法得到保障。除此以外，美国和欧盟的经济制裁以及需要权衡的诸多国际政治问题，则是中国石油天然气集团公司在伊朗投资态度上力保稳中求进的关键原因。其中，由于南帕尔斯项目为海上气田，开发技术难度较高，且关键设备大多来自欧美国家，而由于欧美对伊制裁，类似天然气压缩机这样的关键设备无法运进伊朗，也无法获得厂家的调试服务，这也让项目始终难以实现实质性推进，项目已经拖延了超过1,130天。

2012年9月，中国石油天然气集团公司总经理周吉平访问伊朗，双方油气产业高层达成了一系列共识，其中，伊朗也做出了两方面的让步：中国石油天然气集团公司最终将撤出南帕斯海上气田项目，伊朗方面则同意为中国石油天然气集团公司提供置换区块；在严苛的回购合同中，一些不利于中方的条款将得到修改。

5. 承建的坦桑尼亚天然气处理厂及输气管线项目开工

2012年11月8日，由中国石油天然气集团公司承建的坦桑尼亚天然气处理厂及输送管线项目开工典礼，在坦桑尼亚最大城市达累斯萨拉姆郊区举行。该项目包括在坦南部的松戈松戈（Songo Songo）和姆特瓦拉（Mtwara）修建天然气净化处理厂，并建设从姆特瓦拉到经济首都达累斯萨拉姆之间总长542公里的天然气输送管道，总投资约12.25亿美元，其中75%使用中国政府优惠出口买方贷款；20%使用中国进出口银行商业贷款；5%由坦方自筹。项目预期完工时间为18个月，天然气管道将在2014年投入使用。到2020年，该管道将达到每天7.84亿立方英尺的输气能力。

天然气管道项目建成后，将充分发挥坦桑尼亚自身的资源优势，有效消除电力瓶颈，创造更好的投资环境，增强国家发展能力。

6. 与俄罗斯能源合作前景广阔

2012年，中俄原油管道稳定运行，已经输送原油量超过2,000万吨，西线天然气管道的技术参数也已经基本达成一致，而两国合作建设的江苏省田湾核电站也在安全稳定地运行，取得了良好的效益。

2012年4月，中国国务院副总理李克强访问俄罗斯，在深化中俄能源合作领域达成了一系列重要共识，其中天然气合作是中俄两国都高度重视和积极推进的项目，建设安全、稳定的中俄陆上天然气管线，西线、东线均有重大战略意义。

在两国能源合作中，天然气谈判是重中之重。但受制于价格分歧，中国石油天然气集团公司从俄罗斯天然气工业公司进口天然气的协议，依然没能就价格问题达成一致。尽管这场世界最大的能源消费国和最大的天然气出口国之间的谈判15年未果，但是双方都积极努力，不断推进天然气合作谈判。2012年6月5日，普京访华洽谈中俄能源合作，其中包括修建中俄天然气管道。2012年9月27日，俄罗斯天然气工业公司同中国在探讨双边合作条件问题上取得进展，双方在谈判过程中审议了双边油气合作中的各种问题，探讨了俄罗斯天然气工业公司对华供应俄罗斯管道天然气和液化天然气（LNG）的条件。此外，双方还对“阿尔泰”天然气管道设计勘查工作的成果予以了特别关注，“阿尔泰”天然气运输管道的铺设，将有助于满足中国石油天然气集团公司对能源不断增长的需求。

7. 继续加大海外并购力度

继2011年6月，壳牌与中国石油天然气集团公司集团签署了一份全球合作协议，以及一份成立一家建井合资企业（中国石油天然气集团公司持股50%，壳牌公司持股50%）的股东协议。2012年2月1日，中国石油天然气集团公司集团所属中国石油天然气勘探开发公司获得发改委核准，收购壳牌公司西加拿大不列颠哥伦比亚省Groundbirch区块资产20%权益并参与下游天然气液化厂合作项目。同时公告核准的还有其他5个海外收购项目。

2012年7月25日，中国石油天然气集团公司收购了法国苏伊士环能集团卡塔尔海上第4区块40%石油勘探开发权益，并获得卡塔尔能源和工业部正式批准。将与苏伊士环能集团联合勘探该区块油气资源，并计划于2013年前完成两口探井，如勘探获商业发现，将与卡塔尔石油公司合作开发油气资源。合同模式为产品分成（EPSA），双方主要通过成本油回收投资和开发成本，通过剩余成本油（气）和利润油（气）获得分成。卡塔尔海上第4区块位于卡塔尔半岛北部海上，面积2500平方公里，最大水深75米，已发现几处圈闭构造。

2012年12月12日，中国石油天然气集团公司宣布以16.3亿美元（约合人民币101.8亿元）收购必和必拓公司在澳洲Browse盆地液化天然气（LNG）项目约10%股权。该项目位于西澳西北沿海的Browse盆地，可采天然气储量约15.5万亿立方米，最快将于2018年开始产出。2012年12月14日，中国石油天然气集团公司又将以22亿美元（约合人民币137亿元）收购加拿大能源公司Encana在阿尔伯塔省的一处页岩气矿49.9%股份。首期支付11.8亿加元（约合人民币74亿元），双方将开发加拿大能源公司位于艾伯塔省中西部的Duvernay区块。今后四年，双方将共同投资40.6亿美元用于钻探和加工设施。该区块拥有约90亿桶石油当量的石油储量。

三天内，中国石油天然气集团公司共斥资238亿元收购了2个海外项目。2012年，中国石油天然气集团公司海外收购的步伐在不断加速。

（二）中国石油化工集团公司国际油气合作成果

1. 成功收购Galp巴西资产

2012年3月28日，中国石油化工集团公司收购Galp巴西资产30%权益项目在巴西和荷兰两地同时完成交割，实现了中国石油化工集团公司在巴西油气领域的跨越发展。中国石油化工集团公司通过旗下国际石油勘探开发公司注入资金51.56亿美元，以认购增发股份和债权置换的方式，获得Galp巴西公司及对应的荷兰服务公司30%的股权。

Galp是葡萄牙最大的上下游一体化综合能源公司。其上游业务主要集中在南大西洋沿岸地区，包括安哥拉、巴西以及东非孟扎比克陆上区域，下游业务主要在伊比利亚半岛。其主要资产是桑托斯盆地的BM-S-11、BM-S-24、BM-S-8和BM-S-21等4个深海区块。

项目收购进一步拓展了中国石油化工集团公司在海外的油气业务。预计2015年中国石油化工集团公司可获得的权益产量，为2.13万桶油当量/天，高峰期2024年将达到11.25万桶油当量/天。

2. 海外收购非常规资源

2012年4月27日，中国石油化工集团公司以约24.4亿美元的价格收购德文公司在美国内布拉斯加奈厄布拉勒、密西西比、尤蒂卡俄亥俄、尤蒂卡密歇根和塔斯卡卢萨5个页岩油气盆地资产权益的33.3%。按照交割日计算，中国石油化工集团公司在上述盆地拥有的页岩油气资产折合净面积约1,858平方公里。本次交易以30%的现金和70%的递延款方式进行，递延款用于支付德文公司所持有权益对应的开发成本，预计于2014年底前完成。

德文公司是美国最成功的页岩油气开发公司之一，在页岩油气资源勘探开发、管道运营、市场销售等方面均有成熟的技术和经验。此次收购的5个非常规油气资产项目合作面积和资源规模较大，作业环境和市场化基础好。

此次收购首次开拓了中国石油化工集团公司在美国的油气业务，进一步拓展了中国石油化工集团公司非常规资源领域。中国石油化工集团公司有较强的技术优势和综合实力，德文公司具有较强的页岩油气勘探开发技术，双方合作将发挥各自优势，积极发掘项目资源潜力，加快推进项目商业化开发，实现共赢。

3. 收购Talisman能源公司英国子公司49%股份

2012年7月23日，中国石油化工集团公司通过其全资子公司国际石油勘探开发公司，与加拿大Talisman能源公司正式签署认购协议，以15亿美元收购其英国子公司49%股份。

Talisman能源公司是全球大型独立石油公司之一，有一批具有丰富海工管理和实施经验的高素质队伍，其英国子公司在英国北海拥有51个油气田，并担当其中35个油田的作业者，围绕现有油田，拥有权益勘探区面积约1,800平方公里，具有进一步滚动勘探开发潜力。

该项目收购进一步拓展了其在海外的油气业务，将对中国石油化工集团公司“十二五”期间油气储量产量增长做出贡献。

4. 与空客跨产业合作，共同推动环保型航空燃料

生物航空燃料是航空业及能源产业的重要发展领域，民用航空的可持续发展和航空燃料的需求量增长都为生物航煤的发展提供了契机。通过多年的自主研发，中国石油化工集团公司在利用生物质或餐饮废油生产生物燃料上拥有了自主技术，并成功利用多种生物质原料生产出了符合国际标准的生物航煤产品，中国石油化工集团公司与空中客车等单位加强合作，共同推进航空生物燃料的适航认证进程。

双方还在积极筹划建立符合可持续发展要求的生物航空燃料产业链。该项目包括从原料到加工，将首次实现在中国建立完整的能够实现可持续发展的航空生物燃料生产体系。中国石油化工集团公司作为该项目的牵头者，不仅提供航空生物燃料加工基地，还与空中客车紧密合作开拓燃料原料来源。

5. 扩张海外石油储备库

2012年10月9日，中国石油化工集团公司冠德、PBS及MCT签署《印尼巴淡项目合资

公告》，就收购PT.West Point股权以将其转为合资企业公司的收购事项订立购股协议。中国石油化工集团公司，将在印尼巴淡岛自由贸易区建设东南亚最大的商业石油储备库，这也是中国石油化工集团公司首次在海外建设石油储备库。

中国石油化工集团公司冠德是全国最大的装卸原油及成品油的专业性码头营运商，获母公司注入一揽子石油及成品油装卸的专业性码头后，基本垄断了该产业。目前来看，该石油储备库最大的一个好处是可以为中国石油化工集团公司的海上运输供油，这样可以降低中国石油化工集团公司的运输成本。

中国的油品进口主要是从中东经过马六甲海峡经南海进入中国的南部港口，该项目濒临马六甲海峡，战略位置独特，市场可辐射至东南亚、东北亚及中东地区，此外，该项目所紧邻的新加坡也是全球成品油贸易中心之一，这些对充分利用本项目的仓储设施，增加项目的投资回报，对于中国的能源安全，具有十分重要的意义。

2012年10月17日，中国石油化工集团公司冠德以总代价1.286亿欧元收购欧洲石油仓储码头Vesta Terminals的50%股权。这也是中国国有石油公司第一次收购欧洲油库。Vesta Terminals在欧洲经营3个石油产品和生物燃料仓储码头，其中1个码头位于比利时安特卫普，1个码头位于荷兰法拉盛，另一个码头位于爱沙尼亚塔林。该公司营运仓储能力共约160万立方米。

此次收购可提升集团经营海外仓储业务的经验，并实现在欧洲散装液体仓储码头业务方面的快速扩张。同时，这也是首次收购欧洲油库，意义更显得重要，借此机会打开了更大的欧洲市场。

（三）中国海洋石油总公司国际油气合作成果

1. 收购尼克森公司

2012年7月23日，中国海洋石油总公司和尼克森公司宣布达成最终协议，中国海洋石油总公司将以每股27.50美元的价格收购尼克森的普通股，总价约151亿美元，此次收购成为中国公司完成的最大宗海外并购。12月7日，加拿大政府宣布，正式批准中国海洋石油总公司对该国尼克森公司的收购计划。由于尼克森在墨西哥湾、北海等地也拥有部分油气资产，下一步，中国海洋石油总公司还需要得到美国、英国等国政府部门的批准。

尼克森公司是加拿大第14大石油公司，其主要业务为加拿大西部的油砂、页岩气及主要位于北海、西非海上及墨西哥湾深水海域的常规油气勘探与开发。此次收购的成功，意味着中国海洋石油总公司进入资源丰富的英国北海地区；而加拿大也将由此获益，因为中国海洋石油总公司在卡尔加里设立北美和中美洲总部，除管理尼克森现有的全球业务外，还将管理中国海洋石油总公司位于该地区的价值约80亿美元的现有资产。

2. 与壳牌签订多项协议

2012年7月25日，中国海洋石油总公司与壳牌签订了中国海洋石油总公司参股壳牌在西非加蓬共和国2个海上勘探区块的协议。在加蓬，中国海洋石油总公司将获得BC9和BCD10海上区块25%的参与权益。中国海洋石油总公司将支付壳牌过去的勘探费用的25%，并承担部分未来的勘探费用。壳牌将继续担任作业者并持有75%的参与权益。

2012年7月27日，中国海洋石油总公司与壳牌签署了两份海洋油气产量分成合同，涉及的区块是位于莺歌海盆地的62/02和62/17两个区块。在勘探阶段，荷兰皇家壳牌将持有100%的工作权益，一旦进入开发阶段，其权益比例将降至49%，作为项目伙伴的中国海洋石油总公司将持有多数权益。

3. 与意大利埃尼新公司合作，进军南海

2012年4月11日，中国海洋石油总公司与意大利埃尼总公司中国分公司，签订了南海深水区块石油开采的产品分成合同。

该合同主要涉及位于南海的30/27深水区块，这一拥有5,130平方公里的海洋区块距离香港400公里，是中国海洋石油总公司于2011年推出的对外招标区块之一。根据合同规定，埃尼公司在该区域内进行三维地震数据采集后可钻探一口勘探井。而如果在该海域有任何具有商业价值的发现，中国海洋石油总公司有权分享最多51%的开采利益。除去该合同，埃尼总公司还对南海16/08和16/19区块享有股权，并是28/20区块的作业者。

二、2012年中国油气产业国际合作面临的机遇和挑战

2012年，全球油气地缘政治出现了美国战略转移、亚太市场兴起的新变化；受欧债危机和美国次贷危机的影响，全球经济持续疲软、新兴经济体经济增速逐步放缓，国际宏观经济环境形势严峻；两岸南海携手共同进行油气资源合作；非常规油气市场也出现一片繁荣景象但仍面临着政策、技术、管道一系列问题。这些都在一定程度上影响着中国油气合作的发展。

（一）油气地缘政治变化带给油气合作的机遇与挑战

世界油气地缘政治结构，主要由地缘政治角度下的油气供给方和需求方构成。全球的油气资源主要分布在北非—波斯湾—里海—俄罗斯这一地带。包括了从北非的马格里布到波斯湾，从波斯湾到里海，从里海到外高加索，再到俄罗斯的西伯利亚和远东。这一地带被称为世界能源的供应中心，它蕴藏着65%的世界石油储量和73%的天然气储量，成为全球油气资源的心脏区。随着全球经济的发展和科技的进步，人们对油气资源的消

费也与日俱增。油气资源的需求方主要集中在东亚、东南亚、南亚和欧洲大陆以及北美、南美、撒哈拉以南非洲和南太平洋地区。油气资源的供应区和消费区以及将这些国家联系在一起的其他油气战略枢纽国，共同形成了当今世界的油气地缘政治版图。目前，全球的油气资源产销分布呈现出以下几个特点：油气资源分布不均且近年来基本没有发生变化，多数国家油气储量变化不大，主要资源国优势依然明显；全球范围内产消量总体平衡，地区产消布局极不均衡；未来油气资源接替依赖于地质条件更为复杂的区域。

在政治多极化、经济全球化和技术信息化三大趋势同步发展的时代背景下，全球地缘油气发展还经受着经济危机、政局跌宕、民族宗教矛盾以及利益方军事干预，等多方面的考验。2012年，油气地缘政治的一些变化主要表现为：美国加快了全球战略重心由欧洲转向亚洲的速度；亚太地区逐渐凸显出强大的油气需求，并有逐步发展取代北美成为世界第一大能源消费区的趋势。

全球油气地缘政治的变化一方面使得作为亚太市场上主要的石油消费大国——中国的海外油气市场迅速发展，并创造了中国油气资源“走出去”发展的机遇，另一方面也使得中国的油气发展受到来自其他大国的挑战。分析地缘油气带来的机遇主要表现为：首先，由于国际地缘政治中心转移，以中国等新兴国家为核心的亚太地区正在加速成长并努力构建一个相互依赖、相互信任的多边合作机制，这将为中国油气企业走出去创造良好的环境氛围。此外，各国都愿意与亚太地区的国家进行油气资源合作，这也为中国油气企业走出去提供了许多与大公司合作的机会；其次，中国海外合作对象多元化，从2012年的并购活动可以看出，中国海外能源合作并不仅仅局限于同中东、中亚、拉美能源资源生产国之间的合作，也与发达和发展中的资源消费国开展合作，包括和美国、加拿大、英国、法国等发达国家之间的油气合作。而这些合作已突破单一的在国际市场上买油、买气的局面，而是广泛地参与到能源资源的勘探、生产、加工、流通和消费等各个环节。除了合作传统的油气资源，还包括非常规油气的合作，扩大了能源范围，以满足国内市场的需要。全球地缘政治结构下的中国的海外油气合作，呈现全方位、多领域发展的特点。

中国利用海外油气资源面临来自石油消费大国、石油生产大国、跨国石油公司以及资源国等多方面的挑战。主要体现在：第一，由于地缘政治的动荡，从而导致与中国合作的主要油源地面临严重的地缘政治风险威胁，海外油源安全程度较低，使得中国油气发展面临严峻的安全问题；第二，“走出去”战略受多方制约。美国油气战略调整后，开始采取外交舆论以及跨国石油公司挤压等手段来遏制中国石油公司海外业务的拓展。如中国参与油田的勘探开发，参加招投标、公司并购等商业活动，往往会受到美国的排挤，地缘政治摩擦不断，中国开拓能源资源市场困难重重；此外，尽管俄罗斯与中国开展一系列能源合作项目，但是仍存在着许多矛盾，与中国开展一场关乎政治、安全、利益、外交等错综复杂的油气博弈；同在亚太市场与中国竞争油气资源的日本，其工业化、城市化先于中国。2012年，两国开始了钓鱼岛主权的争夺，领土矛盾间接阻碍中国能源“走出去”战略；另外，印度能源战略与中国相同，与中国在海外油气发展既展开激烈的争夺又开展密切的合作。

（二）全球经济危机带给油气合作的机遇与挑战

2012年，全球经济持续低迷、欧债危机恶化蔓延、新兴经济体经济增速逐步放缓。严峻的国际宏观经济环境具体表现为：受欧债危机持续发酵以及美国主权信用评级遭降的影响，整个欧美市场表现为极度疲软。发达国家经济表现出高债务、高失业、高赤字与低增长、低收益、低消费并存的特点，引发人们对欧美经济“二次衰退”的担忧。2012年，欧元区经济基本接近停滞状态，从一季度的3.1%下降至二季度的0.7%和三季度的0.6%，四季度陷入衰退。发展中国家相对于发达国家情况要有所改善，但新兴国家仍承受着高通胀和经济减速双重压力。以金砖国家为例，因受到全球经济特别是欧债危机的影响，金砖国家的经济增长速度在逐年下降，2010年金砖国家的平均增长速度为8.1%，而2012年只有4.5%。相比之下，全球经济的增长速度为3.5%左右。

一国经济繁荣与否直接影响油气市场的发展。在20世纪80年代，世界石油需求增长由发达国家主导，其与发达国家经济的相关性高达0.8，与发展中国家经济的相关性仅为0.3；到了20世纪90年代这一比例变为0.5和0.48；而在21世纪已经逆转为与发达国家经济相关性为0.3而与发展中国家经济相关性为0.53。如今，欧美石油市场正逐渐衰落，欧洲石油需求占世界需求比重从1986年的22.5%下降到2011年的17.0%，北美从1986年的32.0%下降到2011年的26.6%，北美和欧洲石油需求量增速逐步放缓。而亚太市场上的新兴国家石油消费年均增长5.6%，高于2011年的5.1%，2012年亚太地区石油需求占全球石油需求总量的55%左右。

美欧市场的疲软以及发展中国家的逆势缓慢增长对中国海外油气合作既存在有利的一面又有不利的一面，给中国油气资源的发展带来难得机遇又带来难以估量的难度。经济危机给海外油气发展带来的机遇和挑战可以归纳为：第一，自金融危机发生以来，国家出于保障资源安全的目标，由国家发改委、商务部、国资委等部门提供各种方式的鼓励和支持，中国对海外油气资源的并购出现了极快的增长，加快了国际油气并购步伐，包括并购受危机影响的一些欧美石油公司，这些公司具有比较好的科技资源和技术优势，但却因为债务问题而面临破产。对这些公司的并购将在避免它们倒闭，同时也能提升自主创新能力和国际经营能力。然而往往由于不熟悉海外公司的环境和风俗习惯，会导致中国部分海外项目是亏损的。如何将并购后的公司经营好，如何将签订的项目完成好，对中国海外油气资源提出了严峻的挑战。此外，中国石油天然气集团公司、中国石油化工集团公司、中国海洋石油总公司三家公司巨额的海外石油投资，对中国国内石油供给安全的贡献非常微弱，对中国石油公司的跨国化经营如何保障石油安全也提出了挑战；第二，提供了进行油气产业升级的机遇。中国油气资源的供需缺口很大，借助中国巨大的油气资源需求压力，形成一个倒逼机制。这就要求中国的石油公司加大自主创新的投入，主要是技术方面的投入，积极走出去抓住机遇，通过逆向并购获取国外的勘探开发经验、先进的油气技术、管理经验、营销渠道和要素整合能力，尽可能地通过实现强强联合分散风险并获得收益，完善油气产业的升级，最终达到满足中国的巨大油气资源需求。然而，对于民营企业来说，这将需要花费一大笔资金进行科研和开发，对于处于颓废经济下的企业来说是不可能顺利完成的，这将是制约中国民营企业走出去的瓶颈，也成为了阻碍中国海外油气发展的一道门槛。因此，政府需要更多地鼓励民营油气企业从国内市场准入走向海外投资，以实现“由外而内”的跨国化，而这将有助于快速提高中国油气企业的跨国化水平；第三，由于各国经济颓废，油气资源争夺显得越发激烈，主要表现为一些国家为了改善国内经济状况纷纷转向了各种油气区块的争夺。这给中国海外油气合作造成很大的竞争压力，往往在一些合作上会面临壁垒和受到挤压。这就需要跨国油气企业提高自身的核心竞争力，努力经营已经实施的各个项目，争取在面临来自政治因素或非政治因素的竞争时，用实力说话，获得世界油气产业的认可，并显示出特有的运营模式。

（三）两岸南海油气合作面临着新的机遇和挑战

南海地处太平洋和印度洋之间，是西北太平洋的边缘海之一。北接中国大陆及台湾省，南至勿立洞和加里曼丹岛，西邻印支半岛和马来半岛，包括泰国湾和北部湾，东至吕宋岛和巴拉望岛。南海作为世界上最重要的航道之一，是东亚各国及其他经济体的海上航运生命线，是美日石油运输线的必经之地，更是中国大陆和近海岛屿通往外部世界的交通纽带，世界一半以上的超级油轮都要经过该水域。南海油气资源丰富，拥有约2,100万吨的砂矿和近10.5亿千瓦的海洋能，石油储量高达418亿桶，天然气储量为75,539亿立方米，从而南海被誉名为“第二个波斯湾”。其丰富的油气资源吸引了众多石油公司在此进行勘探和开发，目前统计有150多个国外石油公司在南沙海域作业，钻井超过1,800多口，探明的油气资源量有268亿吨，发现含油气构造200多个和油气田180个，年采石油量超过5,000万吨。然而中国却没能开发和利用好南海资源，目前只是在南海北部浅海区域开采油气资源。

由于南海问题涉及众多地区，主要有中国、越南、菲律宾、马来西亚、文莱、印度尼西亚和中国台湾等，所以使得南海资源的争夺非常激烈。因此，南海主权之争是油气合作面临的最大地缘政治风险。中国两岸目前虽然仍处于分离状态，但对于南海诸岛属于中国领土问题的立场一致。目前大陆控制南海中的永兴岛等多个岛礁，台湾方面则控制中洲礁和南沙群岛中面积最大、自然条件最好的太平岛，两岸都占据了部分岛屿，妥善处置南海纠纷以及进行南海油气资源合作，对于两岸的发展来说将是关键的一步。近年来，大陆和台湾都面临着油气需求量快速增长以及对外依存度高的局面，南沙海域油气资源的利用对于海峡两岸解决能源困境将至关重要。南海丰富的资源给两岸的合作创造了新契机，同时海峡两岸南海合作也为解决两岸政治问题创造条件，中国正一步步加大对南海油气资源勘探开发的投入，并在南海陆陆续续与一些国外石油公司进行合作，正试图更快、更效率地利用南海资源。

面对多方争夺的南海资源，中国南海勘探工作虽取得巨大进步，但与其他国家的勘探相比，其勘探水平仍然较低，并且亟待发展深水油气勘探技术。目前，两岸在深海油气的开发几乎处于空白状态，这就需要中国加快南海南部油气资源调查评价力度，大力发展海洋工程产业，主动伸出同台湾合作的友谊之手，共同勘探开发南海的油气资源，两岸的合作还需要突破技术瓶颈以及共同面对来自其他国家的挑战。

（四）2012年非常规油气国际合作面临的机遇和挑战

随着世界经济发展对油气需求的不断增加，常规油气资源已不能满足这种需求的快速增长，人们纷纷把目光转向非常规油气资源。非常规油气资源分为非常规石油资源和非常规天然气资源两大类，前者主要包括致密油、页岩油、稠油、油砂、油页岩等，后者主要包括致密气、页岩气、煤层气、甲烷水合物等。它们以其储量巨大、分布集中、开发技术日趋先进等特点，成为世界石油市场的新宠。进入21世纪以来，在高油价驱动下，非常规油气资源开采技术出现了突破性的进展，开采活动从实验走向商业生产，世界能源格局酝酿着重大的变化。北美页岩气和油砂的开采将重塑全球能源结构，对世界能源供应、世界经济和世界地缘政治将产生重大影响，非常规油气资源的开发和利用将进入快速发展时期。未来世界油气产量增长将主要来自液化天然气（LNG）、油砂、非常规天然气和海洋油气资源等，增长潜力较大地区主要在中东、西非、中亚、俄罗斯等区域。

中国在未来一定时期内，石油的对外依存度仍将达到50%以上，成为仅次于美国的世界第二大石油消费国。此外，中国国内常规石油资源战略接替存在难度，陆上东部大多数油田已进入开发中晚期。中西部地区石油储量虽然较大，但投资大、技术复杂、勘探程度不高。如果没有新的非常规替代能源，能源紧缺的状况难以改变。而中国非常规油气资源丰富，广泛分布在中部的鄂尔多斯盆地和四川盆地，西部的塔里木、准噶尔、吐哈盆地，以及东部的松辽、渤海湾海域盆地。尽管非常规油气资源具有广阔的前景且储备丰富，但其在开发利用环节中依然存在成本高、技术要求高、环境污染隐患等问题。总而言之，非常规资源的开发难度要大于常规资源，因此这就需要把常规油气的增储上产放在首位，决不可主次倒置，非常规资源的开发难度还要求先在老油气区和经济较发达区实施。

非常规能源的迅速发展开辟了中国油气合作的新领域。2012年颁布的能源发展“十二五”规划，就提出加快煤层气、页岩气等非常规天然气开发利用。与发达国家相比，中国非常规天然气的勘探研究大多还处于起步阶段，需要通过大力实施“引进来”战略并加强自主创新实现产业突破。为推动非常规天然气资源开发与技术进步，中国与多个国家开展了非常规天然气开发的国际合作，涉及理论、技术、模式、管理经验等方面，为未来非常规天然气大规模开发奠定了基础。中国陆上与海上非常规天然气勘探开发都已成为对外合作的重点领域，2012年1月3日，中国石油化工集团公司所属全资子公司——国际石油勘探开发有限公司与美国Devon能源公司签署协议，以22亿美元价格收购Devon公司在美国5个页岩油气资产权益的1/3，Devon公司是世界最大的独立石油及燃气勘探和开采公司，同时也是北美最大的液化天然气（LNG）供应商，在页岩油气资源勘探开发、管道运营、市场销售等方面均有成熟的技术和经验。此次收购开拓了中国石油化工集团公司在美国的油气业务，通过国际合作加快非常规天然气开发，实现能源资源优化配置，有力推动经济社会的可持续发展。

尽管中国非常规能源资源的发展为油气合作迎来了较好的契机，但也存在问题与挑战，主要表现在政策、技术、管道配套等方面。首先，政府对有些非常规资源的扶持力度有待完善。比如，中国现行的煤层气资源开发利用政策与法规，比照常规天然气制定，同时从矿业权、财政税收、对外合作、安全生产、排放标准、资金融通、管道运输以及消费利用等方面出台一系列的优惠政策，但中国煤层气资源开发利用政策扶持力度和落实还不够，需要政府引导、扶持、规范、调控和监督，协调各部门的利益，引导煤层气产业快速健康的发展，带动产煤区的经济效益和环境的协调可持续发展。此外，中国还需要出台专门支持页岩气勘探开发的税收优惠和补贴等财政税收政策。因此，非常规油气资源的发展需要国家的财政支持。其次，非常规油气资源储藏的地质构造比较复杂，在勘探、开采和储存等环节均有特殊的技术要求，需要大规模的技术创新进行支撑。如页岩油和页岩气的开采需要在水平井钻井技术、多级分段水力压裂技术等领域取得突破，超深水油田石油开采则需要攻克极高压力、低温、长距离回接、巨大风浪等重重难关。

中国部分致密气已经初步实现了有效开发，但如何依靠工程技术创新，实现整体规模的开发，仍是致密气开发面临的重要课题。提高单井产量和采收率等问题，也需要研发出配套的开发技术以及储层改造和水平井等新工艺技术。煤层气资源开采过程中排出水的处理也需要技术支持。此外，中国低煤阶煤层气开发技术尚未取得突破，埋深大于800米的煤层气资源缺乏成熟开发技术，需要加强深层主体开发技术攻关。最后，非常规天然气的上网运输涉及多方面的协调合作，从非常规天然气生产地到主管网之间的运输也是一个问题，管道建设问题在一定程度上制约了非常规天然气资源的开发利用。

三、2013年中国油气产业国际合作展望

回顾近年来油气产业“走出去”的实践，不难看出，开展油气产业国际合作成功推动了中国油气勘探开发进入国际大循环，引进国际先进技术和管理理念成为企业决策的一个重要考察点。实践经验启示，若要深入推动油气国际合作，必须提高中国在国际能源局势中的地位，并且把技术和资金合作作为重点项目向纵深方向发展。只有这样，中国油气领域的国际合作才会更有生命力，可持续发展也才会走得更远。

（一）中国或将成为成品油出口大国，将提高国际合作的话语权

国际能源署（IEA）2012年10月12日公布报告预测，中国作为全球第二大原油消费国，如果计划中的所有炼油产能扩充项目都得以实现，将可能成为新的成品油出口大国。这意味着中国将在国际能源中拥有一定的话语权，而这也是中国进行油气领域国际合作要达到的一个重要目标。中国企业收购海外资产出价情况复杂，有时会高于市场价。不过在当前的经济条件下，加上企业良好的财务表现，以及国际交易经验增加，使它们可以保持一种强有力的资源投资态势。在全球金融危机的背景下，中国企业的投资为全球油气业提供了亟需的财源。中国的跨国管道建设改变了地区能源供应格局，影响了周边地区的政治环境和经济开发。未来五年，预计全球石油需求增长的一半将来自中国。

（二）中美油气合作期待突破

2012年10月11日，BP和壳牌等石油巨头向美国政府提交申请，开始寻求出口美国生产的石油，意味着中美油气产业有可能以此为契机踏上全面合作的“阳关大道”。近年来，中国的油气需求量持续增长，油气进口量也不断攀升。面对美国将要出口石油的能源战略变化，中美油气合作能否实现突破性发展，取决于政策制度及双边贸易关系等国家层面的沟通和相互妥协。

油气贸易可能成为中美合作的首选之一。中美之间油气双边合作的实际成果并不显

著。即便中美两国在经验分享、技术转让、从常规资源到非常规资源的开发等方面会有一定合作，但由于政策制度、经营理念等方面的较大差异，两国合作存在着短期内难以跨越的阻碍和限制。例如通常来说美国禁止出口石油，除非石油公司具备大量免责条款。因此，在对中国出口石油这个问题上，即便美国石油公司具有强烈的意愿和需求，这条有着近百年历史的法律条款，也让他们难有作为。然而，难以突破的中美双边油气贸易也可能成为打开中美油气合作大门的一把金钥匙。在目前美国成品油价和燃气价格都比较低、国际油价又处于高位的情况下，美国石油公司极其希望通过出口以增加自身收益。因此，这些有影响力的公司就有足够的动机去游说当局放宽审查工作，甚至游说国会更改针对石油出口的法律条款。毫无疑问，这对中国来说将是一个有利的时机。政府和油气企业尽可能做好充分准备，协同合作，共同叩开美国石油出口的大门。

多边关系期待进一步跨越。与美国有利益关系的多边关系的第三国假设为以下三种情况：一是以加拿大为代表的与美国能源合作极为密切的国家；二是伊朗、委内瑞拉等与美国有冲突或潜在冲突的国家；三是安哥拉、哈萨克斯坦等中立国家。在全球和平、发展、合作的大环境下，在全球化进程不断加快的情势下，无论第三国的性质如何，都将推动中美合作由双边走向多边，而开展多边合作才是中美油气合作的重要基石。

国际合作加紧落实到操作层面。国家之间的合作归根结底是企业之间的合作，因此在考虑国家之间的油气能源合作时，不能一味地强调能源战略、国家竞争。具体到企业谈判的过程，过多地谈论国家战略政策并不实际，而如何具体进行操作才是企业双方最关心的问题。中国油气企业未来想要进入美国市场做资产并购最好注意两点：第一，弄清收购对象和竞争对手的意图和策略。例如，与收购对象之间在哪些方面存在默契或不和，竞争对手会采取什么策略来增加竞争力以及是否有足够的实力与之抗衡等；第二，注重谈判细节。美国是个讲究务实和诚意的国家，如果谈判仅停留在口头的承诺，很难取得令人满意的结果。

（三）中国油气企业海外勘探开发领域将面临更多困难

中国油气企业海外油气勘探开发战略，面临区块获取困难、政治风险增加、勘探技术要求更高等多方面挑战。

随着油价高企、石油供应相对比较紧张的情况下，资源国对资源的控制越来越强势，未来油气合作的合同形式将全面向服务合同转变，在国外获取区块更加困难，海外投资回报率降低；中国能源企业海外发展集中在中东、北非、中亚等油气资源国，这些地区政治与经济发展相对落后。据预测，2013年中东复杂政局仍将持续，因此战争与政治风险增加，在新一轮政治风潮中中国企业也许将会受到较大的冲击，政治风险增加；海外风险勘探领域面临深水、盐下、非常规等资源条件，理论与技术需求增加。中国目前的技术如果不及时更新，将会面临不能满足复杂条件下油气勘探开发的尴尬。

（四）非常规天然气开发的国际合作将着重技术领域的新一轮突破

近年来，为推动非常规天然气资源开发与技术进步，中国与多个国家开展了非常规天然气开发的国际合作，涉及理论、技术、模式、管理经验等方面，为未来非常规天然气大规模开发奠定了基础。随着国外先进技术的引进和开发成本的降低，中国陆上与海上非常规天然气勘探开发都已成为对外合作的重点领域。陆上合作主要集中在致密气、高含硫气、页岩气、煤层气等地质构造复杂、开发难度大的领域；海上合作区域主要集中在渤海、南海东部和东海海域。2013年，随着中国政策鼓励进行非常规天然气的开发，在国际合作方向上将会侧重技术领域的合作。

1. 页岩气开发

国外页岩气开发的成功经验与先进技术，为中国页岩气开发提供了非常好的借鉴。中国页岩气演化程度较高，含气量偏低，开发工艺和技术与国外也不尽相同，未来将瞄准国际先进或领先水平，强化科技攻关，并选择有实力与有经验的国外公司开展页岩气开发国际合作，通过合作积累经验和技术，降低开发成本，引导大规模页岩气开发，并逐步由技术引进向自主创新转变，推进原始创新，力争跨越关键技术和核心技术门槛，提高页岩气勘探开发技术水平和竞争力。

2. 煤层气开发

经过20多年的摸索和发展，特别是通过借鉴美国煤层气勘探开发成功经验，中国目前已经初步掌握了适合中国煤层气赋存特点的勘探、开发技术体系，并形成了一定的生产实验基础，但仍面临很多技术、管理、政策等问题，因此借鉴国外煤层气勘探开发的成功经验，建立适合中国煤层气赋存特点的勘探、开发技术体系，是当前推动中国煤层气产业发展的重要途径，也是未来煤层气国际合作在技术领域的重点趋势。

3. 致密气开发

目前，中国在致密气开发方面处于世界前列，尤其是致密砂岩气已进入规模开发阶段，关键技术包括多井、多层、多压裂改造增产工艺技术。同时，为吸收融合国外致密气开发技术与经验，开展了广泛的国际合作。今后在开展致密气开发国际合作时，要进一步发挥合作各方的优势，在做好引进国外部分先进技术的同时，逐渐参与国际致密气资源开发合作与竞争，推广国内致密气关键开发技术。

4. 高含硫气开发

中国尚无高含硫气开采技术标准和规范，没有形成系统的开采实践经验，尤其对于地势复杂地区的高含硫气田，现有技术尚无结合当前国内外开展的高含硫气藏开发实践，与常规气藏相比，中国高含硫气藏的开发普遍存在较大难度和挑战性。今后在开展高含硫气藏的国际合作时，重点将会放在进一步加强硫沉积、腐蚀、水合物、环境安全等关键问题的技术攻关与技术引进，形成合理的气藏建模与产能评价体系，并从提升技术应用水平、完善管理制度、优化外部环境等方面增加高含硫气田开发的经济效益。

（五）天然气或将成为重点收购项目

"十二五"期间，是实现中国能源结构调整和经济发展方式转变的重要战略机遇期。天然气及非常规天然气是优质清洁能源，积极开发利用天然气资源，对于优化中国能源结构、保障能源供应安全、促进节能减排等具有重要意义。中国持续增长的天然气需求，使中国油气企业不得不进一步加大海外进口量。根据中国石油天然气集团公司制定的"十二五"海外战略规划，中国石油天然气集团公司计划海外油气作业当量将达到集团总产量的"半壁江山"。这意味着海外收购项目中天然气项目将占据更大比重，也将有可能成为2013年以后合作项目的重要发展方向。

四、未来中国油气领域国际合作的对策及建议

未来中国的油气国际合作应注重拓宽合作渠道、转变合作方式、深化合作内容、扩大合作成效，加强能力建设，强化油气投资项目的前端开发和成果运用，面对新的形势和挑战，油气国际合作需要不断探索，寻找新的着力点。中国油气企业应在推进一般领域的国际合作时，把握好地方环保合作趋势，进一步结合本土实际和现实需求，使油气的国际合作更好地推动中国的油气产业向着更健康、更环保的方向发展。

（一）拓宽合作渠道

进一步推动油气领域涉及的国际公约在企业中的履行，使得油气合作更快适应大环境、更快缩短与国际接轨的进程。通过拓宽合作渠道、引进和实施更多的合作项目，进一步推动国际合作原则在合作双方的大范围高精度的履行，进一步展示中国负责任、有担当的大国形象。

（二）转变合作方式

从注重引进资金逐步转变为更加注重引进先进管理思想、理念、机制、技术，使油气国际合作更有效地促进双方无差异的对接工作。全球的原油及天然气资源蕴藏丰富，但地区分布极不均衡，开发的地质条件及历史经验也各不相同，因此在国际合作中不仅要吸引外资和对外投资，其关键在于，能够成功引进国际先进的油气勘探开发储备技术

和管理思想，使油气产业的均衡可持续发展与生态保护科学结合，有力地促进油气产业的综合管理、协调发展。随着先进管理理念的引入，使得油气国际合作成效更大，影响更加深远。

（三）深化合作内容

把推进油气资源的可持续发展作为国际合作的出发点和落脚点，更有效地将中国油气开发重点与国际油气的合作热点结合起来，使油气国际合作更有效地服务于中国油气产业的中心工作。这是解决中国油气可持续发展国际合作本土化的根本途径。

（四）扩大合作成效

以全球油气资源安全问题为抓手，进一步将履约作为推进节约资源及环保工作的重要手段，形成国际环境履约工作与中国资源有效利用的有机结合、统筹兼顾、合力推进、协同共进的局面。而这也是有效实施“走出去”战略的又一途径。

（五）争取资金技术支持，建立履约长效机制，强化机构能力

近年来，在油气国际合作不断深化、不断创新、经验不断积累的同时，也凸显出一些亟待解决的问题：一是技术问题。油气勘探生产储运领域中的很多矛盾需要先进的理念和技术来解决，在某些领域中国依然缺乏国际先进技术，未来急需通过国际合作来打通信息渠道，确保国外先进技术落地。二是机制、机构和能力等问题。国际合作急需建立履约长效机制，加强履约机构及能力建设。三是资金问题。目前普遍缺乏多层次、多渠道的项目资金支持，要尽量争取国际社会相关科研专项资金，以及国际双边合作资金，进而更深入、更持久地推进油气产业的国际合作。

（六）进一步强化合作项目前端开发，注重后期成果推广运用

未来应对挑战最为现实的努力是在项目前端开发上主动与国际接轨，紧密结合国际资源开发及生态保护趋势，在更加激烈的竞争中抢占优势地位，争取更多质量更高的国际项目。同时，在项目成果的后期推广运用上，花更多的时间和精力去普及成果，确保油气国际合作成效实现最大化。

中国对外油气贸易分析与展望

2012年，中国经济仍然保持全年7.5%的增长速度，国内油气需求增长绝对量依然较大，虽然增长速度有所放缓。由于国内油气产量增长远不及油气需求增长，巨大的供应缺口需要大量的油气进口来弥补，全年进口原油2.71亿吨，原油对外依存度达到56.42%；进口天然气407亿立方米，对外依存度达到26.2%。预计2013年国内油气供需仍将存在巨大缺口，油气进口仍将保持高增长态势，国内优化经济增长方式和油气消费结构的紧迫性日益加剧，而保障海外油气资源将一直是我国油气产业的重要课题。

一、2012年中国原油贸易分析及2013年展望

（一）总体运行情况

2012年，世界经济下行，中国国内消费需求持续低迷。同时，受出口减少、国内需求不旺以及缺乏技术创新、缺乏新的经济增长引擎的影响，国内工业增速明显减慢，经济增长明显减速。尽管如此，但我国油气产业还是实现了稳中有增的局面，国内原油产量约2.07亿吨，同比增长1.9%。据海关总署最新统计数据显示，2012年，中国累计进口原油达到2.7亿吨，同比增长7.3%；累计原油进口额为2,206.7亿美元，同比增长12.2%；原油进口平均价格为814.2美元/吨，比2011年增长5.1%（见表5）。鉴于中国原油生产在未来几年还将维持平稳甚至略有下降，国内消费缺口持续扩大，未来一段时期中国原油进口量还将持续扩大，石油对外依存度将进一步上升。

表5　2010–2012年中国原油进口情况　单位：万吨，亿美元，美元/吨，%

时间	进口量	同比增长	进口额	同比增长	平均进口单价	同比增减
2010–1季度	5668	38.62%	313.80	150.14%	553.63	80.46%
2010–2季度	6129	22.87%	354.32	88.81%	578.11	53.66%
2010–3季度	6319	14.27%	342.57	25.55%	542.12	9.88%

续表

时间	进口量	同比增长	进口额	同比增长	平均进口单价	同比增减
2010-4季度	5815	0.74%	340.81	11.16%	586.09	10.34%
合计	23931	17.43%	1351.50	51.42%	564.75	28.94%
2011-1季度	6341.4	11.88%	436.90	39.23%	688.96	24.44%
2011-2季度	6279.6	2.46%	514.50	45.21%	819.32	41.72%
2011-3季度	6215.2	-1.64%	496.80	45.02%	799.33	47.44%
2011-4季度	6541.8	12.50%	518.50	52.14%	792.60	35.23%
合计	25378	6.05%	1966.70	45.52%	774.96	37.22%
2012-1季度	7061	11.35%	582.30	33.28%	824.67	19.70%
2012-2季度	6946	10.61%	601.50	16.91%	865.97	5.69%
2012-3季度	6031	-2.96%	454.10	-8.60%	752.94	-5.80%
2012-4季度	7064	7.98%	568.8	9.7%	805.21	1.59%
合计	27102	6.79%	2206.7	12.2%	814.22	5.1%

数据来源：中国海关总署

2010-2012年中国原油月度产量，如图14所示。从中可以看出，2010年，中国原油产量总体呈现增长态势，对原油市场逐渐形成一种能源保障，但这种趋势在2011年没有继续保持，对2012年的原油进口造成一定压力。2012年，中国原油总产量为20,747万吨，同比增长1.9%，与2011年产能基本持平，对于原油需求量不断上升的中国市场，进口依赖程度进一步上升。2010-2012年中国原油进口量，如图15所示。

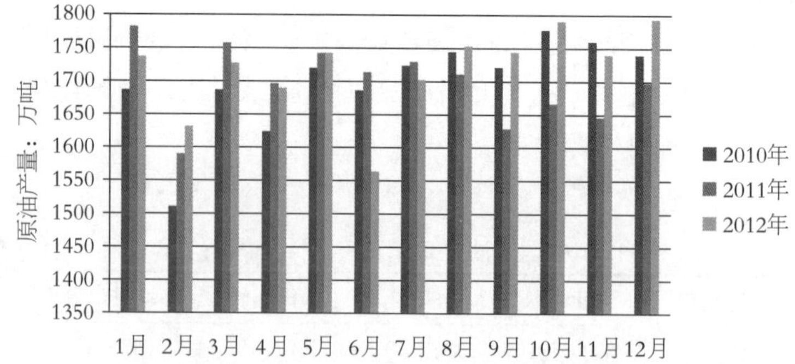

图14　中国2010-2012年原油月度产量

数据来源：中国石油和化学工业联合会

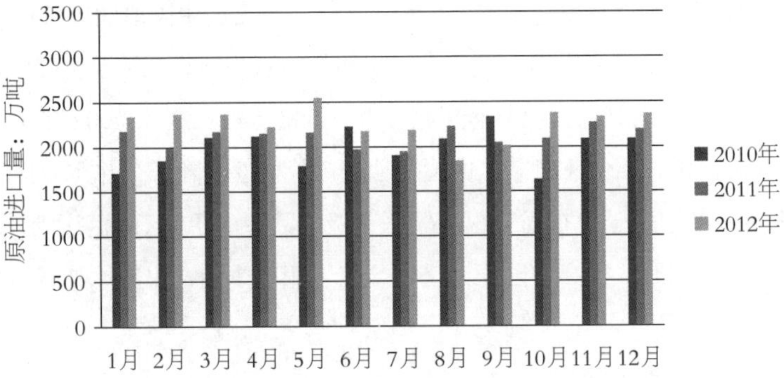

图15　中国2010–2012年原油月度进口量

数据来源：中国海关总署

近年来，中国原油对外依存度不断攀高，2009年为51.3%，2010年增至53.7%，涨幅为历年之最。2011年，中国原油对外依存度同比上涨1.5%，为55.2%。2012年，中国原油对外依存度达到56.4%，成为历年之最。预计2013年，中国原油对外依存度将逼近60%。2010年，中国原油进口总量为23,931万吨，月度原油进口规模平均为2,000万吨左右；2011年，中国原油进口总量同比上涨6%，为25,378万吨，增幅较2010年有显著下滑，原油月度平均进口量约为2,115万吨，月度产量平均为1,700万吨；2012年，中国原油进口总量为27,109万吨，同比增长7.3%，涨幅较2011年有所上升，月度平均进口量约为2,258.5万吨，月度产量平均为1,718万吨。原油自产能力无法满足巨大的市场需求，因此不得不越来越依靠进口。

（二）2012年中国原油贸易的主要特点

1. 进口价格高位震荡

2011年，国际原油价格整体呈现跌宕上涨之势，中国原油进口量随之剧烈波动，进口价格在猛增后趋于平缓，当年平均进口价格比2010年上涨约为35%。

2012年，受伊朗核问题等地缘政治因素以及美国经济复苏增速等因素推动，国际油价在年初持续走高，并在3月1日达到高点。此后，由于伊朗局势趋于平稳、美国原油库存持续增加、欧洲债务危机不断恶化以及美国和中国经济增速减缓等原因，国际油价开始回落，并在第二季度加速下跌，到2012年6月，WTI、布伦特和迪拜原油价格比2011年同期分别降低13.79%、14.1%和9.87%。2012年下半年，国际油价呈现高位平稳态势。

2012年，中国原油进口价格与2011年相比价格变化幅度小；2011年，中国月度原油进口价格比2010年平均增长率达到35%。2012年第一季度，中国原油进口量稳定在2,350万吨左右，但进口价格持续走高。这是由于伊朗核问题等地缘政治及美国经济复苏的影响，国际油价持续推高，并且在4月达到原油进口价格历史高位，为902.52美元/吨。第二季度，由于国际油价开始快速回落，中国原油进口价格逐渐降低，并在6月回落至813.54美元/吨。第三季度，由于中东局势再度紧张升级，欧盟对伊朗石油禁运制裁正式施行，导致国际油价再次飙升，推高中国原油进口价格。第四季度，中国原油进口价格在国际大趋势下持续走高。

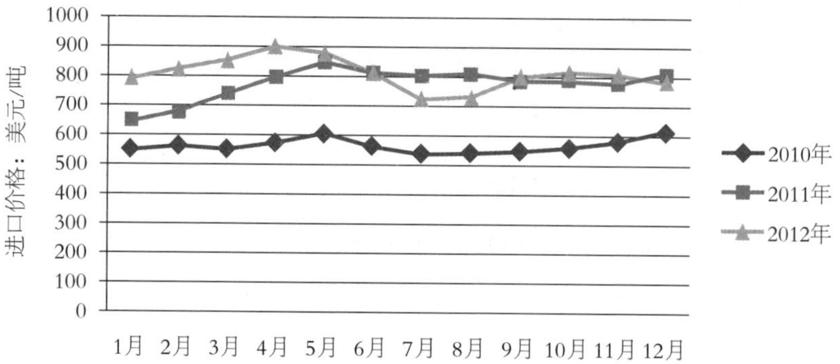

图16　2010–2012年中国原油进口价格

数据来源：中国海关总署

2. 中东地区仍然是中国原油进口的主要来源地

中国自1996年成为原油净进口国以来，进口主要依靠中东地区产油国。2012年，中国原油进口仍然主要来源于中东、非洲地区（见表6）。其中，自沙特阿拉伯进口原油5,391.62万吨，同比增长7.24%；自安哥拉进口原油4,015.23万吨，同比增长28.9%；自伊朗进口原油2,192.24万吨，同比下降21.02%，这主要是由于美国及欧盟对伊朗石油禁运的制裁；自阿曼进口原油1,956.68万吨，同比增长7.8%；自上述4国进口原油量占2012年中国原油进口总量的50%。中东地区是中国原油进口的主要来源，中国原油进口量的60%以上来自该地区，其中沙特自2002年起成为中国最大的原油进口来源国，并一直保持至今；非洲也占据了中国原油进口量的近20%，其中安哥拉在2000年获得中国的经济援助之后，对中国原油出口量猛增，并逐渐成为中国原油进口第二大来源国。随着中俄油气合作的不断深化，中国自俄罗斯进口原油量逐年递增，2012年，中国自俄罗斯进口原油2,432.94万吨，同比增长23.35%，俄罗斯成为中国第三大进口来源国。

表6　2011-2012年中国原油进口前10大来源地统计表

进口国家	2012年进口量（万吨）	2012年比重（%）	2011年进口量（万吨）	2011年比重（%）	2012年同比（+%）
沙特阿拉伯	5,391.62	19.89	5,027.77	21.01	7.24
安哥拉	4,015.23	14.82	3,114.97	13.02	28.9
俄罗斯	2,432.94	8.98	1,972.45	8.24	23.35
伊朗	2,192.24	8.09	2,775.66	11.60	-21.02
阿曼	1,956.68	7.22	1,815.32	7.59	7.79
伊拉克	1,568.36	5.79	1,377.36	5.76	13.87
委内瑞拉	1,529.09	5.64	1,151.77	4.81	32.76
哈萨克斯坦	1,070.37	3.95	1,121.10	4.68	-4.53
科威特	1,049	3.87	954.15	3.99	9.94
阿联酋	874.38	3.23	-	-	29.82

数据来源：中国海关总署

3. 原油进口来源逐渐分散

由于世界主要产油国地区政治局势相对不稳定，为了分散风险，实行多元化进口战略和途径，中国从中亚地区和南美洲的原油进口量在近年内开始飞速增长，占到进口总量的15%以上。

2011年1月1日，历时10余年建成的中俄原油管道正式投入运营，中国自俄罗斯进口原油的主要通道由铁路变为原油管道，不仅大幅提高了输送量，也大大降低了运输成本，不仅为俄罗斯原油出口开辟了稳定市场，也为中国市场提供了稳定的原油供应。到2013年1月1日，中俄原油管道已平稳运行2年，中国自俄罗斯进口原油数量比2010年增长60%。

2009年7月1日，中哈原油管道二期工程正式建成，中哈管道实现全线贯通。自中哈管道运营以来，中国自哈萨克斯坦原油进口量逐年攀升，但中哈原油管道目前油源供应区域的产量在不断递减，油源供应保障受到威胁。2012年，中国自哈萨克斯坦原油进口约1,070万吨，比2011年降低4.5%。中国需降低管道运营成本，以吸引哈国西部及里海地区原油长期稳定的配置到中哈原油管道，从而进一步保障中哈管道油源供应。随着中亚、中缅管道的建设投产，中国自亚洲国家进口原油量将继续走高。

南美洲对中国原油出口规模在近年来不断扩大，2012年，中国自委内瑞拉进口原油1,529万吨，同比增长32.76%。长远来看，中国原油进口来源将更加分散。

4. 世界主要产油国政治不稳定因素影响中国原油进口

2012年初，美国实施对伊朗原油禁运，并且对中国与伊朗进行原油贸易的三大石油公司进行制裁，严重威胁了我国原油供应安全，2012年，中国从伊朗进口原油数量骤减了21%。2012年4月，伊朗宣布对英法中断石油供应，而自7月1日起，欧盟全面禁止成员国从伊朗进口石油，这意味着伊朗原油出口面临巨大压力。石油行业是伊朗经济命脉，出口收入占其全部外汇收入的85%以上，作为伊朗原油进口大国，中国成为这一时期伊朗原油的主要输出国，也因此，中国在与伊朗的石油贸易中占据了更多的话语权。由于中东地区政治局势经常处于不稳定状态，中国为了规避潜在的政治风险，必须增加从其他地区国家进口原油的数量。

5. 原油进口以国营贸易为主

中国原油进口分为国营贸易和非国营贸易，其中国营贸易约占原油进口量的90%。中国原油国营贸易进口权集中在中国石油天然气集团公司、中国石油化工集团公司、中国海洋石油总公司、中国中化集团和珠海振戎公司等五家企业。2012年，中国原油非国营贸易进口允许量为2,910万吨，与2011年相同，这是中国完成WTO承诺的首年进口配额零增长。2013年，中国原油非国营贸易进口允许量仍然为2,910万吨。目前，拥有原油非国营贸易进口资质的国内企业有22家，其中“中字头”企业占到半数以上。具有非国营资质从事原油贸易进口的企业，虽然是以非国营贸易的名义进行石油进口贸易，但是获得资质的大部分仍然是国有企业，包括中国石油化工集团公司和中国石油天然气集团公司的一些子公司。根据中国加入世界贸易组织的承诺，预计我国将进一步开放原油的非国营贸易。

（三）2013年中国原油贸易面临的巨大挑战

2012年，中国经济受国际经济下滑、世界经济复苏依然乏力的影响，在上半年出现疲软，消费需求持续低迷，但国家宏观政策的调整和支持，包括降准、降息等货币政策改善了工业企业的经营环境，房地产调控政策保证了住房市场企稳，中国经济在下半年出现了明显回暖，也导致中国石油消费保持了持续较快的增长。

中国是汽车石油消费大国，汽车成品油消费比例占到全国油品消费比重的60%以上。按照60%的成品油率，中国汽车年消耗原油将达3.8亿吨。2012年，中国原油表观消费量为47,613.4万吨，同比增长5%，供需缺口逼近3亿吨，缺口的不断扩大导致原油对外依存度不断升高。

为保证国家能源安全，保障原油供应，我国已着手建立战略石油储备。预计到2020年建设完成全部三期储备基地，届时我国战略石油储备总容量将达到5.03亿桶，而美国和日本将分别达到20亿桶和9亿桶的储备量。由于我国石油资源匮乏，大量储备依赖进口，因此未来几年，我国原油进口量将持续攀高，原油对外依存度将逼近60%。

2. 地缘政治问题威胁中国原油进口安全

中国原油进口来源在中短期内仍然将是中东和非洲地区。2012年，中东地区局势依然紧张，伊斯兰世界反美浪潮高涨，土耳其与叙利亚冲突不断升级，国际地区势力和世界大国围绕叙利亚博弈愈加复杂，叙利亚危机也加剧了西方国家和以色列对伊朗的制裁和孤立。在阿拉伯世界转型过程中，沙特成为了最大赢家，但以伊朗为中心的"什叶派新月地带"、以埃及为代表的穆斯林兄弟会力量集团将与沙特的瓦哈比-塞拉菲主义意识形态形成复杂的竞争关系，而沙特等海湾国家自身的改革也是无法避免的议题。2012年，中国自中东地区进口原油13032万吨，占到原油进口总量的48%，而中国长期贯彻对外不驻军政策导致中国对这些地区毫无控制能力，动乱对中国原油进口安全是巨大的挑战。

中国自中东和非洲进口的原油主要依靠水路运输，途经马六甲海峡，而马六甲海盗猖獗，严重威胁运输安全。由伊朗控制的霍尔木兹海峡在美伊对抗升级后，再度成为焦点，海湾地区原油出口的90%需要经过霍尔木兹海峡，伊朗驻军并威胁封锁霍尔木兹海峡，这将在一定程度上卡住世界经济的命脉，也将严重影响到中国原油供应安全。

3. 国际油价上涨增加采购成本

2012年，国际金融危机深层次影响继续显现，特别是欧洲主权债务危机深化、蔓延，世界经济复苏明显减速，国际市场需求下滑，导致石油需求量增长趋势放缓，而国际油价随之呈现动荡格局，但总体仍处于居高难下的态势。

2012年初，由于美国、欧盟宣布对伊朗实施制裁，国际油价曾一度走高。第二季度，国际市场对于伊朗制裁的恐慌心理不断被消化，国际油价急转直下。第三季度，全球央行集体放宽货币政策，同时，中东地区的动荡局势给该地区石油生产造成潜在威胁，利比亚等国家相继爆发的反美暴力示威游行；欧盟对伊朗石油出口禁令从7月1日开始生效，极大影响了国际原油供应；以色列与美国、伊朗之间的紧张关系再度升级，国际市场对石油供应恐慌情绪加大，这些都导致第三季度国际油价再次飙升。第四季度，国际油价一直处于动荡局势，变化不大，但整体处于高位动荡。国际油价居高不下，中国进口原油价格势必将随着国际油价水涨船高，对中国原油供应安全将造成巨大威胁，也将对中国经济产生一定的消极影响，分散原油进口来源成为大势所趋。

4. 对外依存度持续攀升凸显能源安全问题

近年来，中国原油对外依存度不断攀升，从2006年的42.4%一路攀升至2011年的

55.2%，2012年更是达到了56.42%的历史高位。而美国受能源政策调整和油气开采技术创新发展的推动，原油产量在近年激增，尤其经过20多年的探索，美国掌握了水力压裂这一核心技术，使页岩油气开采取得突破。同时，美国石油需求逐渐减少，反映出美国经济复苏乏力，也说明美国能源使用效率不断提高。受供需消长变化影响，美国原油库存在2012年底达到3.6亿桶，同比增长8.7%，出口问题再次成为焦点。2012年，美国已有6家石油公司向政府申请出口原油，花旗银行的分析报告认为，美国将于2020年成为石油净出口国，这将对国际原油市场格局形成强大的冲击。中国与美国同样为石油消费大国，但产能相对较低，进口来源相对集中，在国际原油贸易中话语权较弱，能源安全问题突出，经济增长态势受到国际因素的影响和制约。

（四）2013年中国原油贸易面对的机遇

1. 管道建设缓解海路运输压力

随着中国原油进口依赖程度不断增加，原油管道建设不断推进。根据中国能源战略，目前已初步形成东北（中俄原油管道）、西北（中哈原油管道）、西南（中缅油气管道）和海上（马六甲海峡）四大油气进口通道的战略格局，有利于实现原油运输渠道多元化，保证中国能源安全。中哈原油管道早在2009年7月建成投产，实现哈萨克斯坦到新疆全线贯通，年输油量为2,000万吨；中俄原油管道于2010年11月1日开始试运行，并于2012年9月正式签约，年输送量为1,500万吨，合约期限为20年；中缅油气管道为同沟敷设的双线并行管道，预计2013年9月完工并投入运行，届时将为我国原油进口在西南方向开辟一条新的重要的陆上通道，从而大大缓解通过马六甲海峡的海上运输压力，增强我国原油供应的安全性。

2. 美元走低对中国原油进口利好

随着中国原油对外依存度的不断攀升，中国原油进口量的不断增加，中国原油进口成本势必上涨。而中国原油进口价格均以美元计算，自2008年金融危机以来，美国经济疲软，人民币兑美元汇率持续快速攀升，2012年，人民币兑美元汇率突破6.3大关。美元的持续低迷对中国原油进口是利好消息，将大大降低中国原油进口成本。

3. 三大石油集团公司走出去，缓解中国原油供需紧张

中国三大石油集团公司积极拓展海外业务，补充中国石油市场供应缺口。中国石油天然气集团公司于1993年开始开展海外油气投资业务，目前已覆盖六大洲90多个国家，技术的不断突破和创新成为中国石油天然气集团公司拓展海外业务的利器。苏丹3/7区是石油地质储量达5亿吨的世界级大油田，目前该区块年产油量达到1,500万吨以上；哈萨克斯坦基亚克盐下油田在中国石油天然气集团公司技术研发和创新基础上，成为年产油

能力为200万吨的优质油田；秘鲁塔拉拉油田6、7区块在中国石油天然气集团公司接手后，仅用3年时间就将产量由8万吨提高到32万吨以上。目前，中国石油天然气集团公司已成为国际上技术领先、在石油资源国占有一席之地的大品牌石油公司。中国石油化工集团公司和中国海洋石油总公司也在加紧海外开发的步伐，中国石油化工集团公司并购SSI公司并获得该公司在安哥拉18区块；中国海洋石油总公司与中国石油化工集团公司成立的合资公司收购马拉松安哥拉32区块；中国海洋石油总公司与加纳国家石油公司联手收购科斯摩斯能源公司在加纳拥有的油气资源及该公司在Jubilee油田开发项目上所持有的股份，该油田原油储量达到12-18亿桶，是过去10年西非发现的最大油田之一；同时，中国海洋石油总公司联手土耳其国家石油公司，就位于伊拉克境内的Missan油田群的开发生产事宜签订了技术服务合同。三大石油集团积极拓展海外业务，不仅开拓了自身市场，还在很大程度上缓解了中国原油进口的紧张状况。

二、2012年中国成品油贸易分析及2013年展望

2012年，面对世界经济疲软和国内经济增长不断放缓的形势，我国成品油进出口贸易量总体较去年略有减少；进口贸易略好于出口贸易，贸易逆差继续扩大。2012年上半年成品油增速回落是公路物流、工矿企业、建筑施工等主要终端行业柴油消费增长放慢或萎缩造成的，与经济的短周期波动以及国家主动调控经济结构和产业结构密切相关。欧洲银行业危机向欧元区核心国家蔓延，拖累我国出口增速下滑超出预期也是影响因素之一。下半年，世界经济逐步稳定，国内经济在二季度探底后，三、四季度缓慢回升；汽车市场拥有稳步复苏的政策条件和经济环境，工业企业生产经营状况改善，以及房地产和建材行业好转，拉动成品油需求增长有所改善。

（一）总体运行情况

2012年，国际油价走出名副其实的过山车行情。年初，受伊朗核问题等地缘政治因素以及美国经济复苏增速等因素推动，国际油价持续冲高，在3月1日达到年内高点。但之后，由于伊朗局势趋稳、欧洲债务危机恶化、美国原油库存持续增加，以及美国和中国经济增速放缓等原因，国际油价进入下跌通道，在第二季度更是加速下跌。受国际油价、成品油需求预期和其他经济数据的影响，中国成品油进出口量波动较大。在三季度，由于国内主营炼厂检修减少，中国石油、中国石化两大集团包括青岛、长岭、上海等炼厂有装置检修，中国成品油进口量达到年内最低点；在四季度，由于国内政策加速调整和通胀压力缓解，经济下行企稳，成品油需求有所回升，但由于四季度是传统淡季，进

入四季度，北方进入寒冬，南方地区气温也逐步转冷，车辆出行减少，汽油的终端消费需求随之减弱，因此综合来看，成品油需求没有实质性提高。2012年，中国成品油（指所有石油成品，下同）进口总量为3,982万吨，同比下降1.92%；出口量总量为2,429万吨，同比下降9.63%。

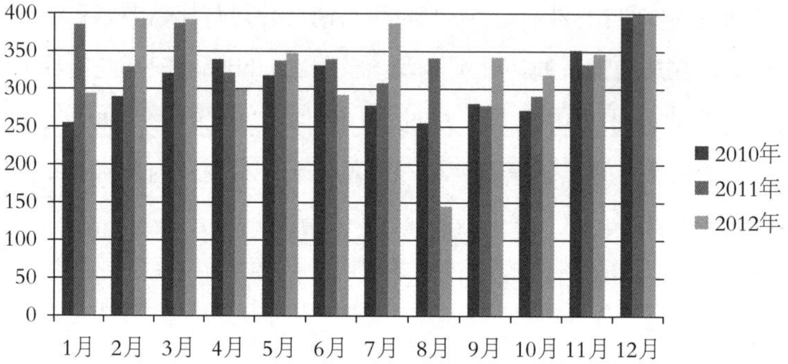

图17　2010–2012年中国成品油月度进口量（万吨）

数据来源：中国海关总署

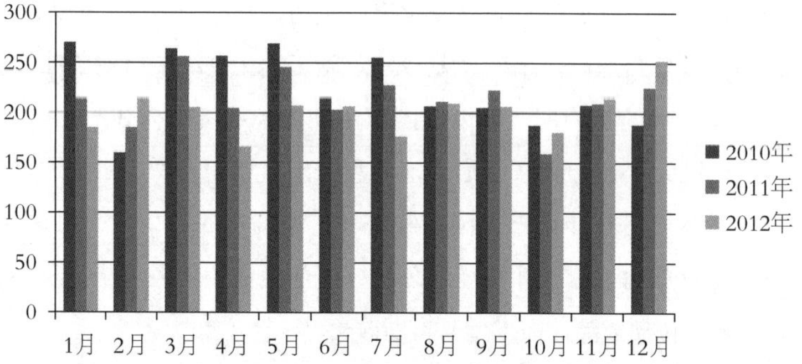

图18　2011–2012年中国成品油月度出口量（万吨）

数据来源：中国海关总署

1. 2012年成品油进口量比2011年略有下降

2012年，中国成品油进口量总体比2011年略有下降，2012年成品油总进口量为3,982万吨，而2011年全年累计进口成品油4,060万吨。2012年2月、3月和12月，中国成品油进口量在400万吨左右，处于较高水平；9月，我国成品油净进口量为342万吨，回归我国成品油月度进口的平均水平之上（2012年平均月净进口成品油332万吨）；2012年10月份我国成品油进口量为320万吨，进口金额为26.74亿美元；2012年1–10月，我国成品油进口量

3217万吨，比上年同期下降3.1%；进口金额约268.1亿美元，同比小幅增长0.7%；进口平均价格达到833.4美元/吨，比上年同期增长4.0%。

2. 2012年成品油出口量与2011年同比下降

2012年以来，我国汽油继续净出口，柴油在7、8月也转为净出口。据海关数据，2012年1–8月汽油净出口量为191.5万吨，柴油净出口量为15.1万吨。同期，煤油出口487.2万吨，同比增长6.4%。2012年，中国成品油出口总量为2,429万吨，出口金额为213.3亿美元，成品油出口量与比2011年略有下降。2012年，中国成品油月度出口呈现出波动状态。

3. 2011年进出口成品油的构成

2012年，中国进口成品油3,982万吨，出口成品油2,429万吨，见表7。

表7　　2012年中国成品油进出口种类及金额

2012年	进口量（万吨）	进口金额（万美元）	出口量（万吨）	出口金额（万美元）
汽油	0.5	522	292.2	303,524
煤油	620.7	644,186	745.1	784,923
柴油	94.7	91,154	186.2	187,348
石脑油	309	299,503	21.6	20,831
燃料油	2,680.8	1,850,702	1163.6	799,907
润滑油	229	327,436	19.9	35,360

数据来源：中国石油和化学工业联合会

（二）2012年中国成品油贸易的主要特点

1. 中国经济增速放缓拖累成品油需求增长

2012年，国内经济延续了2011年以来的走低趋势。2012年上半年，GDP同比增长7.8%，较2011年同期增速放缓1.8个百分点。经济下滑的直接原因是工业生产的全面萎缩，第二产业增速回落至8.3%，较2011年同期放慢2.6个百分点，明显高于GDP的降幅。受经济结构性特征影响，柴油消费量仅增长0.9%，低于汽油增速6个百分点。2012年1–2月，受冬天季节性补库、“春节”期间需求清淡以及国际油价上涨预期较强等因素影响，国内成品油库存尤其是主营单位库存快速上升，月均涨幅220万吨，2月末突破2,000万吨。3月以后，往年由春耕、物流运输、工矿企业开工所带动的用油需求并未如期启动，加之国际油价走低引发市场观望氛围，成品油库存呈现缓慢下降态势，3-6月月均降幅50万吨左右。另外，成品油市场波动剧烈，经销商购油谨慎，流通环节的成品油库存水平维持在340万吨左右，规模较上年同期下降一半，且各月波动幅度较小。

成品油消费旺季不旺，实际需求仍未恢复。三季度是成品油消费的传统旺季，但2012年经济增长逐季下行，影响到国内成品油需求增长，其中柴油增速明显放缓，汽油在汽车保有量持续提高基础上增长平稳。根据国家统计局公布的数据，2012年7-8月，柴油表观消费量仅2,741万吨，同比下降1.34%，汽油表观消费量为1,462万吨，同比增长12.7%。2012年，成品油表观消费量27,663万吨，同比增长5.2%，其中汽油8,684万吨，同比增长12.3%；柴油16,972万吨，增长1.5%。

2. 中国成品油尤其是柴油消费增长显著放慢

中国石油和化学工业联合会统计，2012年国内三大类成品油（汽油、煤油、柴油）表观消费量约为2.77亿吨，同比增长5.2%，较2011年增幅放缓1.2个百分点。成品油消费低迷，一是限购、限贷房地产调控政策持续推进，钢材、水泥等工业品库存压力较大，工矿企业、建筑施工、物流运输领域柴油需求萎缩明显；二是欧债危机向欧元区核心国蔓延，重债国财政紧缩政策执行打折，拖累外需下滑超出预期，国内外向型企业生产及用油减少；三是近一年燃油成本上升、购车补贴政策退出、部分城市限行等因素，造成汽车销量增长缓慢，出行明显减少。2012年上半年国内消费柴汽比降低到2:1，较2009年金融危机时期仍略低，与“十五”初期水平相当。

3. 相关用油产业对成品油贸易的拉动作用减弱

2012年，汽车市场减速及用油成本提升导致乘用车对汽油需求的拉动作用逐步减弱。根据汽车销量对汽油消费的滞后拉动关系判断，新增汽车偏少是2012年上半年汽油消费增速放缓的主要原因；另一方面，私家车出行频率减少也影响了汽油消费的增长。与此同时，房地产从严调控对经济增长冲击明显，柴油主要消费产业全面萎缩。与房地产相关的建材以及家电等产业生产经营也受到较大负面影响。2012年上半年，公路物流柴油消费4,420万吨，同比增长5%，增速较2011年同期放慢8个百分点；建筑施工柴油消费同比减少2%，较2011年同期增速放慢18个百分点。另外，出口贸易持续走低，外向型经济体及下游产业用油明显下滑。欧洲经济的恶化拖累导致2012年上半年中国出口增速总体放缓至9.2%，较2011年同期放慢15个百分点，除直接影响水运、外向型加工企业柴油需求疲软之外，还间接影响到了公路运输、铁路运输、发电、商业民用等产业的柴油消费。

4. 成品油价格跌宕起伏最终退回7元时代

自2012年2月8日汽、柴油价格每吨均提高300元，3月20日汽、柴油价格每吨均提高600元后，国内汽、柴油供应价格刷新历史最高值。北京、上海等全国大部分地区93号汽油突破8元，国内油价进入“8时代”。但经过5月10日、6月9日和7月11日的罕见“三连跌”，油价趋近3年前水平，其中90号汽油全国平均价格降到6.45元/升，0号柴油降至6.76元/升，成品油价格重回“6元时代”。不过，8月10日和9月11日，成品油价的两次连续上涨，迫使之前“三连跌”的“6时代油价”彻底失去影踪，部分地区甚至“触8”。11月16日凌晨，成品油价格调整在历经10月份、11月初多次爽约后，终于姗姗迟来，经过调整，“北上广深”四地93号汽油退回“7元时代”。

（三）2013年成品油贸易展望

1. 中国经济逐渐回暖，成品油市场有望迎来暖春

国家统计局公布，2012年11月官方制造业PMI升至50.6，连续第2个月处在50荣枯线的上方，并创下7个月新高。所谓PMI（采购经理指数）是一套月度发布的、综合性的经济监测指标体系，它是通过对采购经理的月度调查汇总出来的指数，反映了经济的变化趋势。一般来说，汇总后的制造业综合指数高于50，表示整个制造业经济在增长，低于50表示制造业经济在下降。中国制造业从收缩状态进入扩张区间，显示中国经济增长的动能已经开始企稳回升，随着各项稳增长措施的推进，中国经济企稳态势有望得到进一步巩固。受国民经济增速放缓影响，2012年中国成品油市场整体需求表现低迷，而随着2012年底各种经济数据显示出中国经济出现回暖迹象，预计2013年中国成品油市场将会迎来新的春天。根据预测，“十二五”期间，中国汽油年需求量平均增长速度为4.4%，2015年将达到0.9亿吨；柴油年需求量平均增长速度为5.2%，2015年将达到2.28亿吨；煤油年需求量平均增长速度为2.5%，2015年将达到0.21亿吨。

2. 成品油定价机制将不断完善

2012年，国际石油价格在较高价位上频繁波动，从短期来看，国际油价大幅度上涨的可能性还很大。油价的波动不仅会影响行业自身发展，而且会通过产业链的传导，对石油下游产业以及高耗油的制造业、交通运输业等也产生影响。作为石油需求大国，国际油价波动势必对我国的石油供给产生巨大冲击。现行的成品油定价执行的是国家发改委2009年5月发布的《石油价格管理办法（试行）》，此次定价机制改革虽然向市场化方向迈进了一大步，但仍有许多商榷和不完善之处。为了使成品油价格形成机制更趋合理，业内人士都在呼吁择机建立新的成品油定价机制。为兼顾各方利益，解决油价变动滞后等问题，预计国家发改委将于2013年对成品油定价机制进行调整。调整可能会缩短调价

周期、加快调价频率、改进成品油调价操作方式、调整挂靠油种等。比如，调价周期可由现行的22天缩短为10天，并且当国际市场原油连续10个工作日移动平均价格变化超过2%时，可相应调整国内成品油价格。

三、2012年中国天然气贸易分析及2013年展望

（一）总体运行情况

近年来，随着西气东输和陕京管线的建设投产，中国天然气消费区域不断由产地周边扩大到长三角、环渤海、东南沿海等经济发达地区，到2012年，中国天然气消费量达到1,445亿立方米，成为继美国、俄罗斯、伊朗之后的第4大天然气消费国。2012年，中国天然气工业发展保持了强劲势头，国内天然气产量约1,067亿立方米，同比增长6.7%，月度产量平均增长率为8%（见图19）。尽管中国天然气的需求保持平稳增长态势，2012年同比增长14.8%，但是占国内一次能源消费比重仍然很低，仅为5.4%。目前，中国天然气工业具有发展迅速、区域不平衡、价格机制倒挂等一系列问题，天然气进口贸易保持井喷式增长。

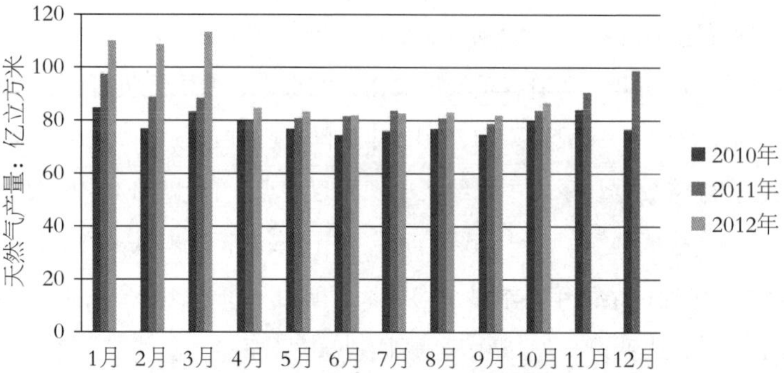

图19　2010-2012年中国天然气月度产量

数据来源：中国石油和化学工业联合会

中国进口天然气主要依靠两个渠道，即通过水路运输的液化天然气（LNG）和通过管道运输的气体天然气。2012年，中国天然气进口对外依存度达到26.19%的历史高峰。净进口天然气总量约为407亿立方米，同比增长29.9%，其中液化天然气（LNG）进口量为1,470万吨，同比增长11.1%，占到天然气进口总量的50.1%；气体天然气进口量为1,463万吨，同比增长41.2%，占到天然气进口总量的49.9%（见图20、图21）。

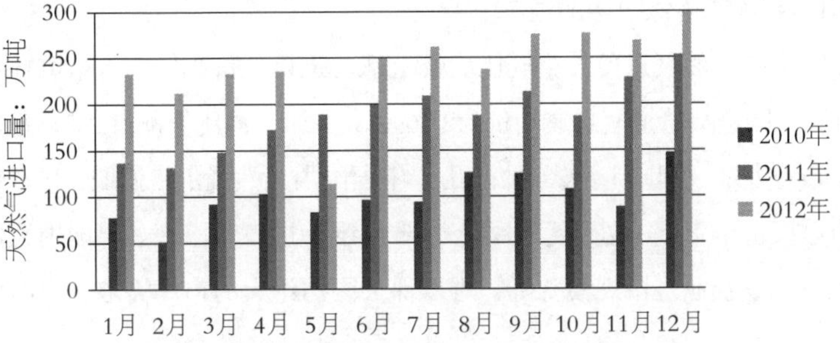

图20　2010–2012年中国天然气月度进口量

数据来源：中国石油和化学工业联合会

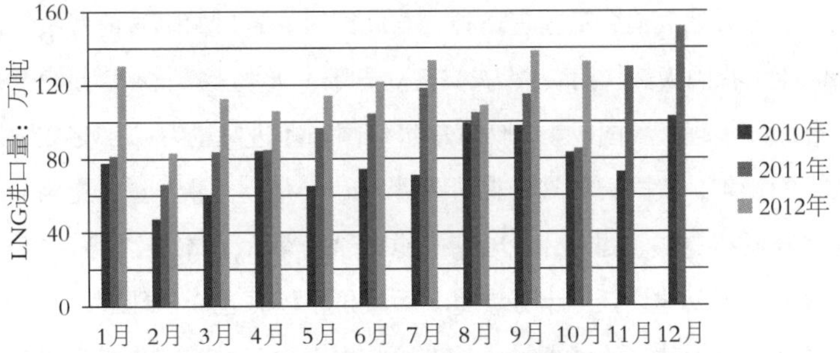

图21　2010–2012年中国LNG月度进口量

数据来源：中国石油和化学工业联合会

（二）2012年中国天然气贸易的主要特点

1. 进口量激增

自2000年以来，中国天然气市场供需两旺，需求增速快于产量增速，同时天然气进口量快速增长，已初步形成国产天然气、管道进口气体天然气和水路进口液化天然气（LNG）并存的多气源供气格局，中国天然气贸易的迅速发展，正在逐步改变世界天然气格局，并且为世界天然气市场注入了新的活力。但是，与美国、俄罗斯等天然气市场使用率高的国家相比，中国天然气市场尚不完善。为达到节能减排的目标，缓解国内天然气产量供应紧张问题，中国政府鼓励天然气进口贸易。

液化天然气（LNG）进口量增长迅速。2012年，LNG进口量为1,470万吨，比2006年（69万吨）增长20.3倍，占到中国天然气进口总量的50.1%。我国已建设完成深圳、福建、上海、江苏、大连、宁波等LNG接收终端，青岛、河北、海南及粤东等接收终端正在建设中，预计建设完成后，我国LNG接收能力将扩大到3,380万吨，进口主要来源于澳大利亚、印度尼西亚、卡塔尔和马来西亚等国。

2. 进口价格大幅上涨，增加进口压力

2012年，中国天然气进口价格同比大幅上涨，进口气价和销售价格倒挂现象继续存在。2012年，中国进口管道气到岸均价为2.46元/立方米，同比上涨21.2%；进口LNG到岸均价为2.55元/立方米，同比上涨23.8%。由于中国国内天然气价格偏低，所以进口企业在不断增长的进口价格下基本处于亏损状态，难以维持进口意愿。如果国内天然气定价机制不改革，将造成企业进口规模骤降，难以保证国内绝大的市场需求，对国民经济发展造成负影响。

（三）2013年中国天然气贸易面临的挑战

1. 供应安全问题仍然严重

近年来，我国天然气消费量增速迅猛，与此同时，进口量随着消费量的不断增加水涨船高。2000年，我国天然气消费量为245亿立方米，天然气产量在满足自身需求外还有少量出口；自2007年起，我国成为天然气净进口国，净进口量为12.83亿立方米，对外依存度为5.8%；2012年，我国天然气表观消费量为1,445亿立方米，进口量为407亿立方米，对外依存度飙升至26.19%。同时，我国储气能力建设滞后，储气比仅为2%，远低于12%的国际平均水平，不仅建设任务十分繁重，而且价格体系也尚未理顺，这将直接影响到供气安全。虽然我国天然气的消费量增长迅速，但天然气目前在我国一次能源消费结构中的占比仍然较低，仅在4%左右。根据相关规划，到2015年，天然气在我国一次能源消费结构中的占比要提高到7%–8%。未来天然气的消费量仍将保持高增速，这需要扩大进口规模予以保障。

根据官方计划，“十二五”期间，中国四大油气进口战略通道建设将进一步加速，中哈原油管道二期、中亚天然气管道二期即将建设，中俄天然气管道正在规划中；国内油气主干管网将建设西气东输三线、四线，西气东输、陕京线以及川气东送等骨干天然气管道及联络线进一步建成和完善。预计到2015年，中国油气管道总长度将达15万公里左右。届时，覆盖全国的油气管道将与进口战略通道一起，搭建畅通的能源新“长城”，满足中国的油气需求。未来西气东输三线每年300亿立方米的供气量对于需求增长迅速的国内天然气市场来说，将在一定程度上缓解国内供气紧张问题。

2. 价格倒挂，进口天然气亏损严重

长期以来，国内天然气销售价格管制，天然气进口价格与国内市场价格倒挂问题严重，LNG进口价格已从2007年的1.14元/立方米上涨到2012年的2.56元/立方米，管道气体天然气价格也高于2.3元/立方米。而目前国产天然气井口价格在1.0–1.5元/立方米左右，相比于进口高价天然气，国产天然气价格明显偏低，导致三大油企进口天然气亏损严重。

中国进口天然气价格大都挂钩于国际油价，近两年随着国际油价不断上涨，中国进口天然气成本升高。同时，随着中国城市化进程推进的加快，天然气需求呈快速上升趋势。目前，中国天然气定价机制无法反映市场供求关系，而天然气进口量迅速增加，推动天然气价改机制迫在眉睫。在西气东输三线建设中，中国石油天然气集团公司引入了作为社会资本的全国社保基金和作为民营资本的城市基础设施产业投资基金，使得天然气价格机制改革压力进一步加大。

天然气价改不仅影响到天然气的生产供应、运输企业，还会影响到终端用户，无论是工业、商业还是居民用气，对政府之前的天然气价格管理模式也有很大的影响。同时，天然气价改也将市场信号及时传递给生产商，有利于鼓励生产商勘探开发新储量，扩大市场供应。

（四）2013年中国天然气贸易面对的机遇

1. 鼓励非常规天然气开发，缓解供应压力

天然气对提高能源自给率和节能减排具有双重意义，中国常规天然气储量相对匮乏，而页岩气储量丰富，据国土资源部公布的数据显示：我国陆域页岩气地质资源潜力为134.42万亿立方米，可采资源潜力为25.08万亿立方米（不含青藏区）。因此，中国政府非常重视页岩气等非常规天然气的开发和利用。根据《外商投资产业指导目录》（2011年修订本），页岩气勘探、开发（合资、合作）被列入鼓励外商投资产业目录；2012年3月，国家能源局发布《页岩气发展规划（2011–2015年）》指出，"十二五"期间，我国要基本完成页岩气资源的评价，到2015年实现页岩气探明地质储量达到6,000亿立方米，可采储量2,000亿立方米；实现页岩气规模化生产，到2015年页岩气产量将达到65亿立方米，并力争在2020年产量达到600亿–1,000亿立方米。

美国是世界上页岩气技术最先进的国家，其水平井和多段压力技术的突破，在过去6年使其天然气产量迅速增长，并在2011年超越俄罗斯成为世界第一大产气国。我国大力发展页岩气需借鉴美国的技术和经验，更加开放市场，形成竞争性的市场机制。

2. 管道建设加速，扩大进口规模

到2012年，中国已初步形成东北、西南、西北、海上四大油气进口通道的格局。中国—中亚天然气管道AB线已于2011年11月全线贯通，途经土库曼斯坦、哈萨克斯坦和乌兹别克斯坦，是目前世界上最长的天然气输送管道。自2009年12月起，土库曼斯坦已累计向中国供应天然气逾330亿立方米。根据中土能源战略合作协议，土库曼斯坦将对中国每年增供250亿立方米天然气，而这不仅实现了土库曼斯坦天然气出口的多元化战略，同时也缓解了中国天然气供需矛盾，促进了两国及中亚地区的经济发展。并且，中亚管道

C线于2012年9月开工建设，随着新管道项目建设进行，两国天然气贸易规模将会进一步扩大。中缅油气管道建设项目预计2013年9月竣工运行，设计年输气能力为120亿立方米。中俄天然气管道也在谈判筹备中。

3. 政策利好，促进天然气进口

2011年12月30日，国务院批注页岩气为独立矿种，其勘探开发不再受油气专营权约束，为民营资本涉足页岩气开发和利用打开了政策之门。2012年6月10日起，中国商务部取消了32个税目商品的自动进口许可管理，其中包括天然气。虽然国家对天然气进口持支持态度，取消了自动进口许可证的申领环节，有助于加快和扩大天然气进口，但由于天然气进口本身具有较高的资金和硬件要求，该政策的颁布对中国天然气市场格局影响不大。国家对天然气进口政策的取向主要取决于中国供求状况。当前中国天然气供求缺口较大，商务部取消自动进口许可管理，将使天然气进口手续更加简易，是国家鼓励和扩大天然气进口的措施之一，这也将有助于平衡中国的贸易逆差。目前，中国天然气市场供给不足，日益加重的环境污染使国家高度重视对清洁能源的利用。

专题篇

中国油气企业如何平稳度过经济寒冬？

2008年金融危机以来，世界经济进入“大调整”周期。从国际来看，无论是新兴大国、欧元区还是美国的经济都不景气。欧债危机所引发的连锁反应仍在蔓延。美国经济疲软，借了新债还旧债，因此国际市场需求萎缩已经成为大的趋势，全球经济步入一个较长时间的低迷期是不可避免的。虽然主要国家纷纷采取积极政策提升经济发展动力，但效果并不理想。在这样的大背景下，中国经济增速趋缓，下行压力较大。由于需求疲软，生产企业面临经营困境。同时，中国经济发展不协调、不平衡、不可持续的问题仍旧突出，各种潜在风险和矛盾一直存在。

油气产业面临同样的境遇。伊朗核危机之后，供需基本面宽松导致国际油价下跌趋势明显。2012年上半年，中国三大油气企业净利润纷纷下降。下半年，尽管油价有所回升，但令油气企业不安的是，越来越多的观点相信世界经济扭转将遥遥无期，石油需求将长期萎靡，油价上涨依旧缺乏有利支撑。不可回避的是，油气企业将迎来一个经营困难期。国资委副主任邵宁也表示，在经历了持续三十年的高速增长之后，中国经济开始进入一个紧缩时期，中央企业要做好3至5年过寒冬准备。对石油市场来说，在2012年10月，总部位于法国巴黎的国际能源署（IEA）发布了国际原油市场中期预测报告，对未来5年国际原油市场进行预测。报告显示，受全球经济低迷和石油供应增长的双重影响，未来5年国际石油需求增速放缓，价格或将出现回落。国际能源署预计，到2016年，石油需求年平均增速为1.2%，低于此前预计的1.3%。2012年国际石油日均需求量预计为8,979万桶，到2016年达到约9,500万桶。预计北美和欧洲的石油日均需求量缓慢下降，将分别从2011年的2,410万桶和1,440万桶，下降至2013年的2,380万桶和1,370万桶。从企业角度而言，在整体经济和石油市场都低迷的环境下，中国油气企业应采取积极措施，苦练内功，激发内生发展动力，平稳度过“寒冬”。

一、坚持深化企业改革，提高管理效率

国有企业改革被提到新的高度。十八大报告明确提出要深化国有企业改革，不断增强国有经济活力、控制力、影响力；要始终把改革创新精神贯彻到治国理政的各个环节。同时指出推动能源生产和消费革命，控制能源消费总量，加强节能降耗，确保国家能源安全。国资委主任王勇指出国有企业要有进有退，有所为有所不为。国有企业中所存在的创新能力不足、效率难以提高、政企不分、内部腐败等很多问题，一直是人们质疑的焦点。国有企业是中国经济的命脉，三大油气企业更是国家油气产业的支柱。中国油气产业经过历次改革，不断发展壮大，成为世界石油市场的重要组成部分，也形成了具有国际影响力的三大油气企业。可以看到，目前中国石油天然气集团公司、中国石油化工集团公司业绩不俗，在2011年均排在世界企业500强的前列，但从边际的贡献看却不如其他竞争性企业。在新形势下，面对新困难，要实现新发展，三大油气企业应当根据十八大报告的要求，把深化改革放在首位，理顺体制机制，推进政企分开、政资分开，降低管理阻力，提高管理效率，实现做强做优，成为转变发展方式和应对经济危机的引领力量。在明确深化三大油气企业改革的必要性的同时，还应该认识到中国国情的特殊性。所谓牵一发而动全身，对于三大油气企业的改革要特别谨慎，根据实际情况分阶段稳步推进。

二、坚持实施降本增效，降低经营压力

十八大报告指出推动能源生产和消费革命，控制能源消费总量，加强节能降耗，确保国家能源安全。面对原材料、人力资源等价格的上涨，中国油气企业成本上升压力巨大。在油价上涨空间有限的情况下，实施降本增效，成为油气企业应对经营困难的重要手段。一是要建立以科学管理为基础的精细化管理体系，落实管理责任到个人，量化储量、产量、投资、成本、质量、效益、安全等具体管理目标，建立统一、规范的勘探、开发、生产、经营等标准管理模式。二是要加强技术创新力度。作为高科技产业，油气企业实现降本增效的有效途径就是技术创新。依靠技术创新，真正掌握油气产业的前沿技术，从而带来效益的增长，提高抵御风险的能力。值得注意的是，技术创新不是短期行为，更应允许“错误”，这就要求中国油气企业建立包容和谐的文化氛围。三是要提高国产设备的使用水平。经过多年的发展，中国一些制造企业生产的设备在各方面已经不输给国外企业，并且价格更加便宜，而这也可以成为油气企业降低成本的重要方面。

三、坚持实施“走出去”，提升国际化水平

20世纪末期油气产业的大并购令人记忆犹新。石油市场低迷时期，往往也是石油资产重组的最好时刻。因为全球经济的衰退导致世界石油市场需求量的减少，而需求量的萎缩使得世界石油价格下跌，石油价格的下跌进而会导致部分国家的石油公司资产缩水，流动性缺乏。那么，在资本市场上将不可避免地出现石油公司股价的下跌，目标公司股价下跌则为中国油气企业的跨国并购提供了便利。通过并购，产生协同效应和规模经济，增强风险抵御能力。中国油气企业现有的问题之一是内资源基础薄弱，若想获取高附加值的中下游业务收益，降低石油生产成本，就必须参与海外的投资和开发，形成自己的资源基础，获得更多的份额油。中国油气企业应该利用市场低迷期，加大“走出去”力度，利用国际化视野寻找优质、潜力油气资源，加强全球油气战略布局。不仅如此，中国油气企业更应从资源获取到学习国外先进的管理、技术，培养谙熟海外石油发展的各项人才，从追求效益到为当地创造社会价值，切实提升国际化水平。

四、坚持相互合作，形成发展合力

20世纪末石油工业改革明确了三大油气企业经营的地域范围。十多年来，三大油气企业通过不断发展，经营范围也延伸到区外，在相互合作的同时也充满竞争，有效完善了中国石油市场。尽管如此，作为国家石油公司，中国三大油气企业除了肩负为国家资本创造利益的经济责任外，也肩负了保障国家能源安全以及增加民众福祉的政治责任和社会责任。除此之外，中国石油公司要想在激烈的国际竞争环境中保证其国际上地位，也必须推行竞争合作战略，优化油气产业链，实现资源与信息的共享，形成一体化、规模化的供应链体系，减少流通环节，降低成本，实现资源的高效配置。将竞争对手纳入合作视野，研究各主体之间的竞争与合作，寻求群体理性和组织利益最大化，采取有效的竞争合作策略，实现企业利益最大化，具有重要的实际意义。尤其在经济困难时期，三大油气企业更应加强战略合作，共同谋划产业、产能布局，减少重复投资，才能形成发展合力，共同应对市场低迷，抱团取暖，度过寒冬。

仔细分析石油化工产业的表现和发展前景，中国一方面要正视经济寒冬对产业的影响与挑战，同时也要冷静分析，客观地看到中国是一个石油消费大国，市场潜力广阔，经济寒冬对中国的影响是有限的、可控的。在此期间，三大油气企业应当迎难而上，深化改革，从企业内部挖掘潜力，而不是完全寄希望于自己的垄断地位或者国家的利好政

策。三大油气企业若想抵御此次经济寒冬，需要内外兼修，提升自己的功力，更应该借此机会发现自身问题，进而强基固本，依靠自己的力量来适应市场周期调整。只要采取的措施得力，相信三大油气企业完全可以安然度过“寒冬”，甚至可以通过优化资源配置、结构调整、科技进步和管理创新等，推动企业实现转型升级，增强企业活力和竞争力，把这次危机变为跨越式发展的又一次契机。

扩大中国战略石油储备须把握五个关键

当前中国战略石油储备仅够支持40天的石油净进口量，与国际能源署（IEA）成员国家的90天净进口量还有相当大的差距。然而，中国石油消费总量与石油对外依存度却在不断增长，2012年原油消费总量达到4.76亿吨，居世界第二；原油进口量2.71亿吨，居世界第二；石油对外依存度达到了56.4%。在能源安全备受关注的大背景下，扩大中国战略石油储备成为政府的既定方针，也是众学者专家热议的话题。

但是，无论国外还是国内，战略石油储备仍是一个颇具争议的研究对象，尤其是中国还需要对战略石油储备进一步形成清晰而深入的认识。战略石油储备攸关国家能源安全与百姓福祉，不可不慎。在扩大中国战略石油储备这一问题上，必须把握好几个关键，可概括为：政府管控、布局合理、建设集中、规模优化、军民分开。

一、政府管控

无论是国际能源署（IEA）框架下的应急石油储备体系，还是美国等发达国家的战略石油储备，它们都有一个共同的特点，那就是政府统筹管控，体现在：政府通过法律手段来确定战略石油储备机制；需要政府的有效命令才能释放战略石油储备；政府必须完备掌握战略石油储备信息，以确保其对战略石油储备的有效控制。

政府对战略石油储备管控的正当性与必要性归因于战略石油储备的公共物品属性。战略石油储备的保有与释放对一国乃至国际石油价格能起到平抑作用，从而减少消费者的福利损失。从这个意义上来讲，战略石油储备是不具有排他性和竞争性的，因此是全国甚至全球范围内的公共物品。由于消费者都有“搭便车”的心理，如果没有政府采取统筹措施，这样的公共物品就很难得到充分供给。学者们证明，在类似这种公共物品的提供和分配问题上，必须有一个扩大社会效益、维持社会公平的政府来扮演倡导者和裁决人的角色。政府对战略石油储备管控的宗旨就是要确保战略石油储备最大程度发挥其社会效益，确保其社会效益以及相应的成本在消费者之间得到公平分配。只有收益和成本都得到了公平的分配，战略石油储备中的“搭便车”问题才能得到有效解决，战略石油储备也才能得到充分供给。

目前，在“政府管控”这一关键点上，中国把握得还不够。

首先，《石油储备法》迟迟未能出台。法国早在20世纪20年代就制定了石油储备的相关法律，最早建立了石油储备体系。许多发展中国家，如巴西、南非、印度等也都相继建立了自己的石油储备法律体系。在世界主要石油进口大国中，中国是唯一尚未建立完备的战略石油储备法律制度和体系的国家。2006年，《国家石油储备管理条例》已进入国务院的立法计划，然而至今也未见出台，可见政府在平衡各方利益方面还没有取得有效的办法，尤其是消费者对战略石油储备的支付意愿未能如实地反映出来。

其次，“三级管理体系”尚待完善。目前，中国已基本建立起战略石油储备的“三级管理体系”，即《能源发展“十一五”规划》所提出的，从上至下分别为发改委能源局、石油储备中心、储备基地的纵向结构体系。石油储备的三级管理体系是各国普遍采用的，但在中国该体系目前还存在突出不足，包括各级之间权责还不够明晰，体系运作尚缺乏制度保障等。

再者，各储备基地协同应对紧急情况的能力得不到保证。中国还没有释放战略石油储备的经验，储备基地的应急能力没有在实践中得到检验。为保证应急系统在突发性石油供应中断期间能够及时、有效地做出应对，发挥应有的作用，西方发达国家经常开展模拟石油供应中断应急训练，主要内容是应急石油储备的投放。如日本从1987年开始，每年都要进行紧急情况释放石油储备的演练。国际能源署（IEA）也于1998年和2002年先后组织实施了两次石油供应中断应急模拟演习。其实，石油储备中心可借鉴发达国家石油储备的经验，组织国内战略石油储备基地进行类似演练，做到未雨绸缪。

二、布局合理

合理的区域布局是优化储备资源配置、提高储备效率、降低储备成本的一大关键。战略石油储备的区域布局既要考虑接近市场需求，又要兼顾集散方便，还要讲究分布均匀。接近市场需求是指战略石油储备要优先考虑服务石油需求较大的经济较发达地区，原油储备还须优先考虑接近炼油能力较强的地区；集散方便是指战略石油储备的吸储与释放都须有便利的交通条件；分布均匀是指各储备基地所覆盖的范围尽量不要重叠。

从中国第一期、第二期战略石油储备基地选址情况来看，上述要求大致得到了体现。但是，一些基地覆盖范围还是有所重叠，如大连与锦州两基地、镇海与宁波两基地、湛江与惠州两基地的距离都比较近。之所以出现这种情况，可能是由于不同运营商没有达成一致意见，但无论如何这种布局不利于实现成本最小化。

由于华中与西南地区目前还没有战略石油储备基地，建议将这两个区域纳入第三期战略石油储备基地的选址范围。

三、建设集中

建设集中是指在技术条件允许的情况下，某一区域的石油储备基地应尽量集中建在一处而不是分散地建在多处，这主要是因为石油储备设施成本具有规模经济效应。例如，单就天津国家石油储备基地单位库容的综合造价来看，建设300万立方米地上库容的单位造价大约是25亿元，建设600万立方米的地上库容的单位造价大约是32亿元，集中建设比分两处建设在单位库容的造价上要节约18亿元，库容建设成本的规模经济效应相当明显。照此看来，大连与锦州两基地、镇海与宁波两基地、湛江与惠州两基地的区域布局就显得有些不合理，不利于降低单位成本。

民营油气企业拥有部分闲置储备能力，为了充分利用资源，可以将这部分闲置能力纳入战略石油储备体系。但“藏油于民”的主张必须撇清一个认识上的误区，即民营企业通过新建储备设施参与到战略石油储备体系中来。一方面，民营油气企业储备能力十分分散，不便政府管控，不利成本集约。另一方面，民营企业自身并没有建立战略石油储备的动力。战略石油储备的吸储、释放都有严格的限制条件，对于油气企业来说，政府规定一定量的法定义务储备已经成为它们的负担，几乎没有企业愿意单独或与几家企业联合投资某战略石油储备项目（因为总投资太大，而预期收益却很小，并且还会让人“搭便车”）。

因此，在后期扩大战略石油储备过程中，建议采取这样的思路，即：优先弥补没有覆盖到的地区，如华中与西南地区，然后考虑在原有储备基地上增加储备规模。

四、规模优化

实质上，战略石油储备的最优规模是消费者预期的产物，即在一定的市场机制下消费者根据自身的支付意愿来确定的规模。如果消费者不认账，即便再权威的专家建议，再科学的估计方法所得出的结论也不能算是最优的。由于战略石油储备的公共物品属性，战略石油储备规模的确定成为一大难题。综观各种公共物品分配理论，可知战略石油储备规模的确定需要政府做好一项至关重要的工作——事先掌握战略石油储备消费者的真实支付意愿，根据谁受益谁支付的原则制定好战略石油储备成本分摊机制。这是一项复杂的工作，但政府可以通过与消费者反复座谈、交流等手段来达成。例如，就原油储备规模来说，消费者是各炼油厂，政府可以将各炼油厂召集起来，利用“偏好显示机制”（如Walker机制[1]）来获得各炼油厂的真实支付意愿。消费者的支付意愿最终取决于他们对石油市场价格、供需状况的预期。引导消费者形成理性预期，避免市场发展至无序状态则是政府另一个重要职责。这样的引导措施包括提供尽量准确而详实的石油市场统计数据，建立石油市场供需安全的预警机制，疏通石油市场价格传导路径，等等。

董秀成、周仲兵等在开展“扩大中国油气战略储备项目”（教育部哲学社会科学重大课题攻关项目，编号：11JZD048）研究中还发现，如果战略石油储备的提取权能够得到事先分配，消费者愿意支付的规模将会更大。也就是说，政府可以与众消费者进行协商，将提取权通过一个价格公式所确定的价格提前分配给消费者；事先分配提取权是对消费者支付战略石油储备的一大激励。这一发现背后的逻辑其实比较浅显，即提取权事先分配给予了消费者更大的收益保证。目前，各国战略石油储备计划都忽视了潜在的提取权分配问题，都是通过竞争性的即期价格向市场释放战略储备。中国若率先实行提取权事先分配，将是一大创新。

盲目主张参照国际能源署（IEA）的“90天净进口量”来确定中国战略石油储备规模，是没有把握好战略石油储备最优规模实质的表现。国际能源署（IEA）忽略消费者的真实意愿，将各成员国的应急石油储备统一设定为“90天净进口量”，已受到了越来越多的诟病。学者Zweifel与Bonomo（1995）认为，90天净进口量的储备规模并非适用于所有国际能源署（IEA）成员国，各成员国需考虑自身差异；著名公共政策研究机构CATO于2005年发表了一份分析报告，通过分析美国战略石油储备的释放效果与其耗费的巨额财政资金，指出美国战略石油储备成本实际上已经超过收益，提倡美国应该终止该项目，等等。总之，为了避免争议与诟病，最优的战略石油储备规模必须反映消费者的真实意愿与国情差异。

五、军民分开

部分人担心战略石油储备基地会遭受敌方的军事打击，因而反对储备基地集中而主

1 可以较好解决公共物品分配中“搭便车”问题的一个机制，由Mark Walker 在其论文《A Simple Incentive Compatible Scheme for Attaining Lindahl Allocations》（Econometrica, Vol. 49, No. 1.（Jan., 1981）, pp. 65–71.）中提出。Walker机制操作性较强，还可以根据需要进行调整。

张分散，这实际上还是反映了他们对战略石油储备的认识不够清晰。

一方面，为了保证国防安全，部队系统自身必须保有足够的军用石油储备，且该类储备的建设与管理应完全由部队自身承担，与战略石油储备的性质截然不同。至于如何保证军用石油储备的防护安全，则不在此处讨论的范围之内。

另一方面，战略石油储备是民用储备（设施），跟其它民营设施一样，无须过多考虑军事防护安全。如果说敌方选择民营设施进行军事打击，还有更多的更具破坏性的优先选择，比如攻击通信、交通、水利设施等。一切民用设施最可靠的军事安全保障是一支强大的整体国防力量，而不是增强单体自身的防攻击能力。可以说，民用设施建设最重要的还是要考虑收益—成本问题。

页岩气是不是革命?

近年来，美国爆发了“页岩气革命”。作为一种非常规油气资源，美国页岩气的规模开采无疑为能源供应、能源接替提供了新的视角，因此引起了世界的广泛关注，尤其是油气消费快速上升的中国。之所以把美国页岩气产量快速上涨称为“页岩气革命”，是因为它不仅会改变美国能源结构，也会影响全球能源格局，甚至会关系到全球经济秩序的重新调整。

一、美国页岩气开发现状

在美国，页岩气的商业开采可以追溯到1821年。然而，直到20世纪90年代水力压裂和水平井技术取得突破，才带来了页岩气规模产业的繁荣。2000年，美国页岩气产量为122亿立方米，仅占天然气总产量的2.2%；2010年，美国页岩气产量已经达到1,428亿立方米，占天然气总产量比例达到23.3%；近10年来年均增速超过25%。美国能源信息署（EIA）预测，未来美国页岩气产量将继续保持快速增长的趋势，2020年将达到2,500亿立方米，约占天然气总产量的36%；2030年将达到3,800亿立方米，约占天然气总产量的49%。

页岩气让美国逐步实现“能源独立”的梦想。奥巴马政府上台伊始就提出了“能源独立”的目标，致力于保障能源安全。尽管他把这个目标的实现寄希望于新能源，但是页岩气却给他带来了意外之喜——“页岩气革命”促使美国能源自给率不断提高，能源自给自足的目标初步实现。由于页岩气的规模替代，2011年，美国成为燃料油净出口国，并提出2035年实现能源净出口的目标；近日，BP和壳牌等石油巨头已向美国政府提出申请，寻求出口美国原油。另外，由于页岩气产量大涨，导致美国本土气价与世界其他区域天然气价格相比长期保持低位，这在打击生产商的积极性的同时也使天然气出口成为可能，尽管目前还没有实现。除此之外，页岩气还将优化美国能源消费结构，清洁高效的天然气在能源消费结构中的比例越来越高。尽管美国在世界气候变化和环境保护中并没有起到与其地位相称的作用，但是页岩气会给它减少排放、增加减排话语权提供有力支撑。同时，在世界经济危机的大背景下，页岩气的开采为世界油气产业的重新布局提供契机，也为美国创造了数量巨大的依附于页岩气开采的工作岗位，与美国实现“制造业回流”的战略部署不谋而合。

美国实现能源独立，甚至是油气出口，将改变全球能源格局。受到冲击最大的自然是石油生产国。绝大多数石油生产国都没有建立起真正的工业体系，只是依靠出卖油气资源换回的石油美元维持经济的增长和稳定。在石油以美元为单一计价货币的国际石油市场体系下，在西方金融市场逐步主导国际原油价格的背景下，美国实现油气出口无疑为其增加了制约相关石油生产国的利器。对于油气消费国来说，美国油气出口将提供更多的进口来源，有利于降低进口风险。西欧国家可以减少进口俄罗斯昂贵的天然气，转而进口较为廉价的美国液化天然气（LNG），这将为美国限制俄罗斯提供另一法宝。中国作为油气消费大国，并且油气消费仍极具增长潜力，因此未来极有可能实现与美国油气进出口贸易。由于依存度降低，美国势必会从中东、北非等原来的石油进口来源地区实施战略收缩，以节省庞大的军费开支。在痛斥美国处处扮演“世界警察”角色的同时也不得不承认，如果没有美国力量的维持，这些产油区保持稳定的可能性将大大降低。当美国从这些地区实施战略收缩时，留下来的格局如何发展、能否继续保持稳定，对于仍然依赖这些产油国的油气消费大国，特别是中国、印度等国家来说尤为重要。也就是说，世界油气地缘政治将受到美国能源独立的深刻影响，极有可能出现难以预料的变数。

美国实现页岩气出口同样会改变世界天然气市场。目前，全球原油产量保持在39亿吨左右，似乎已经进入“峰值平台期”；煤炭又不能满足应对气候变化的需要，加上新一轮“核恐慌”，天然气已经成为人类追求清洁发展的必然选择。美国页岩气出口将推动世界天然气的开发和利用。众所周知，1974年，美国与中东国家达成“石油单一使用美元计价”的协议。石油美元计价为石油市场全球化创造的条件，也成为美元霸权主义的重要组成部分，一些产油国深受其苦。而世界天然气市场并未统一，天然气定价权也未明晰。在天然气日益重要的情况下，世界天然气市场趋于统一乃大势所趋，特别是液化天然气（LNG）市场。有专家认为，液化天然气（LNG）将成为继石油之后又一个全球化的商品。在世界天然气市场趋于统一的过程中，天然气定价货币的争夺也会愈演愈烈，这为美国之外的天然气生产国提供了争夺定价权的可能。然而，从目前来看，美元依然是最有可能的计价货币。

二、中国页岩气开发面临诸多困难

美国“页岩气革命”爆发后，世界很多国家纷纷想复制美国奇迹，而中国也是如此，然而简单的“复制”并不容易。除了关键技术的突破和应用外，美国“页岩气革命”的成功还有以下几方面的原因：一是健全的市场环境，美国拥有最完善的市场经济体制，大量的中小企业都被允许自由进行页岩气勘探开发，分摊了投资成本，激发了投资热情；二是政策的大力支持，各种税费减免、基金支持降低了产业准入门槛；三是完善的基础设施，庞大的管网为页岩气的运输和消费创造了有利条件。不可忽视的是，进入21世纪以来，国际油价进入新一轮上升通道为页岩气的开采创造了良好的环境。

中国《页岩气发展规划（2011–2015年）》（以下简称“发展规划”）指出，“十二五”期间，中国要基本完成页岩气资源的评价，到2015年实现页岩气探明地质储量达到6,000亿立方米，可采储量2,000亿立方米；实现页岩气规模化生产，2015年产量达到65亿立方米。经过“十二五”的铺垫，中国在“十三五”期间，要加大投入，实现页岩气储量、产量双突破，力争到2020年页岩气产量超过600亿立方米。尽管《发展规划》为中国页岩气产业描绘了良好的发展前景，中国也可以从美国页岩气产业发展中借鉴经验，但是在中国重现页岩气“美国奇迹”依然面临着诸多困难。

（一）中国页岩气资源总量尚未落实

美国能源信息署（EIA）发布的《全球页岩气初评》显示中国页岩气技术可采资源量为36.1万亿立方米，居世界首位；《发展规划》认为中国页岩气可采资源量为25万亿立方米，超过常规天然气资源。两种估算都显示出中国拥有丰富的页岩气资源，但是，由于中国至今尚未系统开展全国范围内页岩气资源调查和评价，上述资源量的科学性仍然不高。另外，中国页岩气藏复杂，资源赋存条件差，且多分布在地形复杂的区域，为资源认识、开采带来极大的难度，也为基础设施建设提出了新的考验。

（二）中国页岩气开发缺失核心技术

到目前为止，中国仅初步掌握页岩气勘探开发的直井压裂技术，尚未掌握水平井分段压裂等专门技术，直接制约了页岩气产业的发展。另外，由于地质条件的差异，中国还必须开发出适合自身地质条件的页岩气开发技术。

（三）中国页岩气市场机制仍需深入完善

民间资本进入页岩气产业依旧困难重重，仅靠少数企业难以保证投资的充足。天然气价格处于政府管制下，被严重低估，难以反映实际供需关系，打击了企业开发页岩气资源的积极性。针对页岩气开发的税收优惠政策总体来说力度不够，政策缺位较为明显。

（四）中国页岩气开发同样面临环境保护问题

页岩气开采需要消耗大量的水资源，而中国页岩气开发的潜力地区多集中在干旱缺水的鄂尔多斯盆地、吐哈盆地等，极容易造成水资源紧张。另外，注入地下的裂解液极有可能污染地下水，向页岩层大量注水也可能导致地层滑动，引发地震。正因为如此，美国页岩气开采也遭到了部分环境保护主义者的质疑。

越来越多的观点认为中国天然气产业的发展正进入黄金时期，然而，这仅仅是对常规天然气而言的。中国天然气产业要真正进入黄金时期，对煤炭、石油形成规模替代，必须要有非常规天然气的快速发展。从目前来看，中国还不具备发生类似美国的“页岩气革命”，但未雨绸缪总是有益处的，一蹴而就反易造成事倍功半。美国的“页岩气革命”也是在酝酿了多年之后才最终发生，中国煤层气产业发展的先热后冷也是现实教训。正如《发展规划》中所言，“十二五”期间，中国页岩气产业发展的总体思路是打基础。只有打牢基础，理顺关系，科学规划，才能充分调动各种资源，形成发展合力，促进页岩气产业迎来繁荣的明天。

从管网基础设施现状看中国页岩气发展前景

美国页岩气的成功引起了世界范围内的广泛关注，而中国政府、企业也开始重视页岩气的开发与利用，但关于中国页岩气发展的前景仍存在不同见解。页岩气能否很好的发展取决于很多因素，像开发技术、开采成本、可利用水资源等，其中，管网基础设施是一个非常重要的因素，它能为页岩气开发提供良好的市场条件，降低页岩气开发利用成本与市场风险。下面将从中国天然气管网现状出发，结合《页岩气发展规划（2011-2015年）》提出的目标，对中国页岩气未来发展前景做出分析。

一、中国页岩气资源潜力及分布

中国页岩气资源分布面积广、发育层系多、资源潜力较大。2011年，国土资源部启动了"全国页岩气资源潜力调查评价及有利区优选"项目，该项目将中国陆域划分为5个区，分别是：上扬子及滇黔桂区、中下扬子及东南区、华北及东北区、西北区和青藏区，共评价了41个盆地和地区、87个评价单元、57个含页岩气的层段。经过初步调查评价，得出中国页岩气地质资源潜力为134.42万亿立方米（不含青藏区）。其中，上扬子及滇黔桂区62.56万亿立方米，占全国总量的46%；华北及东北区26.79万亿立方米，占全国总量的20%；中下扬子及东南区25.16万亿立方米，占全国总量的19%；西北区19.90万亿立方米，占全国总量的15%（图 22）。

在这四个区中，上扬子及滇黔桂区页岩气主要分布在川渝等地；中下扬子及东南区页岩气主要分布在安徽等地；华北及东北区页岩气主要分布在鄂尔多斯盆地、渤海湾盆地等；西北区页岩气主要分布在塔里木盆地、吐哈盆地等区域。

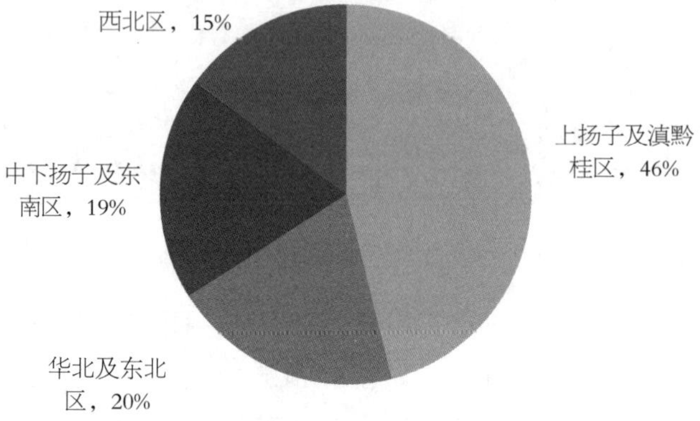

图22 中国页岩气地质资源潜力分布（不含青藏区）

资料来源：国土资源部油气资源战略研究中心

二、页岩气资源富集区域管网设施现状

作为中国页岩气资源4个大区（上扬子及滇黔桂区、中下扬子及东南区、华北及东北区、西北区）各自的页岩气富集区域，川渝地区、鄂尔多斯盆地、安徽、塔里木盆地等地由于具有一定的天然气管网设施基础，已经成为中国页岩气勘探开发热点区域，“十二五”时期，国家将继续以这些区域为勘探开发重点。因此，分析川渝地区、鄂尔多斯盆地、安徽、塔里木盆地等几个地区管网基础设施的现状，可以看出中国页岩气开发的管网基础，从而大致预见中国页岩气发展的前景。

（一）川渝地区天然气管网现状

1. 川渝地区区域性管网

川渝地区天然气管道总里程超过7,000公里，约占全国天然气管道总里程的30%。经过多年的建设与发展，该地区相继建成了威（远）成（都）线、泸（州）威（远）线、卧（龙河）渝（重庆）线、合（川）两（路）线等输气管道以及渠县至成都的北半环输气干线，形成了以南北干线为主体，与其他干线（屏渠线、屏石线）连通的环形骨干管网，管网输配能力达到145亿立方米/年。

2. 外输管道

川渝地区外输管道，主要有川气东送天然气管道、忠武线、中贵天然气管道。其中，川气东送天然气管道全长1,702公里，主干线设计年输量120亿立方米；忠武线主干线长达

760公里，管道干支线总长1,365公里，年设计输气能力30亿立方米；中贵天然气管道干线全长1,613公里，年输气能力为150亿立方米。

（二）鄂尔多斯盆地天然气管网现状

1. 鄂尔多斯盆地区域性管网

目前，鄂尔多斯盆地天然气管网建设比较完善，已建成的天然气管道主要有长呼线、长宁线、陕宁线、靖西线、兰银线、涩宁兰银延伸线等，完备的管网设施有利于促进鄂尔多斯盆地页岩气资源的勘探开发。

2. 外输管网

鄂尔多斯盆地外输管道，主要有西气东输管道、陕京线、榆（林）济（南）线。其中，西气东输一线、二线、三线年输气能力分别为120亿立方米、300亿立方米、300亿立方米；陕京天然气管道由陕京一线、二线和三线组成，年输气能力分别为33亿立方米、120亿立方米和150亿立方米；榆林–济南输气管道全长1,012公里，年输气能力为30亿立方米。

（三）安徽天然气管网现状

1. 安徽区域性管网

目前，安徽省已建成年输气能力达60亿余立方米的长输管线13条，支干线管网总里程为780公里。“十二五”期间，安徽省将全面开展输气管网工程建设，将新增天然气管道2,200公里，总里程达到3,000公里；新增管输能力100亿立方米，总能力达到150亿立方米。

2. 外输管网

安徽省外输管道，主要有西气东输一线、川气东送天然气管道。其中，西气东输主干线管道在安徽省境内长达354公里，主要途经皖北、皖东；川气东送安徽境内管道全长438.3公里（干线394公里，支线44.3公里），主管道主要经过皖南，25条支线管网建设覆盖9座省辖市。

（四）塔里木盆地天然气管网现状

1. 塔里木盆地区域性管网

塔里木盆地的区域性管网，主要是由塔里木油田分公司和西北油田分公司建设的。塔里木油田建设的输气管道主要包括克（拉）轮（南）线、塔（中）轮（南）线及复线、南疆天然气利民工程等管线。其中，塔（中）轮（南）复线全长273公里，设计输气能力50亿–100亿立方米/年；南疆天然气利民工程6条主干管道总长约2,023公里，6条支线管道总长为534公里。西北油田分公司建设的区域性管网相对较少，主要的天然气管道有塔（河）库（车）线、塔（河）轮（台多）线等。

2. 外输管线

塔里木盆地外输管道主要有西气东输一线和西气东输二线轮南－吐鲁番支干线。其中，西气东输一线西起塔里木盆地的轮南，东至上海；西气东输二线轮南－吐鲁番支干线全长526公里，设计年输天然气量120亿立方米。

三、中国页岩气发展前景分析

从上面对川渝地区、鄂尔多斯盆地、安徽以及塔里木盆地管网现状分析可知，中国已经建立起了相对完善的管网设施，这为中国页岩气早期开发提供了一定的基础。可是，跟美国发达的天然气管网、开放公平的入网机制相比，中国在天然气管网方面依然面临着诸多的问题，这将极大地限制页岩气未来发展，中国提出的2020年力争达到600–1,000亿立方米页岩气产量的目标有可能是难以实现，而复制美国“页岩气革命”的时机也远未到来。影响中国页岩气未来发展的管网问题主要如下：

（一）天然气干线管网较少，调运能力不足，将限制页岩气外输

中国页岩气富集区域普遍存在着干线管网较少，调运能力不足的问题。以川渝地区为例，该区域外输管道主要有川气东送天然气管道、忠武线、中贵天然气管道。其中，忠武线早已是满负荷运输，并且已经开始向川渝地区反输天然气；川气东送天然气管道自投入商业化运行的两年时间里已累计外输天然气逾155亿立方米，并且随着元坝气田天然气的接入，川气东送天然气管道调运能力即将达产；川渝地区用气紧张，目前还要从中贵天然气管道下载天然气自用。随着西气东输、陕京线等干线管道年输气量的迅速增加，其他页岩气富集区域也将面临着管线调运能力不足的问题，这必将限制页岩气外输，进而减少用户需求，制约页岩气产业的发展。

（二）区域性管网建设落后，将限制页岩气的就近使用

中国页岩气富集区域不仅存在着干线管网较少的问题，其区域性管网建设也比较落后。据统计，川渝地区区域管道密度为0.012公里/平方公里，远低于美国的0.051公里/平方公里、法国的0.067公里/平方公里以及德国的0.1064公里/平方公里，而鄂尔多斯盆地、塔里木盆地、安徽等页岩气富集区域管网情况也大体如此。其次，中国专门的页岩气管网建设基本没有开始，连接页岩气产地和区域性管道的连接管线也尚未开建。此外，页岩气和天然气在管网需求上还存在着一定差异，将页岩气管网连入天然气管网也需统一规划。这些问题都将限制页岩气在当地市场的使用。

（三）页岩气项目开发、管网建设与市场需求三者不协调

页岩气项目开发与管网建设存在不协调。页岩气产能建设是连续性的，而输气管道往往是在页岩气产量达到一定规模后再新建且建设周期较长，两者存在着阶段性矛盾。页岩气项目开发与市场需求也存在着不匹配。外输管道建成前，页岩气只能就近使用，这将抑制页岩气项目开发与产量增加；外输管道建成后，市场需求迅速增加，页岩气产能建设又跟不上。

（四）管道运输垄断，新建页岩气管道成本高

中国的天然气干线管网基本上由中国石油天然气集团公司、中国石油化工集团公司垄断运营，区域性支线管网多由地方性天然气公司运营管理，这些公司彼此竞争，很少共享天然气管道。而当前，国家为了鼓励页岩气开发正逐步放宽页岩气竞争主体的限制，届时，自身没有运营天然气管道的公司即使生产出了天然气，也有可能进入不了这些垄断管道。而重新兴建页岩气管道，一方面会增加企业的成本，另外也有可能导致重复建设。

四、相关建议

在中国，页岩气富集区域面临着管网设施及政策的相关限制，其他地区页岩气发展也面临着同样的问题，甚至问题更加严重。要更好地促进中国页岩气发展，达到《页岩气发展规划（2011–2015年）》制定的目标，必须加紧完善中国的天然气管网设施，逐步开发输气管道。

（一）统筹规划管网建设，合理协调页岩气入网

国家及相关公司在建设干线和支线管网时，必须规划协调好常规天然气以及页岩气管网布局：对于比较适合开发的页岩气区块（经探测页岩气资源量丰富、附近水资源丰富、地质开采条件合适），相关公司在修建常规天然气管道时，可以考虑就近修建，以方便页岩气入网；对于可实现规模生产的页岩气，可优先考虑进入天然气干线网；对于在近期不能实现规模生产的页岩气，引导其进入区域性管网。

（二）完善干线管道，加强支线管道建设

中国天然气管道长度仅为48,200公里，这在很大程度上限制了中国天然气的发展，也将限制页岩气产业的成长。为此，国家应加强干线管道的建设，尤其是加强天然气和页岩气资源丰富区域的管道建设，以增加天然气调运能力，刺激市场对页岩气的需求；加强区域支线管道建设，包括专门的页岩气管道和连接管线建设。

（三）鼓励民营资本参与常规天然气尤其是页岩气管道建设

中国当前的天然气管道大多数是由三大石油公司承建的，而随着对天然气管输能力需求的迅速增长，三大石油公司无论是在财力还是物力方面都难以承受，而民营资本有着非常高的兴趣进入天然气管道建设产业。因此，国家应采取相应政策鼓励民营资本参与常规天然气尤其是页岩气管道建设。

（四）适时成立独立管道公司，逐步开放管道运输

美国页岩气产业发展迅速的一个重要原因是，它采取了天然气生产和运输两种业务垂直管理模式，并将开发商和运输商分离成两个独立的运营实体，管道运营商对天然气供应商实施无歧视准入。中国则刚好相反，天然气开发商和运输商往往是一家公司，并且很少管输其他天然气供应商的天然气。要最大限度的调动社会资源开发页岩气，国家应加强与现有管道公司的沟通、协调，或成立新的独立管道公司，或有偿收购现有公司管道，以逐步统筹管道运输。

中国页岩气开发需要完善的政策体系

完善的页岩气政策体系，在美国页岩气实现商业开采中扮演着非常重要的作用。考虑到页岩气开发的实际进程和需要，中国近两年来陆续出台了相关的页岩气政策。下面将对这些政策的作用及问题进行分析，并提出要促进页岩气产业更好的发展，中国也需形成完善的政策体系。

一、页岩气政策陆续出台

近两年来，为推动中国页岩气产业发展，国家制定了相关的开发战略，陆续出台了系列扶持政策。这些政策主要有：2011年12月3日，国土资源部发布新发现矿种公告，将页岩气作为独立矿种加强管理；2012年3月13日，国家发改委、财政部、国土资源部与国家能源局公布《页岩气发展规划（2011–2015年）》；11月5日，财政部发布《关于出台页岩气开发利用补贴政策的通知》，提出2012年–2015年，中国将向页岩气开采企业所生产的页岩气提供补贴，补贴标准为0.4元/立方米；11月22日，国土资源部发布《关于加强页岩气资源勘查开采和监督管理有关工作的通知》，提出将油气重叠区块的页岩气资源勘查开采权优先配给四大石油公司，减免页岩气矿业权使用费和矿产资源补偿费；12月3日，国家能源局正式发布《天然气发展“十二五”规划》，提出推进页岩气投资主体多元化，加强页岩气勘探开发监管，对页岩气勘探开发等鼓励类项目下进口国内不能生产的自用设备（包括随设备进口的技术）按有关规定免征关税，同时对页岩气出厂价格实行市场定价。

二、现行政策有利于页岩气早期开发，但未成体系

一系列页岩气开发政策的出台既加大了对页岩气开发的实际支持力度，也传达了国家支持页岩气发展的积极信号，为页岩气早期开发奠定了良好的基础。其中，页岩气独

立矿种地位的确立有助于打破几大油气公司对中国油气资源的垄断，有利于页岩气产业良性竞争格局的形成；第二轮页岩气探矿权招标首次允许民营企业和外资参与，则标志着中国页岩气市场已经放开，市场投资主体日趋多元化；页岩气财政补贴政策将鼓励更多企业参与页岩气勘探开发，缓解油气企业开发页岩气的成本压力；页岩气出厂价格实行市场定价，能激发开发企业的积极性，并且有可能推动常规油气市场化改革进程。

中国重视页岩气开发和酝酿页岩气政策的时间还比较短，出台的页岩气政策将对中国页岩气开发产生一定的积极影响，但在具体执行中还是会产生很多问题：页岩气补贴政策的条件是必须是已开发利用的页岩气，区间是2012年到2015年，在此区间内，除了中国石油天然气集团公司、中国石油化工集团公司等四大油气企业有可能获得补贴外，其他企业由于进入页岩气市场时间短，获得实际补贴的可能性很小；中国页岩气市场虽已放开，但页岩气可采资源77%的有利区块位于现有油气区块内，四大石油公司享有优先勘查开采权，当前的招标只能选择不够有利的区块进行，这会影响其他企业的投资回报，进而影响页岩气的早期开发。

现行页岩气政策除了执行效果有待验证外，更大的问题是其主要集中在财税政策和竞争市场两个方面，缺乏其他配套的、相互作用的页岩气政策支撑，没有形成完善的政策体系，难以形成合力。比如，国家制定了页岩气出厂价格实行市场定价的政策，可是并未就四大石油公司对页岩气资源、天然气管网的垄断地位提出相关解决之策，这必然为页岩气价格博弈增加许多变数，使页岩气市场化定价政策短期内形同虚设。而反观美国页岩气开发历史，可知其成功的背后并非由于出台了一两项有利的政策，而是有着完善的政策在支撑：对页岩气勘探、开发实行税收减免及财政补贴降低了页岩气开发成本；建立专项基金资助研究机构、中小型公司开展技术研发，促进了页岩气产业的技术进步；引进市场竞争机制，开放天然气价格，激发了页岩气企业积极性；建立输气管网和管网运行的市场化公平准入机制，降低了运输成本；帮助页岩气项目获得投融资，缓解了相关企业资金压力；加强产业监管，出台严格的环境保护政策，减少了不合理开发，等等。对比中美页岩气政策，可知中国出台的政策还不完善，主要体现在以下几个方面：

首先，页岩气监管缺位。中国页岩气勘探开发市场已经放开，但并没有建立起统一的页岩气监督机构和产业标准，缺乏一套规范的监管程序。这一方面有可能催生不遵循地质规律的“乱采滥挖”现象，导致资源浪费；另一方面有可能引起“炒矿权”现象的发生，导致市场无序。

其次，页岩气环境保护政策不完善。页岩气的开发有可能对环境造成不利的影响，比如水力压裂对地下水的潜在污染，另外还有空气污染、土地污染、噪声污染，以及野生动物栖息地丧失等问题，这些都需要国家制定相应的页岩气环境保护政策，以对页岩气开发企业进行相应的环保约束。可是就中国页岩气开发而言，既没有现成的天然气开发环境标准可循，也没有根据页岩气对环境造成的潜在影响来研究和制定新的政策。

第三，缺乏明确的页岩气科技政策。美国页岩气开发之所以取得成功，一个很重要的原因就是其有着非常完善的页岩气科技政策。20世纪80年代末至90年代初，美国能源部设立了很多专项基金，支持研究机构和中小型技术公司开展新技术研究，这有效地推动了美国页岩气开发技术的突破，水平井钻井技术、水平井多段压裂技术、清水压裂技术就得益于这些研究。跟美国完善的科技政策体系相比，中国在页岩气科研规划、投入等方面还远远不够明确。

第四，管网高度垄断。截止到2011年底，中国国内天然气管道总长仅在4.8万公里左右，且主要由中国石油天然气集团公司、中国石油化工集团公司垄断运营，这一方面不利于降低页岩气开发的运输成本，另外也有可能导致民营和外资企业开采出来的页岩气无法顺利运输。《天然气发展“十二五”规划》虽然提出未来页岩气将输入天然气管网，但具体如何操作在政策层面还没有明确保障。

第五，投融资政策缺失。页岩气在中国还属于新兴产业，在发展初期将会产生巨大的投融资需求，无论是四大石油公司还是新加入的企业都有可能遇到投融资困难。可是当前中国并没有出台相关投融资政策，这将在一定程度上限制中国页岩气早期开发进程。

三、形成完善的政策体系

要更好地促进页岩气在中国的发展，实现“页岩气革命”，有必要对当前页岩气政策遇到的问题及不完善之处做出调整与改善。在努力落实现行页岩气政策之余，更重要的是要针对页岩气开发中遇到的具体问题制定完善的政策，形成页岩气勘查开采、保护、合理利用的政策体系：监管方面，要建立起合理的监管机制，设立专门的机构来制定技术规范和标准，同时必须制定可操作的合理的惩罚措施，以对违规违法市场主体形成强大的震慑能力；环境保护政策方面，要在严格执行现行环境管理法律法规的基础上，针对页岩气开发的特点，确定相应的环保准入条件，同时制定与页岩气开发有关的水资源利用、气体排放、土地使用、废水处理、植被恢复等环境标准；科技政策方面，应设立科研专项基金，支持科研机构、页岩气勘探开发企业、页岩气技术服务公司等开展技术研发，同时加强与美国的技术合作，以尽快掌握页岩气开发核心技术；管网方面，要尽快出台《天然气管道基础设施建设与运营条例》，管道垄断方要允许第三方接入，同时要降低天然气管道建设产业进入门槛，吸引民间资本进入，以降低页岩气开发成本；投融资政策方面，应参考美国的经验，优先向需要融资的页岩气开发企业提供财政拨款、贷款以及贷款担保等资助形式。

海上油气钻井承包市场现状与趋势

随着“海洋石油981”在南海海域正式作业，我国海上油气钻井能力得到了很大的提升。可是，我国海上油气钻井公司竞争实力究竟如何以及该如何发展仍值得探究，因此有必要对全球海上油气钻井承包市场现状进行分析并对其趋势做出预测，从而就我国海上油气钻井公司未来发展提出相关建议。

一、海上油气钻井承包市场现状

（一）E&P投资及海上钻井承包市场规模持续增加

全球油气勘探开发与生产（E&P）投资增长强劲。2012年，受经济、金融、地缘政治等因素影响，西德克萨斯中质油（WTI）价格延续了2011年高位震荡的格局，全年一直在77美元/桶至109美元/桶之间波动。全球主要现货市场天然气价格也呈现出小幅上涨的趋势。在这种较高的油气价格刺激下，全球油气E&P投资继续增长。法国石油研究院通过对各油气公司的数据调查，预计2012年全球油气E&P投资将达到6,400亿美元，同比增长近13%。

受E&P投资增加影响，全球海上油气钻井承包市场规模持续增加。法国石油研究院发布的数据显示，2012年全球油气钻井及相关服务市场总规模为2,400亿美元，其中海洋油气钻井承包市场规模占比18.3%，达到440亿美元，同比增长12.8%（如图23）。

（二）海洋钻井平台市场发展迅速

经济的逐步复苏以及海洋油气产量较快的增长，带动了海洋钻井平台市场的发展。根据RIGZONE网站统计，截至2012年10月，全球海洋钻井平台总数（包括商用平台和非商用平台）达到了1,376台，比2009年高出了127台，年均增长率为3.29%。考虑到金融危机后许多低端海洋钻井平台退役，这一增长比率已经算是非常高的。

目前，这些钻井平台分布在全球各大海域，其中，墨西哥湾、西欧北海、东南亚地区钻井平台分布数量最多，占比分别为16.9%、12.6%、12.5%，其次是巴西、远东、波斯湾地区，世界其他地区钻井平台总数为425台，占比30.9%（如图 24）。

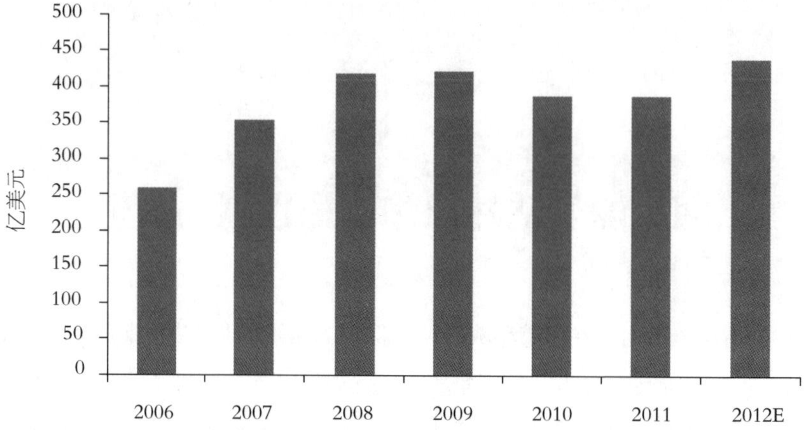

图 23　全球海上油气钻井承包市场规模

数据来源：法国石油研究院

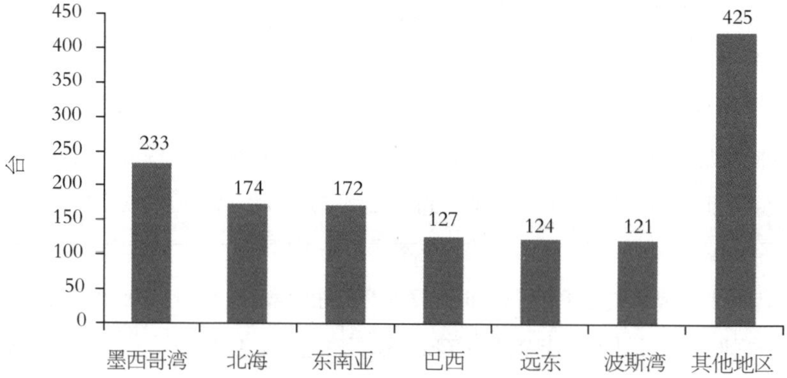

图 24　全球海洋钻井平台分布

数据来源：RIGZONE

海洋钻井平台的作业能力发展也非常迅速。目前，深水钻井平台的最大作业水深已经达到3657.6米（12,000英尺），最大钻井深度达到15,240米（50,000英尺）。额定作业水深达到3,048米（10,000英尺）及以上的半潜式钻井平台数量为57台，占半潜式钻井平台总数的24.1%。2012年，中海油服运营的“海洋石油981”在南海海域正式开钻，它的最大作业水深为3,000米，最大钻井深度可达10,000米，有效地缩小了与世界上最先进的深海钻井平台的差距。钻井船的最大作业水深为3,657.6米（12,000英尺），最大钻井深度为12,192米（40,000英尺）。额定作业水深达到3,048米（10,000英尺）及以上的钻井船数量为135台，占深海钻井船总数的84.4%。

（三）主要钻井指标呈增长态势

受全球海洋油气钻井投资增加影响，近年来海上钻井工作量出现了较大幅度的增长。2011年全球海上钻井3,877口，比2010年多出425口，增长12.3%。其中，浅水钻井数量仍占据最大的份额，达到了3,205口，占比82.7%；深水钻井数量为570口，占比14.7%；超深水钻井工作量为102口，占比仅为2.6%。2012年，全球海上钻井工作量维持了这一增长态势，Drillingcontractor网站于2012年11月发布的预测数据显示，全年海上钻井数量达到了4,387口，同比增长13.2%。从地区来看，2012年美国海上钻井数量为435口，跟2011年相比增长39口，占全球海上钻井数量的9.9%；其他地区钻井数量达到了3,952口，同比增长13.5%（见表8）。

表8　　　　海上油气钻井数量

钻井数量（口）		2010	2011	2012
美国	浅水	345	320	338
	深水	47	46	56
	超深水	28	30	41
其他地区	浅水	2472	2885	3291
	深水	498	524	574
	超深水	62	72	87
全球	浅水	2817	3205	3629
	深水	545	570	630
	超深水	90	102	128
	总计	3452	3877	4387

数据来源：www.drillingcontractor.org

注：水深1000英尺及以下为浅水，水深1000~5000英尺之间为深水，水深5000英尺及以上为超深水。

海洋钻井平台利用率稳步复苏。2012年，全球参与市场竞争的商用钻井平台规模持续扩大，据RIGZONE网站统计，其数量一直维持在650台以上，11月份商用钻井平台数量达到了692台。受油价不断上升的影响，钻井平台利用率也在稳步上行。从图25可以看出，五种主要的海洋钻井平台利用率在2012年出现了不同程度的增长。其中，尤以钻井驳船与钻井船利用率增长最快，幅度在10%以上。海洋钻井平台整体利用率也出现了小幅上涨。2012年1月份竞争性的钻井平台利用率为79.2%，远高于2011年72.9%的同期水平；5月份钻井平台利用率近三年来首次超过80%，达到80.8%；11月份全球签约的钻井平台为579台，利用率为83.7%，同比增长5.1%。从全球市场来看，美国墨西哥湾和西非钻井平台利用率增长最快。2012年，美国墨西哥湾平台利用率一直在66%到67%之间变化，虽远低于其他地区，但跟2011年56%的水平相比仍然有较大幅度的增长；西非钻井平台利用率一直维持在91%以上的水平，比2011年同期增加近11%。世界其他地区的钻井平台利用率虽有所增长，但幅度都在3%以内。

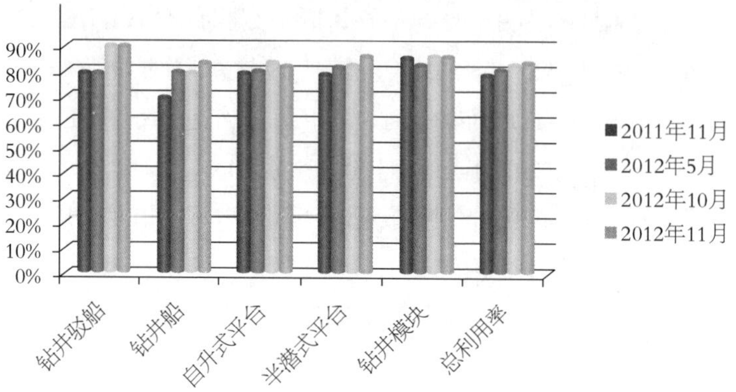

图25 海洋钻井平台利用率

资料来源：RIGZONE

海上钻井平台日费率小幅上移。2012年，全球2,001–5,000英尺半潜式平台日费率虽有所起伏，但仍高于2011年同期水平，9月份日费率增长到907点水平，比2011年同期高出约257点；全球5,000英尺以上的深水钻井平台日费率稳步上涨，自2月份以来，日费率一直在800点以上。9月份，日费率达到了917点，同比上涨约36.7%；美国墨西哥湾250–300英尺自升式钻井平台日费率也在震荡上升，9月份增长至460点水平，较2011年同期高出约208点；西北欧自升式钻井平台日费率保持了较大幅度的增长，第二、三季度比2011年同期水平平均高出了172点。

（四）钻井承包商数量增加，市场垄断日趋严重

随着海洋勘探开发活动的日益活跃，越来越多的石油公司进入了海洋钻井承包市场。目前，从事全球海上钻井的公司大约有155家，主要包括两类，一类是综合性石油公司，另一类是专门的海上钻井承包商。其中，综合性石油公司虽拥有一定数量的海洋钻井平台，但多数只为自己的海洋石油勘探开发活动服务，几乎不参与市场竞争。海洋钻井市场的竞争主体主要是海上钻井承包商，它们掌握了世界上绝大部分的海洋石油钻井平台。截止到2012年11月份，在国际钻井承包商协会（IADC）注册的专门从事海洋钻井的承包商达到54家，海陆钻井作业兼做的钻井承包商为31家，海上钻井承包商总数为85家，这比2004年增加了大约30家。在这些承包商中，拥有5台及以上钻井平台的有55家，占比64.7%；拥有20台以上钻井平台的达到了14家，占比16.5%。

海洋钻井承包商数量虽有所增加，但随着大型承包商钻井实力的显著增强，市场垄断现象越来越严重。当前，Transocean、Noble drilling、ENSCO、Seadrill、Diamond、COSL、Hercules offshore等公司占据着全球海洋油气钻井市场的大部分市场份额，深海油气钻井市场更是为这些大型钻井公司所垄断。2012年上半年，全球七大海上钻井承包商钻井总收入达到了131.96亿美元，Transocean公司独占鳌头，钻井收入达到了惊人的46.1亿美元。此外，这七大海上钻井承包商2012年10月的钻井平台数量达到了472台，占全球平台总数的34.3%，作业水深在5,000英尺以上的平台数量为144台，占全球同等水深的平台总数（285台）的50.5%（见表 9）。可见，越是深海钻井市场，大型钻井承包商的竞争实力以及垄断性就越强。

表9　海上主要钻井承包商经营状况

钻井承包商	2012年6月底总资产（亿美元）	钻井收入（亿美元）			2012年10月钻井平台总数	2012年10月作业水深在5000英尺以上平台数	2012年10月平台利用率
		2010年	2011年	2012上半年			
Transocean	344.42	89.87	83.8	46.1	115	41	68.7%
Seadrill	189.34	40.15	41.91	21.7	67	38	62.5%
ENSCO	181.58	16.97	28.43	20.94	75	22	82.7%
Noble drilling	140.36	27.72	26.35	16.61	80	22	75.6%
COSL	104.32	14.08	15.10	8.32	34	1	91.4%
Diamond offshore	79.83	33.23	33.22	15.07	44	19	72.7%
Hercules offshore	20.49	6.25	6.56	3.22	57	0	33.3%

数据来源：各公司网站，RIGZONE

二、海洋油气钻井承包市场发展趋势

（一）海洋油气钻井承包市场尤其是深海市场将保持快速增长

受陆地油气资源不断减少以及海洋油气技术的成熟、开发成本降低等因素影响，海洋油气尤其是深海油气将迎来发展的黄金时期，这将进一步刺激海洋油气钻井市场。展望未来，不断增长的能源消费需求这一趋势不会改变，油气作为第一能源的地位也不会改变，油价仍将高位运行。随着陆地油气资源储量不断减少，丰富的海洋油气资源引起了各大石油公司的关注。根据美国地质局的测算，目前全球石油尚未发现的储量大约为5,390亿桶，其中浅水有2,333亿桶，深水有1,760亿桶，占据了未发现石油储量的63%，未来的油气储量十分可观。此外，海洋钻井技术突飞猛进的发展也为海洋油气勘探开发提供了必要的条件。未来几年，各大石油公司将继续增加对海洋油气的勘探开发支出，尤其是深海油气支出。据Douglas–Westwood公司预计，在2012至2016五年间，全球在深海领域的投资将达到2,320亿美元。其中，将有720亿美元投入深海钻井领域，这将进一步刺激深海油气钻井市场，深海钻井市场将迎来良好发展期。

（二）海洋油气钻井平台更新换代现象日益普遍

当前，海洋油气钻井平台老旧化现象日趋严重。据统计，在全球477座自升式钻井平台中，有将近300座是在1984年以前建造的，即平台年龄达到28年的占比62.9%。另据ODS–Petrodata预测，2012年底自升式钻井平台平均年龄将达到23.6年，半潜式钻井平台平均年龄将达到21.53年，其它类型的钻井平台平均年龄也日益增大。而随着海洋油气勘探开发活动的日益活跃与深海油气开发难度的日益加大，各石油公司对海洋油气钻井技术要求越来越高，对海洋钻井平台专业性、先进性等要求也越来越高，那些服务年龄非常大的钻井平台显然很难满足这一要求。可以预计，在未来几年，海洋油气钻井平台更新换代的现象将比以前更加普遍，将不断有老旧的钻井平台从市场上退役，也将不断有新建造的钻井平台进入市场。Guggenheim Securities统计的数据显示，在2013–2015年之间全球将有51台浮式钻井平台交付市场，将有48台自升式钻井平台交付市场并使用。

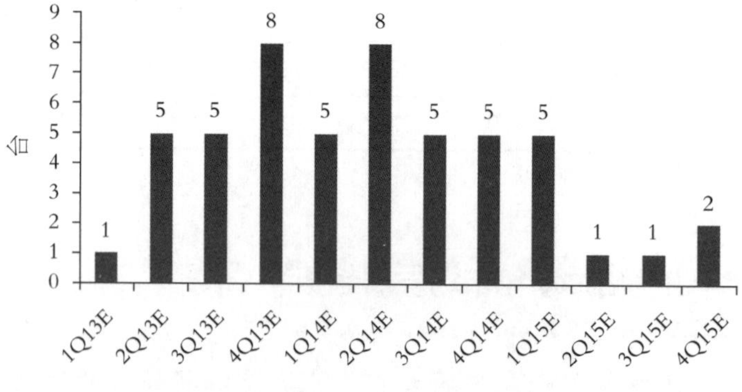

图26　2013–2015年浮式钻井平台季度交货情况

数据来源：Guggenheim Securities

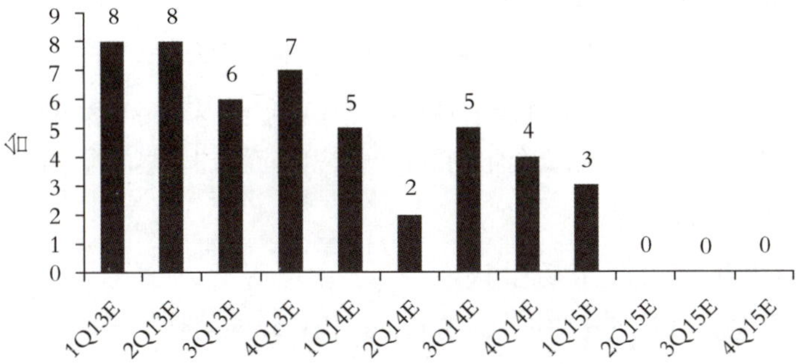

图27 2013–2015年自升式钻井平台季度交货情况

数据来源：Guggenheim Securities

（三）海洋油气钻井产业将面临更加严格的安全性标准

近年来，由钻井平台引发的海洋油气泄漏事故频发：2010年在墨西哥湾作业的“深水地平线”钻井平台发生爆炸并沉入海底，造成大面积原油污染；2011年在渤海湾发生了漏油事件。这些事故既给相关海域造成了严重的生态环境污染，同时也促使各国成立新的海洋油气开发监管机构以及制定更加严厉的法律法规，尤其是钻井安全标准。2011年，美国正式成立了安全与环境执行局（BSEE）和海上能源管理局（BOEM）以加强海上能源开发的安全监管。2012年8月15日安全与环境执行局（BSEE）颁布了最新的海洋钻井安全规则，这些规则为井的设计、套管、固井及井控程序与设备（包括防喷器）建立了严格的的新标准。欧盟委员会在2011年11月拟定了新的关于海洋油气开发活动的安全标准，并成立了欧盟海洋管理部门小组，以加强成员国交流合作，提升海上钻井安全水平。国际钻井承包商协会也一直在讨论如何建立更加严格的钻井安全性标准，如何制定更加系统的钻井安全措施。这些新的海洋油气开发法规及钻井安全标准相比以往虽有所进步，但还不够严厉，不够完善。未来几年，在国际舆论的压力下，各国必将制定更加完善的关于海洋油气钻井安全的规定，海洋油气钻井产业也将面临更加严格的安全性标准。

三、中国海洋油气钻井公司发展建议

（一）加强深水钻井能力建设

深水钻井市场将逐渐成为海洋油气钻井市场的主战场。2011年，深水、超深水钻井数量占全球海洋钻井工作量的17.3%，可以预计，随着深海勘探开发活动的日益活跃，这一比率将会逐年上升。当前，中国深水钻井能力跟国际先进水平相比还有很大的距离。

中海油田服务股份有限公司（中海油服）运营的34座钻井平台仅有7座具备深水作业能力，其中，只有“海洋石油981”钻井平台具备超深水钻井能力。中国其他海洋石油钻井公司都没有管理和运营深水钻井平台，深水钻井能力极为欠缺。要更好地把握海洋钻井从浅水走向深水的趋势，中国海洋油气钻井公司应制定更加详尽的深水战略，加快技术开发，加强深水钻井能力建设。

（二）加快开拓国际市场步伐

国际上大型的海洋油气钻井承包商在稳固国内市场的同时，都非常注重开拓海外油气钻井市场，以抢占全球市场份额。当前，中国海洋油气钻井公司国际化程度还非常低，其中，钻井国际化业务发展最好的中国公司是中海油服。该公司在2012年11月份共运营了34座钻井平台，其中，有14座钻井平台（11座自升式、3座半潜式）在海外作业，比率为41.2%，远远低于Transocean公司83.8%的海外作业水平。中国其他的海洋油气钻井公司则基本上都在中国浅海海域作业，很少涉及国际化业务。中国海洋油气钻井公司要更好地提升自己的作业能力，占据有利的市场地位，必须紧紧跟随三大石油集团进军海外的步伐，加快开拓国际市场。

（三）加强钻井安全管理

对海洋油气钻井公司来说，钻井安全不仅是其HSE管理体系的一部分，更是一种重要的无形资产。只有全面注重钻井安全，减少安全事故的发生，海洋油气钻井公司才能赢得更好的市场信誉，占据更好的市场地位。中国海洋油气钻井公司应从以下几个方面加强钻井安全管理：加强对钻井作业人员的专业及安全知识培训，提高他们的安全意识、业务素质和管理水平；注重钻井程序安全，梳理和优化钻井流程，实现钻井生产现场有序化；对钻井设备和工具进行定期检查和维修，完善相关的应急预案，提高公司的应急能力。

中国进口原油海运安全分析

石油与中国经济发展和国家安全有着密切联系，在中国能源消费结构中约占20%，是仅次于煤炭的第二大能源。石油供应暂时中断、严重不足或价格暴涨都会对国家安全构成危险。2012年，中国原油对外依存度已达56.4%，而海上运输作为中国三种原油进口方式（海上运输、管道运输、陆上运输）中最主要的方式，其运输量约占91%，所以维护中国进口原油海运安全，对于保证原油进口、维护能源安全，进而促进中国经济发展和国家安全都有重要的作用和意义。

一、中国进口原油海运现状

（一）原油进口量及海运量

中国是世界第二大原油消费国和第二大原油进口国，自从1993年成为原油净进口国以来，原油进口量总体上呈迅速攀升趋势。2012年我国原油进口27,109万吨，原油进口依存度达到56.4%。其中，91%的进口原油是通过海上运输完成的，1/3左右的进口原油由中远集团、中海集团等国内油轮公司承运，剩余约2/3依赖国际油轮联营体、环球航运、韩国现代等国外油轮公司运输。

（二）主要航线及份额

目前，中国进口原油海上运输航线主要有3条。中东航线：波斯湾—霍尔木兹海峡—马六甲海峡—台湾海峡—中国大陆。非洲航线：北非—地中海—直布罗陀海峡—好望角—马六甲海峡—台湾海峡—中国大陆和西非—好望角—马六甲海峡—台湾海峡—中国大陆。东南亚航线：马六甲海峡—台湾海峡—中国大陆。

2011年，通过以上三条航线进口的原油量分别为13,004.29万吨、6,014.69万吨、863.7万吨，占总进口量51.2%、23.7%、3.4%。不难看出，以上三条进口石油的主要航线都必须经过马六甲海峡。也就是说，我国约4/5的进口原油要依赖马六甲海峡进口。

（三）油轮型号及数量

中国原油进口的主要油源地为中东、非洲、东南亚、美洲等。目前，中国有能力从事海外原油运输的公司屈指可数，主要是中远集团、中海集团、香港招商局集团、中国外运长航集团、河北远洋集团和大连海昌集团等。截止到2012年底，这六家公司合计拥有巴拿马型、阿芙拉型、苏伊士型、ULCC/VLCC等4种型号油轮的数量分别为31、17、6、69。各公司具体船队情况见表 10。

表10　各家公司运输船队的主要船型和数量（艘）

船型 / 油运公司	巴拿马型 6–8万DWT	阿芙拉型 8–10万DWT	苏伊士型 12–20万DWT	ULCC/VLCC 20万DWT以上
中远集团	12	3	3	21
中海集团	17	6	0	9
招商局	0	7	1	13
中国外运长航	2	1	0	19
河北远洋	0	0	2	3
海昌集团	0	0	0	4
合计	31	17	6	69

数据来源：各公司官方网站

二、中国进口原油海运安全现状

中国进口原油的70%以上来自于中东与非洲，这些地区局势动荡，加之海运过程中受到海盗和海运事故等因素影响，使得目前中国进口原油海运安全现状堪忧。

（一）原油进口所经海域形势复杂

油源地中东和非洲由于宗教问题（如逊尼派和什叶派斗争）、经济不景气、贫富差距悬殊、政治腐败（如中东国家平均腐败率达54.1%）、家族统治等内部因素，以及大国资源和战略要地争夺、政治干预、意思形态植入等外部因素，使战争冲突频发。由于原油是重要的战略物资，因而在战争中，原油运输船只成为军事打击的重要目标。例如，两伊战争期间，伊拉克对在海湾地区航行船只进行132次攻击，导致其中40艘被击沉或严重破坏；伊朗共发动了约70次袭击，毁坏了11艘船只。

从主要航线可以看出，原油海运要经过索马里、印度尼西亚、红海、亚丁湾、马来西亚等地理环境复杂的地区，这些地区往往海盗袭击频发，而且性质也越来越恶劣，例如索马里在2011年海盗袭击数量就高达160次，约占全球的36%，平均每艘船的赎金约为500万美元。

（二）原油进口战略通道受外牵制

2009年以来，美国加快改善与缅甸的关系，谋求与缅甸进行政治、经济、军事等方面的全方位合作。目前随着两国关系的改善，中国海上和西南两方向的原油进口通道受到的威胁也越来越大。如果美国在缅甸驻军，就可以遏制中国原油进口海运通道——马六甲海峡。此外，中国西南方向原油进口通道——中缅油气管道——的建设也会由于美国的介入受到阻碍，即便建成后，也很可能置于美国控制之下。

（三）中国油轮安全行驶能力亟待提升

目前，中国承担油运业务的各油运公司普遍存在船舶老龄化现象。据有关资料统计，承担中国油运业务约80%运力的中远公司共50艘油船船龄达到25年，其中有15艘船龄超过30年，其他公司也有类似情况。另外船舶超载，船员责任心不强，当值人员不按规定操作，甚至无证上岗，大多数船员缺少安全应急演练，应急反应差，以上现象的普遍存在，使得紧急情况无法得到妥善处置，从而造成严重后果。

三、中国进口原油海运存在的安全隐患

（一）油源地战争与冲突频发

近年来中国进口原油主要来自于中东和非洲（如图 28），受内外各种不稳定因素影响，两地区局势动荡。进入21世纪以来，先后爆发了阿富汗战争、伊拉克战争、以黎战争、加沙战争、利比亚战争、叙利亚战争等。

2010 年12月，突尼斯发生“茉莉花革命”以来，游行示威、流血冲突、本·阿里总统外逃、穆巴拉克铁笼受审、卡扎菲死亡、萨利赫被迫辞职、叙利亚内战、伊朗受到国际制裁等接连发生。中东和非洲局势动荡使得波斯湾、红海、亚丁湾等海域原油运输存在很多安全隐患。

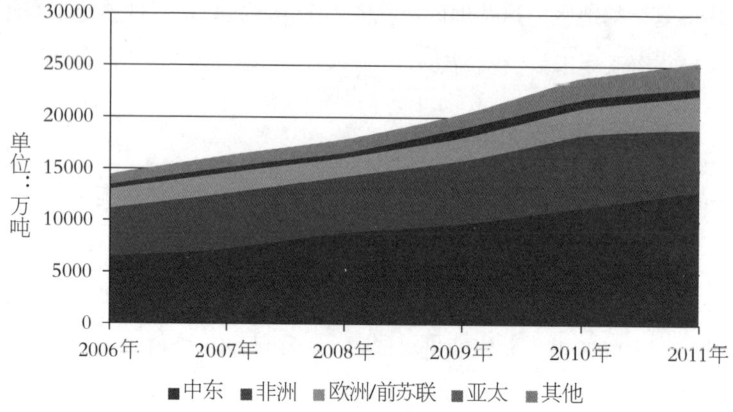

图28　2006-2011年中国原油进口来源地

数据来源：海关总署

（二）过度依赖个别航道

中国原油进口海运高度依赖于马六甲海峡和霍尔木兹海峡。受地缘政治等因素影响，这两个海上通道隐藏了较多不稳定因素。

马六甲海峡是连接太平洋和印度洋的重要海运通道。目前中国从非洲、中东进口的全部原油以及从亚太地区进口的部分石油都须经过马六甲海峡海运回国。过度依赖马六甲海峡对中国原油供给安全造成潜在威胁。马六甲海峡西宽东窄，多岛礁、浅滩，战时极易被封锁。一旦台湾海峡或南海有事，美国很可能通过控制马六甲海峡来切断中国的原油进口通道。印度在马六甲海峡建立了战略防御司令部，为的是一旦战争需要，能迅速封锁马六甲海峡等重要海上通道，等等。

霍尔木兹海峡是海湾国家出口原油的主要通道，承担着全球近40%原油的出口供应，2009-2010年霍尔木兹海峡每天通过的原油为1,550-1,600万桶，2011年更是多达1,700万桶石油，成为世界上最繁忙的峡口之一。假如它被封锁或受到影响，将会影响包括中国在内的整个世界的石油供应。该海峡目前存在较多的安全隐患，例如：各种冲突和战争，恐怖主义活动，因水文地质特征而可能造成的海峡航道意外堵塞等等。随着中国对霍尔木兹海峡依赖的加深，风险也会相应增大。

（三）原油海运依赖海外船队

在中国目前庞大的原油进口额中，由中国船舶承运的进口原油所占份额很少，约为33%，其余67%都是由外国船承运。与国外相比，中国原油国运比例过低，例如日本国运比例在80%至90%之间。航运界专家认为，从国家石油运输安全角度考虑，中国大型油船船队的规模至少要保证能承运50%以上进口原油。从国家能源安全角度看，一个国家如果对进口能源运输船队控制能力不强，倘若发生战事，能源运输则易受制于人，对国家的能源安全造成极大威胁。随着国油国运政策的推进，中国油船数量也不断增加，截止到2012年底共有66艘VLCC油轮，17艘阿芙拉型油轮，中国船队在进口原油的承运份额上有所提高，但仍没有改变进口石油主要由外国公司承运的局面。

（四）海盗袭击频繁出现

最近几年海盗活动频繁，海盗袭击事件时有发生。从图 29不难看出，2002年至2011年全球海盗袭击数量走势大致呈“V”形，在此10年中，2006年次数最少，为240起。2009–2011年全球海盗袭击事件均在400起以上，其中2011年更是远超500起。

另外，海盗活动范围逐渐扩大，区域更加集中。在 2011年全球共发生的544起海盗袭击事件中，非洲占到284起，其次为南中国海的113起。海盗袭击发生的区域仍然集中分布于全球公认的海盗危险海域，其中居于前 7位的海域（括号内数字为海盗袭击发生次数）分别为：东非（223）、南中国海（113）、印度洋（63）、西非（61）、南美洲（29）、阿拉伯海（28）、马六甲海峡（22）。

（五）海运事故时有发生

进入21世纪，中国由于油轮触礁、相互碰撞，接连不断地发生事故。据统计，2000–2010 年中国沿海共发生大小船舶事故3,250起，平均每3.5天就发生一起。其中，溢油量在50吨以上的重大油轮溢油事故共60起。油轮事故频发值得人们关注。

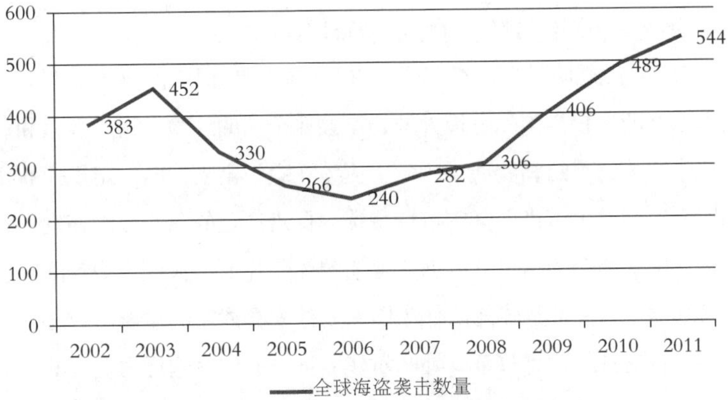

图29　2002–2011年全球海盗袭击报告数量

数据来源：国际海事组织

四、加强中国进口原油海运安全的措施建议

（一）适当控制中东进口量，促进油源地多元化

中国原油进口过度集中于中东等不稳定的地区，原油运输安全受到威胁。为了降低原油运输风险，就必须实施原油进口地多元化。首先，中东地区原油丰富，开采较容易，成本也较低，目前要大量减少中东原油进口并不现实，但可以适当控制其比重。其次，非洲和美洲原油资源也非常丰富，例如非洲的安哥拉、尼日利亚、刚果和美洲的加拿大、墨西哥、委内瑞拉，中国可以通过提供原油开采技术等方式与非洲和美洲等原油丰富的国家加强合作，提高这些地区的原油进口比例。最后，从地理位置等因素来考虑，亚太地区是中国原油进口的理想来源地。中国从该地区进口的原油数量一直在增加，虽然速度很慢。为了保障原油进口安全，中国应该扩大与亚太地区国家的原油贸易，比如油气资源丰富的俄罗斯。

（二）拓展陆上原油进口路线，落实海运航线可替代方案

中国应以海陆平衡的思维来看待原油进口渠道的多元化，加快其他方向上输油管道的建设，尤其是陆上油气管道的建设可以降低原油海运航线风险。中国比较安全的原油进口格局是：东北地区，引入俄罗斯油气；西北地区，依靠中哈管道从里海周边进口能源；西南地区，从中东、非洲等国经过海运抵达缅甸，再由中缅油气管道进入中国，另外中亚地区原油可经泛亚铁路进入中国西南；东部和南部沿海地区，从中东、非洲经马六甲海峡海运回国。若实现这四个方向的能源进口，就可以减少对个别航道的依赖，从而保证原油进口安全。

（三）建立超级油轮船队，提高原油国运比例

扶植中国大型油船船队进入资本市场。VLCC油船造价很高，较高的投资门槛限制了中国船东进入该产业。根据国际上最大的几家油船公司的经验，通过上市和利用资本市场，可大大促进产业的重组和发展。所以，应该在政策上支持有一定规模和实际经营经验的中国油船船东通过上市进入资本市场融资，促进产业的兼并收购和发展壮大。在充分尊重油船运作国际惯例的情况下，创造宽松的体制环境，扶植大型船队发展。政府应统筹考虑，将建立进口原油运输船队作为国家石油安全战略的重要内容之一，除享受现有内销远洋船财税支持等优惠政策以外，对建立进口原油运输运力发展的投资项目提供全额贴息，并采取一些税收减免措施，鼓励航运企业通过新造、购买、光租、期租等多种方式加快运力发展步伐。中国能够建造并在船期上保证的船舶，应在国内建造，以拉动中国造船工业及相关产业的发展。

中国加快专业运输船队建设的同时，也要加强原油进口企业和承运企业的战略合作。目前，中国大型石油进口商和进口石油承运商，大多数是国有性质的企业。中国拥有原油进口牌照的货主，主要是中国石油天然气集团公司、中国石油化工集团公司、中国海洋石油总公司、中国中化集团等，而有实力的承运商主要集中在中远、中海、招商局、中外运长航等，这些企业都属于大型国有企业，并且全都是国务院国有资产监督管理委员会名下的中央企业。政府可以从中协调，促进进口商与承运商形成“风险共担、利益共享”的战略联盟，进而实现动力资源的专业化整合，提高在国际原油运输市场中的竞争力。

（四）增强海空军力量建设，推进油轮安保工作

从欧美等国家经验来看，解决原油运输安全问题都是靠拥有强大的海军力量进行护航，控制自己所需要的主要航线。在当今的国际形势下，中国有必要打造一支具有远洋作战能力的强大海军，并在重要航区部署自己的军事力量，这样既可以有效地打击海盗，又可以防止海运通道被海上军事强国切断，从而有效维护原油运输航线通畅，保证中国原油海上运输安全。

推进油轮安保工作主要从以下几方面着手：一是加快油轮保安信息化系统建设，建议成立船舶保安技术和措施研究中心，加速推进远程跟踪识别系统的建设和应用，加快VTS、AIS、EDI等水上交通监管系统、识别系统、信息收发平台的数据资源整合，打造出全方位、信息化、科学化的船舶保安决策指挥系统，提高船舶监控科技含量的信息系统建设。二是主管机关可向政府申请，争取与公安部门合作，培养海上保安防暴警察，组建海安特警队伍。倘若船舶航经危险海域、认为有必要时，可聘用海安特警为其保驾护航。三是在少数国家已经出现了管理级船员配备枪支的做法。主管机关可权衡利弊，考虑是否可以让船舶管理层和保安员配备武器。

（五）建立油轮安全机制，打造高素质海员队伍

油轮安全机制主要包括油轮性能预警机制，恶劣海况预警机制，事故警报和应急机制。一是建立油轮性能预警机制，对油轮寿命、设备性能等各方面信息进行全面监控，为油轮维修甚至退役提供依据。二是建立恶劣海况预警机制，提高风浪等海况的预报准确性，为船员争取更多的时间做准备。三是建立事故预警及应急机制，当发生火灾、碰撞、海盗袭击等事故时，船上可以及时发出警报和启动应急程序，对事故进行紧急处理。

高素质海员队伍的培养是一个综合的系统工程，在这个系统工程中，培训机构及主管机关、航运公司和社会是三个最主要的环节。航海培训机构及主管机关应优先选择热爱航海事业、有较好自身素质的优质良才，严格地按照有关海员培养的国际公约和中国

法规的标准，实施培养和教育，完成航海人才的初期培养程序。航运公司应建立完善的人才引进和激励机制，制订人才锤炼和提高的详细方案，有计划、有步骤、有针对性、有明确目标地实施教育和培养，以完成航海人才的后期培养程序。社会应高度重视航海事业的发展，大力宣传航海精神，弘扬民族航海之魂，激发民族的航海热情，并采取强有力的措施提高海员的社会地位，保障海员的合法权益，鼓励更多热爱航海的人们去从事航海工作。2009年12月29日，广远“瑞昌海”轮在尼日利亚拉各斯港外遭海盗袭击，“瑞昌海”轮从发现不明小艇到启动预案、全体船员各就各位、指挥体系构筑完成直至报警信息发出，前后仅用不到2分钟时间，整个过程决策果断，动作敏捷，有条不紊，成功阻止了海盗。这一例子充分说明了建设高素质船员队伍的重要性。

加强成品油物流成本控制

在社会流通领域，中国物流成本占GDP的比重接近20%，比发达国家高出近一倍。目前，中国物流成本普遍较高，一方面物流仓储、运输成本高，物流企业的燃油费已超过总成本的40%，过路费等费用也占到了总成本的近三分之一；另一方面物流管理效益低，导致大量资源浪费而致使整体物流的成本高，包括由物流体制不健全、管理水平落后和物流信息技术落后引起的高物流成本等。这些都是成品油物流中存在的共性问题，因此，对成品油物流成本进行有效控制具有必然性和迫切性。

一、成品油物流特点

广义的成品油物流活动包括从原料油的采购、供应开始，到成品油生产炼制过程中的仓储、接卸、包装以及在消费领域发生的验收、分类、仓储、运输、配送等各个环节。成品油物流有普通物流的一般特点，和其他商品的物流有很多相似之处，但由于油气产品易燃易爆易挥发等特殊性的存在，决定了成品油物流的独特性。

（一）成品油物流的高危性

由于成品油的高危性，在存储及运输过程中，需要更多的人力及资金投入，保证设备的专业性及人员的实时监督。从实际情况来看，成品油运输过程中屡屡出现交通事故，造成成品油泄漏、爆炸，不但直接损失了产品，而且危害巨大，后续处理的损失也较大。

（二）成品油物流运距长

这决定了成品油物流成本比一般物流成本代价要高，且发生意外后造成的影响较大、带来的损失也较大。而且成品油的运输大量依靠铁路及公路运输，而铁路及公路运作是油气企业无法掌控的，因此若出现交通障碍，将对成品油运输造成直接影响，进而影响市场消费。

（三）成品油供给地域分布不均

受经济发展不平衡等种种原因的制约，中国成品油消费市场主要集中于华东、华南等经济发达地区，而炼油厂则相对集中分布在东北和西北地区，成品油流通费用占有很大的比重。

而与此同时，中国大量的加油站存在规划不合理的情况，进一步增加了成品油的配送成本。

二、成品油物流成本特征

具体而言，成品油物流成本具有以下特征：

（一）成品油物流成本的复杂性

成品油物流环节众多，设计面广，相关费用的构成复杂、极具多样性，难以划分。

（二）成品油物流成本的相对性

成品油物流主要是为满足加油站和部分直接客户的需求，满足对消费者的供给，综合看来即是以客户需求为基准。所以，成品油物流的成本并不是面向企业的经营成果，而是面向客户的服务过程。这样其物流成本的发生就不是成品油的产出可以决定的，而要保证其市场地位，就必须在成品油物流成本和客户服务需求之间进行权衡，进而尽可能地满足客户的需求。

（三）成品油物流成本的隐含性

是指由于成品油物流成本控制的现实要求和现行会计制度之间的技术性冲突，导致成品油物流成本在现行会计制度的框架内很难辨认和分离。如中国石油化工集团公司成品油物流成本的大量基础数据就包含在其经营、管理、财务费用中，并未成为一个单独核算的项目，而这也是目前成品油物流成本核算现状的普遍反映。大量的物流费用与成品油经营管理的其他费用混在一起，就像沉没在水面下方的冰山，不被管理者觉察，难以发挥应有的指导成品油物流成本管理的作用。

三、成品油物流成本要素分析

成品油物流，是联结炼油厂、成品油油库、加油站以及用户的一个庞大、复杂的物流网络，其节点主要包括炼油厂、油库和加油站。物流成本主要包括专用车辆的购置及折旧、人员的薪酬、托运费、运输过程中存在的意外损耗、仓储管理费用，以及由于成品油无法及时送达而造成的损失等。具体而言，可按物流活动业务内容划分成品油物流成本，下面择取个别成本项目进行说明：

（一）仓储成本

在由供应商、企业和顾客组成的物流供应链中，下一道环节对物品的需求与上一道环节对物品的供应在时间上往往是不同步的，这种需求和供给之间的时间差需要仓储来调节。成品油仓储成本主要包括中转油库的储存成本，油库、油管、油泵、油罐等设备折旧费用、油库管理费用、仓储设备的检修维护费用、保险费用、油品数量和质量的储存损耗等。

（二）配送成本

成品油配送是指配送中心根据用户的要求，把储存的油品按时、按量送达指定地点的物流服务活动。成品油物流配送贯穿整个成品油供应链，并成为联系炼油厂、消费者等各个环节的纽带。成品油配送服务涉及许多成本，这些成本根据其是否与业务量发生直接关系，可以分为固定成本，如储运设备的折旧；可变成本，如配送中心内的运输费用以及配送中心至加油站的配送成本、储存费用、油品资金占用成本以及人工、装卸成本等。

（三）客户服务成本

成品油客户服务成本不是油气企业发生的实际支出而是其丧失销售机会造成的损失，因此它是一种不能直接和间接体现的隐性成本。只有当客户对企业的物流服务不满并因此而结束与企业的合作时，才会发生客户服务成本，否则客户服务成本为零。

（四）成品油物流管理成本

成品油物流管理成本一般是指进行成品油物流的计算、调整、控制所需要的费用，它既包括成品油物流作业现场的管理费，也包括炼油和销售企业物流管理部门的管理费。在物流成本中，物流管理成本所占比重很小，在成品油物流成本控制过程中仍应该对其予以考虑。

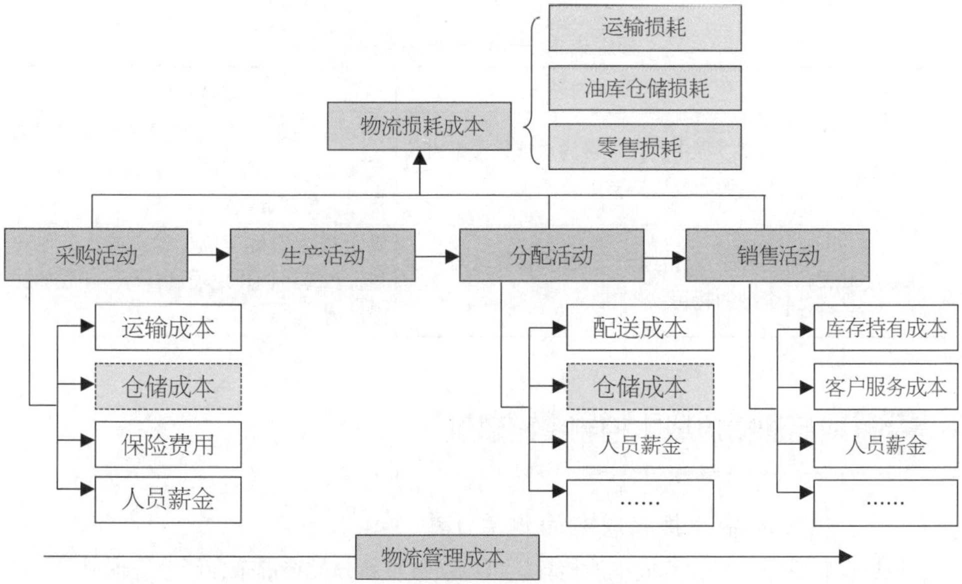

图30　成品油物流成本构成图

四、中国成品油物流成本核算方法比较与选择

成品油物流成本核算方法的选择对成品油物流成本的控制具有重要作用，采用合适的成本核算方法，可以使企业管理者及利益关联方获得更有用的成本信息，从而为管理者提供更可靠的决策依据，进而提出更可行的控制决策。物流成本的核算目前主要有两种方法：即营运成本法和作业成本法，如表11所示。

目前，企业中普遍采用的是营运成本法，该方法运用相对简便，但对具体物流成本的核算不够明晰，无法分项目单独列示。而由于成品油物流是面向客户的，其发生额由成品油在时间、空间上的变化所决定，所以依据企业物流流程中发生的物流活动涉及数量来确定物流成本范围是一种更合理的方式。这就是成品油物流成本核算中被较为普遍认可的作业成本法。该方法弥补了现行会计制度中不单独核算物流成本的缺陷，可以明确物流活动责任，具体各项活动成本额。具体而言，作业成本法的应用首先应以目前传统的会计核算资料为基础，提炼会计基础核算资料的内容，对物流活动中各活动项目根据其经济、技术等方面的特点进行归集分类，确定成本中心，进而确定各成本中心的关系，对整个作业成本系统进行解释和分析，最后对反映出的问题采取相应措施以提高作业效率。但具体化意味着核算难度及核算要求的提高，在实际应用中离物流成本管理实践的要求还有相当的距离。

表11　营运成本法和作业成本法

	成本内涵	核算方式
营运成本法	物流过程中发生耗费的对象化，是为获得资源而发生的支出	对能够直接计入某项业务的直接费用则直接计入；不能直接计入的，采用单一标准，分配计入
作业成本法	区分不同作业标志，分别核算其对物流资源的耗用	确定作业项目、单位作业成本、作业量，计算不同作业项目具有可比性的作业成本

五、成品油物流成本控制策略建议

（一）优化成品油物流成本的归集方法

根据现有研究，对物流成本的核算，可以通过重新分类将混杂在经营管理科目中的物流成本，通过适当的分配比率抽取出来，并列入设计好的物流成本核算表。按此想法，

成品油物流成本可重新分配为五类：物流人员相关成本，物流基础设施相关成本，运输管理相关成本，物流行政管理相关成本以及财务费用。

参照前面对成品油物流成本划分的分类，将具体的成本科目进行重新归集，列出新的物流成本费用分配表，计算其各个时期的比例和金额，并进行纵向比较，从而发现问题，逐步调整。如表12所示。

通过对该成本分配表的不断完整、扩充，企业可以对成品油物流有整体的详细了解及有效的控制，对成品油物流成本的降低将起到十分关键的作用。

表12　成品油物流成本

科目		物流成本合计	采购活动	生产活动	分配活动	销售活动
一	物流人员成本					
	工资					
	福利					
	五险一金					
二	物流基础设施成本					
	车辆、油罐购置费					
	折旧费					
	……					
三	运输成本					
	燃油、过路费					
	装卸费					
	……					
四	物流管理费用					
	……					
五	物流损耗成本					
	运输损耗					
	仓储损耗					
	意外损失					
	……					
六	库存持有成本					
七	客户服务成本					
	……					

（二）加强成品油各物流环节成本的控制

成品油物流成本控制，就是在对成品油物流涉及的范围、具有的特征有充分了解的基础上，在成品油物流过程中，按照既定的标准对成品油物流成本的各种影响因素进行监督，发现偏差并及时纠正，从而使因成品油物流而产生的各项资金、资源消耗限定在合适的范围内。在对成品油物流进行成本控制时，首先要对成品油物流进行充分的了解，确定成品油物流成本的构成，并对其进行分类，发现可进行成本控制的成品油物流环节，进而分析成品油物流成本的可控性条件与控制原则。

对成品油物流成本进行有效的控制，必须对成品油物流活动环节首先有深入的了解，才能有的放矢，进行合理控制。以中国石油化工集团公司成品油物流活动内容为例，其成品油物流成本的控制主要应集中在以下几个方面：自营运输与第三方承运、管道运输与交通工具运输的应用、成品油配送中心的选址、成品油仓储规模的确定、成品油管理对损耗的控制以及运输路线的选择等。

无论成品油的成本控制从哪个角度来操作，其基本的原则是不变的，即，成本最优原则。也就是说，任何一个角度的考虑，只要达到成本最优，就应考虑应用。

1. 运输方式的选择。一方面，应大力发展管道运输。管道运输具有可靠性高、运输成本低、可操纵性/控制性强、综合效益好等优点，中国目前成品油通过管道运输的比率还不到20%，发展空间巨大，既有应用的可能性，又有应用的必要性。另一方面，若采用交通工具运输，对于不同地区、不同配送中心，应首先根据配送成品油的距离及道路状况，对配送成品油的最佳路线进行选择；其次，应对自营车队运输与第三方承运成本进行比较，以成本最优原则决定运输方式的选择。这些决策的制定需要有一套成熟的标准体系来辅助进行判断，其中应包括对不同时间长度、不同距离对油耗、折旧等成本的损耗额度的标准化度量，并易于根据市场价值的变动进行修改，由此方便企业对不同运输路线和方式的选择进行快速比较，从而得出成本最优结论的方式。

2. 运输方式的选择是限于已有格局基础上的优化判断，而成品油配送中心的选址，则是从源头上解决成品油配送成本的方法之一。合理的成品油配送中心要求从成品油输出地到配送中心、从配送中心到加油站的运输成本都是最优或者整体最优，具体而言主要是从空间距离、道路状况、运送难度、可选择的运输方式等角度来衡量。

3. 成品油的库存周转率是影响其仓储成本的一个重要因素，通常在库成品油的周转率越低，成品油在油库中的平均堆存天数就越多，其占用油库的容积就会越大，其仓储成本就越高。成品油的仓储规模要对当地的市场需求有充分的调查，在保证本地供应的情况下，留有一定应急储量，同时这一部分储量又不能太多，以免占用仓储空间、费用，从而减少仓储损耗。

（三）提高成品油物流管理效益

成品油物流成本的降低很大程度上取决于管理者管理行为的有效性，而有效的管理行为一方面取决于管理者的态度，另一方面取决于企业内是否存在有效的内控机制、激励机制。

根据成品油物流成本的构成，成品油物流管理效益的提升主要体现在仓储与物流损耗方面。对损耗的控制包括运输过程中对运送及仓储过程的监督力度及方式、运输工具的选择、运输工具折旧方式的选择等方面。具体而言，包括油运过程中是否派人押运，是否使用电子设备实时监督；成品油属于特殊货物，具有易燃、易爆等危险特征，对油罐车的选择上，与制造商是否有回旋余地；折旧方式是平均折旧还是加速折旧等，并对相关成本计算，进而做出决策。根据成品油仓储的安全度与完整度，物流过程中对损耗比例的控制，对相关管理人员处以一定程度的奖励与惩罚，将有效保证成品油物流过程中的完整与安全。

在有效的内控机制下，管理费用的提升对物流成本的降低是存在促进作用的，因而，为提高成品油物流管理效益，降低物流成本，要加大对成品油物流管理的投入，主要是内控机制建立的投入，以实现整体成本的下降。

中国天然气定价机制改革趋势

天然气因其优质、高效、清洁的特性，在世界能源舞台上发挥着越发重要的作用。天然气占世界一次能源的比例，已由1980年的17.07%上升到2010年的23.76%。据国际能源署预测，世界天然气消费将以每年1.5%的速度增长，到2030年达到41,600亿立方米。在中东和独联体地区，天然气的消费量已经接近甚至超过一次能源消费的50%，并且这一比例在未来还将继续上升。而我国也将从以往的以煤为主的能源结构逐渐过渡为多能源并举的结构，其中天然气占一次能源消费比重从1996年的1.8%上升至2012年的5.3%，预计在2015年达到8.3%。在天然气工业快速发展的形势下，我国天然气价格定价机制的合理性，关乎到整个天然气市场能否健康平稳发展，因此需要建立一个科学合理的天然气价格形成和调整机制。

一、天然气价格改革的重要意义

（一）是提高绿色能源利用效率的需要

随着“低碳”概念的引入，中国作为发展中国家面临着更大的环境保护压力与责任。相对于煤炭而言，天然气作为清洁能源的优势明显，对于解决中国能源发展瓶颈以及环境问题将扮演关键角色。从目前中国天然气产量、消费量逐年上升的趋势可以看出，天然气在中国能源结构中所占比例将逐渐加大，中国天然气发展已进入快速通道。目前中国天然气出厂价格偏低，需要通过定价机制的改革，抑制天然气消费需求的盲目增长和低效、无效利用，提高清洁能源的利用效率。

（二）是促进天然气价格从上游至下游传导顺畅的需要

天然气上游定价主要关注国内市场价格要与国际气价接轨，而地方政府定价更关注当地老百姓的承受能力和社会稳定等因素。由于天然气上下游价格管理机制存在差异，对于上、中游价格调整，国家只需发一通知并由上、中游企业告知下游企业即可；而下游企业要报告所在地政府并由其审批调价，以致给下游的城市燃气价格调整带来了时间和空间的不一致，价格调整难以及时到位。此外，由于天然气上游企业调价时，并不与城市燃气企业进行协调，使下游企业经常面临措手不及的窘境。通过对定价机制的改革，可以理顺上下游传导不顺畅的问题。

（三）是调整供需引导天然气市场健康发展的需要

近年来，天然气需求量呈逐年攀升趋势，年均增长速度已经达到了12%左右。中国可持续发展油气资源战略研究报告预测指出：到2020年，中国天然气的需求量年增长率为10.8%，而天然气的生产增长却远低于需求增长，年增长率仅为7.5%，供应缺口逐年加大。预计2020年中国天然气需求将达到2,000亿立方米，中国生产1,100亿立方米，缺口900亿立方米。虽然中国天然气出厂基准价格随着LPG、原油和煤炭价格五年平均变化进行适当调整，可以使天然气价格与替代能源价格保持同比增长，但是价格调整的幅度相对小，只有10%左右，不能改变天然气与替代能源不合理的价比关系，低廉的价格也就无法抑制中国与日俱增的天然气需求量。与此同时，中国国内的天然气价格与国际天然气价格相比明显偏低。在当前天然气需求存在巨大缺口的情况下，设定涨幅限制，将会延长中国天然气价格与国际价格接轨的时间，从而影响中国的天然气供应。因此，需要通过改革定价机制来调整天然气市场的供需平衡，合理引导天然气市场健康平稳地发展。

二、中国天然气定价机制演变与现状

（一）中国天然气定价机制的历史演变

中国天然气价格政策的演变大致经历了三个阶段：

单一气价管理阶段（1956–1987）：中国天然气定价最早始于1957年，为0.07元/立方米，1982年调整为0.08元/立方米。

“双轨制”定价阶段（1987–2005）：实行计划价和政府指导价并存阶段。1987 年实行双轨制，将天然气价格分为计划内和计划外价格。1992年根据用户性质不同，实行化肥、居民、其他产业和商业用气的分类气价。并分别于1994年、1997年和2002年对气价进行了调整。自1987年至2005年12月25日，中国对陆上天然气出厂价格区分为计划内气价和计划外自销气价。计划内天然气出厂价格实行中央政府定价，并按不同用途、不同油田对化肥、居民、商业和其他用气实行分类定价。计划外气出厂价格实行中央政府指导价，但西气东输、忠武线、陕京线等新建管道项目，不再区分计划内气和计划外气，也不再按不同用途实行分类定价，均采用政府指导价。此外，天然气价格在实际执行中还出现了协议气价。

政府指导价阶段（2005–2011）：取消“双轨制”，全面实行政府指导价格。这次的天然气出厂定价机制包括四个变化：第一，简化价格分类，规范价格管理。将现行按化肥、居民、商业和其它用气分类简化为化肥生产、直供工业和城市燃气用气三类，同时将天然气出厂价格归并为两档价格，归并后全国85%左右的气量执行一档气价格；第二，坚持市场取向，改变价格形式。将天然气出厂价由以前的“双轨制”改为统一实行政府指导价，供需双方以国家规定的出厂基准价为基础，在规定的浮动范围内协商确定具体结算价格；第三，理顺性价比关系，建立挂钩机制。天然气价格与可替代能源价格挂钩，根据可替代能源价格变化情况每年调整一次，相邻年度的调整幅度最大不超过8%；第四，逐步提高价格，实现价格并轨。将目前自销气出厂基准价格每千立方米980元作为二档气出厂基准价。将归并后的现行一档气出厂价格作为不同油田一档气出厂基准价，用3–5年的时间逐步调整到二档气出厂基准价格水平，最终实现一、二档气价并轨。

（二）中国天然气价格改革现状

2011年12月26日，在西气东输二线正式开始向广东送气的第二天，国家发展和改革委员会发出通知，决定在广东、广西两省开展天然气价格形成机制改革试点。一是将现行以成本加成为主的定价方法改为按“市场净回值”方法定价。选取计价基准点和可替代能源品种，建立天然气与可替代能源价格挂钩机制。二是以计价基准点价格为基础，考虑天然气市场资源主体流向和管输费用，确定各省（区、市）天然气门站价格。三是天然气门站价格实行动态调整机制，根据可替代能源价格变化情况每年调整一次，并逐步过渡到每半年或者按季度调整。四是放开页岩气、煤层气、煤制气等非常规天然气出厂价格，实行市场调节。至此，中国天然气定价机制改革进入了实质性阶段。

从2012年试点地区的进展来看，取得了一定成效，广东省从四个方面积极探索天然气价格市场化的可能路径：一是建立天然气调价方案听证制度，要求在制定或调整天然气价格时必须经过听证程序；二是研究建立燃气购进价格与终端销售价格联动的动态调整机制；三是优化管网股权结构；四是从严控制管网加价。

表13　　中国天然气价改试点地区定价方法与其他地区对比

	试点地区	非试点地区
定价方法	市场净回值法	成本加成法
做价方法	分省制定统一的门站价格	区别气源、路径，分别制定出厂价格和管道运输价格

续表

	试点地区	非试点地区
定价权	国家制定的统一门站价格为最高上限价格，供需双方可在不超过这一价格水平的前提下，自主协商确定实际交易价格	出厂价和管输价由国家发改委制定，城市配送服务费由地方政府制定
调整机制	门站价格实行动态调整机制，根据可替代能源价格变化情况，每年调整一次，并逐步过渡到每半年或每季度调整	发改委调整（自2005年调整过三次）
非常规天然气定价	对页岩气、煤层气、煤制气三种非常规天然气，出厂价格实行市场调节，由供需双方协商确定；进入长途管道混合输送的，执行统一门站价格	

资料来源：新浪财经

三、当前中国天然气定价机制存在的问题

近年来随着天然气需求量持续加大，为缓解天然气供需紧张的矛盾，保障中长期天然气供应安全，我国加快了天然气供应基础设施建设速度和进口境外天然气资源的步伐。然而中国天然气价格体系仍不够完善，导致以下诸多问题，从而成为促使天然气价格改革的直接诱因。

（一）"新线新价、一线一价"政策已不合时宜

随着西气东输一线、二线以及陕京线、川气东送等多条管道相继投产，覆盖全国的天然气管道网路逐渐形成，供气方式向多气源、多路径、网络化方向发展。由于各地的天然气来源不同，消费水平各异，再加上各地区对天然气的城市配送气费用没有统一的定价标准，因而各地的天然气终端用户价格并不相同，甚至差别很大。终端用户难以区分天然气来源和流向，再按现行机制分别制定出厂价格和管输价格已不适应形势变化。

（二）价格水平偏低引发供需两方面问题

由于中国长期实行的是低价天然气政策，出厂价不仅与替代能源相比价格偏低，而且低于世界上其他国家的天然气价格。国际市场天然气价格通常为等热值原油价格的60%左右，而国产陆上天然气平均出厂基准价格仅相当于国际市场原油价格的25%左右。过低的价格水平既不能体现天然气应有的市场价值，也不能真实反映成本，同时也不能反映其与可替代能源之间的竞争关系，引发了供需两方面问题：供给方面，抑制了天然气开发企业的生产积极性，造成储气设施等投资不足，很难应对突发事件。并且单一的

供应主体使天然气供给缺少竞争，垄断厂商可以根据自身经营情况调节天然气供应，以寻求利润；需求方面，引发了需求消费盲目增长，产气区附近化工、化肥、发电等用气项目盲目扩张，造成天然气资源消费过度扩展和浪费，导致了资源利用不尽合理，很多资源被低效甚至无效使用，中国近年的大面积“气荒”就是典型供需矛盾的例子。

（三）定价机制不适应国内外市场变化

面对天然气需求增速快于产量增速的情况，中国不断加大天然气进口力度，这也使得中国定价机制落后的缺点随着天然气消费对外依存度的不断升高被凸显出来。随着国际原油价格不断攀升，进口天然气价格也随之走高，造成了气价倒挂现象，企业进口气业务巨额亏损，这一矛盾越发明显。

此外，现行天然气价格机制也不能反映国内市场变化：天然气基准价每年调整一次，不能反映季节性需求变化，供求双方之间没有建立随市场变化、利益共享、风险共担的纽带，从而影响生产、消费的积极性。

四、国外天然气定价机制改革的经验与启示

对于中国天然气市场发展的种种不完善，以及天然气价格体系所面临的各种问题，中国可以通过借鉴西方发达国家的实践经验来解决，因为通过观察西方各典型发达国家的天然气市场发展进程可以发现其存在着普遍性规律，这对中国天然气市场定价具有重要的借鉴意义。

（一）美国天然气定价机制的演变与发展

美国天然气价格形成经历了三个阶段：政府对天然气产业的全面监管阶段、天然气产业结构调整阶段及天然气产业结构的重建阶段。1954年美国天然气产业进入全面监管时期，严格的政府监管导致了天然气产业的低效率。20 世纪70年代，美国遭受了严重的天然气短缺，这成为天然气产业结构改革的导火索。之后的一段时期内，联邦政府出台了一系列政策，逐步放开了对井口价格的管制。1992 年，美国联邦能源监管委员会颁布了636号令，建立了天然气产业的重建规则，具体包括运输公开准入、发展市场中心、公开储气准入、容量转让等。至此，美国解除了对天然气井口价格的管制，并实行了管道运输的第三方准入。

美国目前建立了开放的竞争性天然气市场：统一实行天然气管道的第三方准入政策，下游消费者可以自由选择天然气生产商进行供气，并且解除了井口价的价格管制。气对气竞争为美国当前主要定价方法：第三方的引入，形成了天然气市场的良性竞争，天然

气价格能更好地反映市场供需情况。同时，北美地区还统一建立了诸多的市场中心，管道系统交汇于此，买卖双方可以在此交气或者提气，从而增加了交易机会，提高了供应可靠性，提供了及时有效的信息来源和交易场所，保障了天然气的持续安全供应。

（二）加拿大天然气定价机制的演变及发展

加拿大天然气价格形成经历了传统的固定价格制度、天然气商品价值定价政策、竞争性市场的建立三个阶段。加拿大天然气产业快速发展时期出现在 20 世纪 50–60 年代，当时天然气贸易是建立在长期合同的基础上，合同定价方式为基准价加每年小幅调价。由于基准价的确定是在天然气产业发展的初期，水平偏低，与替代能源相比，天然气价格被严重低估，因此与美国一样，20世纪70 年代初，加拿大国内也出现了严重的气荒。为避免天然气价格与替代能源价格严重偏离的弊端，加拿大政府规定实行天然气商品价值定价政策，即规定天然气城市门站价等于同一省份原油炼油厂价格的一定百分比。而由于天然气管输价格也在政府监管之下，因此政府同时还控制了井口价格。20 世纪 80 年代，联邦政府决定建立一个更有市场导向的天然气政策，逐步解除了井口管制价格，并对运输管道实行公开准入政策。

北美作为统一的天然气市场，加拿大与美国具有相似的天然气价格形成机制，即也实行第三方准入政策。

（三）欧盟地区天然气定价机制的演变及发展

与北美区域市场相似，欧盟天然气市场也走向了市场化的道路。1998 年，欧盟成员国通过了一项旨在创建统一的开放天然气市场的指令，该指令将关注重点放在第三方准入上，以便使各国开放各自的天然气市场，使终端消费者可以自由地选择天然气供应商购买天然气。各国逐步开放本国市场和输气管道，从而加强市场竞争，提高天然气产业的运行效率。与北美市场不同的是，欧盟市场天然气更多的依靠进口，因此对进口来源地区——欧亚大陆（尤其是俄罗斯）的天然气市场具有很强的依赖性和开放性。

虽然目前在欧盟存有天然气定价方法多种，但油价指数法占据主导地位。欧盟的天然气进口合约以中长期合同为主，相当高比例的合约采用了油价指数法确定天然气供气价格。

（四）国外天然气定价机制改革经验启示

1. 天然气定价机制都走过了从垄断定价到竞争性市场定价的进程

纵观西方主要天然气市场的发展历史，不难发现，随着天然气产业进步和市场完善，天然气定价机制都走过了从垄断定价到竞争性市场定价的路程。可以说，在天然气管道运输中引入第三方，放开井口价格管制，是天然气产业发展的必然规律，因为只有这样，才能形成天然气市场的良性竞争，使天然气消费者能够自由地选择上游供气商，避免了垄断方获得超额的经济剩余，从而提高天然气产业运行效率。

2. 天然气市场从开拓到成熟需要相当长的时期

从美国到俄罗斯，都有现成的例子可以说明，当进入市场的成熟期，市场的开放是可能的，如果跳过第一阶段直接进入开放市场，从理论上是可行的，但需要有力的调控机制或经验，并且调控机制的形成或经验的积累都需要时间。而且，在其他能源已占有市场的情况下，天然气市场化政策的不明确也将给庞大的投资带来风险。

3. 从垄断到竞争是天然气价格形成机制未来发展的必然选择

在不同的资源禀赋条件下和天然气产业发展的不同阶段，各国情况有所不同。如在资源极大丰富的国家，最初选择依据成本定价，对国内低价供应天然气，以刺激国内天然气消费。再如美国，在天然气产业发展初期，实行严格的政府监管，促进了生产和消费的共荣；中期，由于天然气产业的低效率导致全国出现大范围气荒，逐步放开井口价，增加天然气供给；最后，实行了管道运输第三方准入，全面进入竞争性市场。

五、深化中国天然气定价机制改革的措施建议

由于中国天然气产业刚进入快速发展阶段，所以还不具备形成完全竞争性市场的条件。然而随着中国天然气产业的进一步发展及天然气进口量的增加，中国必然要逐步迈入竞争性天然气市场，这是中国天然气发展的大方向。因此在下一步的天然气价格改革中就要向这个方向发展，从而为竞争性天然气市场的建立奠定基础。通过借鉴西方成熟天然气市场实践经验，并结合中国国情，中国天然气定价机制改革可以从以下几个方面着手：

（一）适度放松政府管制并积极引入竞争机制

中国的天然气产业还处于发展初期，天然气产业的基础设施建设薄弱，天然气市场规模较小，主干运输管道网络还未形成，绝大部分地区靠单管线、单气源供应，还没有形成全面放开竞争的条件。但中国可以借鉴国际上对天然气产业进行政府管制的经验，对天然气产业进行改革和调整。

在天然气市场形成的初期，调控机制不宜太严，但这一时期需要有稳定的吸引投资的法规政策。具体的做法是：为天然气产业的发展和吸引投资，需有明确和持久的法律框架；提供明确的让利或类似的优惠条件，如期限、规范、投资回报率等；用成本加利润的方法制订价格，同时引入同其他能源价格相竞争的机制；与大用户签订的长期商业合同应执行“照付不议”条款或同等的条件；设立能解决责任纠纷的国家机构或独立的

有权威的协调部门，并提供在调控进程中的咨询服务；最后一个重点是，利用有发展天然气市场经验的公司，从中选择有共同观点的公司为合作伙伴。

（二）按供求关系确定天然气井口价格

天然气井口价格是整个天然气价格体系的基础，而井口价格的确定应在反映勘探开发和生产成本的基础上，充分反映资源所有权在经济上的实现要求和资源稀缺性所体现的供求关系要求。天然气产业面临外部竞争，天然气与煤炭、石油、核能、电力等其他能源有相互替代性，是竞争关系。中国的煤炭价格已经放开，石油价格也与国际接轨，电力正在引入竞争上网机制，而天然气仍是政府定价，滞后于实际价格变化的要求。国际上的天然气价格是与石油价格挂钩的，随石油价格的波动而波动，政府无法控制国际市场价格。在这种情况下，如果因政策导致国内市场价格与国际市场价格偏差过大，那么将造成国内市场价格和企业行为的扭曲，影响天然气产业健康发展。若国内定价过低，将影响国内生产者的积极性，不利于有效利用国内资源；若国内定价过高，又会影响消费者的利益。

（三）深化市场净回值法在天然气价改中的应用

目前作为天然气价格形成机制改革试点的广东、广西已应用市场净回值法进行定价，今后这一方法将会在全国推广深化。对于市场净回值法在中国的推广应用，提出如下建议：

1. 选取合适城市作为计价基准点

根据国际经验，计价基准点城市的选取一般考虑天然气的集散地或需求旺盛地区。目前在中国长三角地区，多气源、多管道的天然气供需格局已然形成，是中国天然气消费中心之一。这其中以上海尤其典型：从供给方面看，上海既是中国西气东输、川气东送等管道的交汇中心，同时也接收东海天然气，并拥有上海液化天然气（LNG）接收站；从需求方面看，上海是天然气消费大市，需求旺盛且持久。因此，选取上海作为计价基准点城市最为合适，最具代表性。

2. 选取合适的替代燃料价格作为参考系数来确定基准点价格

市场净回值法定价的重要一点，在于选取合适的与天然气相替代的能源价格作为参考系数。考虑到能源替代性并结合等热值原理，建议天然气基准点价格与燃料油价格及LPG价格相挂钩，根据天然气净热值与另外两种替代燃料的比例关系确定天然气基准点价格。此外，为了鼓励对清洁能源的合理使用，建议对在此基础上确立的天然气基准点价格再乘一个合理的折扣系数，使得天然气在价格上可以有一定优势。

3. 根据基准点价格合理确定各省门站价格

在确定基准点价格的基础上，应根据各省市与上海市管输费的差异情况，并考虑各省市不同的经济发展水平，来合理确定各省市的天然气门站价格。如果单纯考虑管输费的差异，某省的门站价格=基准点门站价–基准点与该省管输费差=市场净回值+该省管输费。在此基础上还应当适当考虑当地经济与基准点城市的差距，对价格适当进行调整。

（四）尽快构筑与国际接轨的天然气现代市场体系

与石油相类似，国际天然气市场已形成现货市场与期货市场两个相互联系的完整体系，中国现阶段也应在积极发展现货市场的同时，适度引入天然气期货产品，以期借助期货合约来规避现货市场发展过程中的价格风险，并在天然气市场体系的发展过程中，努力完善天然气市场的比价关系，使天然气与石油、天然气与其他能源产品，以及天然气生产各环节的比价关系趋于合理。

总之，要促进中国天然气产业的发展，必须转换政府职能，改进政府的监管，并且随着中国社会主义市场经济的不断完善，逐步把天然气企业推向市场，由现行的国家定价机制逐步过渡到以市场调节为主、政府干预为辅的天然气市场化价格机制，使天然气价格既符合价值规律，又遵守供求法则；既有利于调动生产销售企业的积极性，又能促进消费者积极用气，从而推动中国天然气产业健康稳步发展。

现行油气产业财税政策分析及改进建议

2012年，中国继续推进税制改革，陆续出台新的油气财税政策，从而对整个油气产业产生了重大影响。石油特别收益金起征点的提高，部分能源原材料进口关税的降低，石油消费税征收范围扩大，页岩气产业和节能减排相关财政补贴政策的出台，都进一步促进了油气产业由速度、规模增长模式向效能、质量增长模式的转变。2013年，油气产业相关财税改革仍将继续推进，环保税的征收可能提上日程，资源税和消费税改革步伐加快，油气产业将会继续调整结构，向规模化、高效化、清洁化的方向发展。

一、2012年中国油气产业财税政策变化情况

（一）石油特别收益金起征点提高，油气企业应缴费用减少

中国石油化工集团公司1月5日发布公告称，接财政部通知，自2011年11月1日起中国石油特别收益金（俗称“暴利税”）起征点将从此前的40美元/桶上调至55美元/桶。起征点提高后，石油特别收益金征收仍实行5级超额累进从价定率计征：以后当国际油价在55-60美元/桶时，三大石油央企将按20%上缴石油特别收益金；60-65美元/桶时，税率为25%；65-70美元/桶时为30%；70-75美元/桶时为35%，75美元/桶以上时为40%。

（二）国务院定四措施加强进口，降低部分能源原材料进口关税

2012年3月28日，国务院总理温家宝主持召开国务院常务会议，研究加强进口、促进对外贸易平衡发展的政策措施。会议坚持进口与出口协调发展的原则，优化进口结构，稳定和引导大宗商品进口，积极扩大先进技术设备、关键零部件和能源原材料进口，适度扩大消费品进口。会议确定了加强进口的四项政策措施，其中包括：调整部分商品进口关税。以暂定税率的方式，降低部分能源原材料进口关税。鼓励商业银行开展进口信贷业务，支持先进技术设备、关键零部件和能源原材料的进口；鼓励政策性银行对高新技术产品和资源类商品进口提供政策性金融支持。

（三）石脑油、燃料油退（免）税过程更加严格

2012年7月12日，国家税务总局发布《用于生产乙烯、芳烃类化工产品的石脑油、燃料油退（免）消费税暂行办法》（国家税务总局公告2012年第36号）。当前，生产乙烯、芳烃类产品原料的石脑油的使用企业先采取先征后返的政策为主，但在新办法发布之前主要以使用企业开具“五联单”后抵税，发布后则是以生产企业与使用企业备案后，由生产汽油定点直供，并要进行供应与使用的相应量核实准确后才可以抵税。另外，税务部门也将全程跟踪，退税过程更加复杂和严格。调和汽油市场因为若干品目无需征收消费税，在行情好的时候，调油企业有一定的利润空间，市场上的调和汽油产量较多。新办法使石脑油等油品退税流程将更加严格，而这将会对调和汽油商带来一定压力。

（四）液体石油产品（除沥青外），2013年起全部征收消费税

2012年10月12日发布《关于催化料、焦化料征收消费税的公告》（国家税务总局公告2012年第46号），自2012年11月1日起，催化料、焦化料纳入燃料油的征收范围，征收消费税。2012年11月6日，发布《关于消费税有关政策问题的公告》（国家税务总局公告2012年第47号），自2013年1月1日起，纳税人以原油或其他原料生产加工的在常温常压条件下呈液态状（沥青除外）的产品，按规定征收消费税。此前，纳入国税总局征税范围的液体产品有汽柴油、石脑油、燃料油、溶剂油和润滑油，其中汽柴油、石脑油、溶剂油、润滑油消费税单位税额为每升1.0元；柴油、燃料油消费税单位税额为每升0.8元；航空煤油暂缓征收。而调整后政策，将MTBE、芳烃、混芳等用于调油和化工原料的产品亦纳入征收范围，且亦按照1元/升来征收。这意味着石油炼油化工环节消费税征缴范围扩大，范围几乎包括了所有液态炼油化工产品。

（五）页岩气产业发展补贴政策出台，财税政策扶持力度加大

2012年11月5日，财政部发布《关于出台页岩气开发利用补贴政策的通知》提出，为了鼓励能源公司提高页岩气产量，2012年–2015年，中国将向那些旨在开发这种非常规天然气资源的公司所生产的页岩气提供国家补贴，补贴标准为0.4元/立方米。

2012年11月中旬，国土资源部发布《关于加强页岩气资源勘查开采和监督管理有关工作的通知》提出，依法减免页岩气矿业权使用费和矿产资源补偿费，页岩气矿业权人可按国家有关规定申请减免探矿权使用费、采矿权使用费和矿产资源补偿费。鼓励开展石油天然气区块内的页岩气勘查开采。石油、天然气（含煤层气）矿业权人可在其矿业权范围内勘查、开采页岩气。此外，地方各级国土资源主管部门应积极支持页岩气勘查、开采，可以通过土地租赁试点等方式满足页岩气勘查、开采用地需求。

二、2012年中国油气产业财税政策点评

（一）石油特别收益金起征点提高，有利于油气企业利润的提升

石油特别收益金的提高，有利于油气企业、尤其是大型石油巨头减少“暴利税”上缴税款，提高油气企业的利润。根据现行的特别收益金计算方式，若起征点提高10美元，经测算中国石油化工集团公司所需缴纳的特别收益金将减少86亿元，中国石油天然气集团公司将减少225亿元。此次上调幅度高于10美元，也就是说，中国石油天然气集团公司2012年少上缴至少超过300亿元的特别收益金，中国石油化工集团公司2012年少上缴至少100亿元。在中国石油天然气集团公司、中国石油化工集团公司的三季报中，两巨头的“应缴税费”一项均出现了大幅下降。相比2011年，两大石油集团公司每个月少缴的税费超过30亿元。

（二）降低部分能源原材料的进口关税，有助于促进对外贸易平衡发展

当前，欧洲债务危机依旧扑朔迷离，全球经济有可能面临着二次衰退，形势并不明朗，同时中国在内的一些金砖国家的经济增长也逐步放缓。这种大的经济周期背景是推出降税和增加能源原材料进口措施的比较有利的时机。降低关税，增加能源原材料进口，有助于降低中国对外贸易顺差，减少外汇储备的增加，有利于缓解中国的通胀压力，促进对外贸易平衡健康地发展。同时，还有助于统筹利用国内外两个市场、两种资源，缓解国内资源环境瓶颈压力，加快中国科技进步和创新，提高居民生产和生活消费水平。

（三）石油消费征税范围扩大，将会减少调和汽油的市场供应量

此次消费税政策的调整，将炼油化工环节消费税征缴范围扩大至所有液态炼油化工产品，2013年1月1日起，MTBE、芳烃、混芳等用于调油和化工原料的产品亦按照1元/升来征收。由于消费税属于价内税，也作为增值税、城建税及教育费附加计征的基数，会相应增加企业的税费支出，并造成生产企业提前纳税，占压了企业资金，加大了企业的负担。

以芳烃消费税为例，单位税额为每升1元，在此基数上，每升将同时增加0.17元增值税、0.117元的城建税和教育费附加。据分析，新政将对调和汽油生产产生很大影响，增加调和汽油生产成本约500元/吨；而调和汽油增加的成本也有可能转嫁到下游的终端客户身上；同时，新政也会加剧2013年中国汽油供应的缺口，并可能使中国成为汽油进口国。

（四）页岩气开发利用补贴政策，将会加快页岩气商业化发展步伐

中国作为能源生产和消费的重要国家，富煤少油缺气的能源结构对减少碳排放构成严重挑战，作为清洁高效能源的非常规天然气的发展越来越受到重视。加强国内资源勘

探开发，加快页岩气和煤层气勘探开发，是“十二五”能源发展七大任务中的第一条。

借鉴美国页岩气产业发展经验，中国应鼓励各种类型的企业进入页岩气勘探开采领域，促进页岩气勘探与开发的商业化发展。然而，中国的页岩气产业才刚刚起步，短时间内很难形成大规模的产能，初期企业参与投资页岩气的开发面临的成本较高。因此，国家为了鼓励页岩气开发，向企业提供补贴，同时减免页岩气矿业权使用费和矿产资源补偿费，在一定程度上缓解企业的资金压力，降低企业的成本，提高企业利润，缩短其投入期并快速进入收益期，从而更好地提升企业投资页岩气的积极性，保障产业活力。

三、2013年中国油气产业财税政策展望

（一）环保部着手研究起草环保税法草案

2011年全国人大通过的《国民经济和社会发展第十二个五年规划纲要》、国务院发布的《关于印发“十二五”节能减排综合性工作方案的通知》以及《国务院关于加强环境保护重点工作的意见》中都明确，要积极推进环保税费改革，选择防治任务重、技术标准成熟的税目开征环境保护税。

2012年6月5日，环保部表示，财政部和环保部、国家税务总局正在着手研究起草环境保护税法的草案，并表示环境保护税征收的主要目的就是用经济手段调控企业环境行为，使企业为排污造成的环境污染损害承担相应成本。环保税一旦征收，将会有利于加快清洁能源与新能源的发展，同时促进油气产业各个环节能效的提高和节能环保技术的进步。

（二）成品油消费税征收环节改革方案将继续推进

国家税务相关部门正在研究消费税征收环节改革，将征收环节从成品油出厂环节向消费环节转移，即试点在加油站对消费者征收成品油消费税，征收对象下移后，消费税将从成品油出厂价剥离出来，“价内税”改为“价外税”，由企业代缴转为居民个人直接缴纳，即由“隐性征收”转变为“显性征收”。

对炼油厂方面而言，消费税改为消费环节征收最大利好在于炼油厂无需再为本厂的主要炼油产品汽油、柴油和石脑油等消费税征税对象代扣代缴消费税，减轻了现金流负担。此外，消费税若改为消费环节价外征收，也将对消费者带来利好，主要表现在整体税负的下降。据安讯思息旺能源估算，若消费税改为价外征收，不作为增值税和流转税的税基，均以成品油销售价格并列增收，目前汽柴油整体售价每升将分别下滑约0.31元和0.38元。

（三）《页岩气产业政策》即将出台

为加快中国页岩气的发展，国家能源局正在会同有关部门研究制定《页岩气产业政策》。该政策包括以下几个内容：一是鼓励投资多元化，其中主要偏重于对外资适度开放，即允许合资公司持有矿权，并将页岩气列入国家外商产业投资目录；二是在勘探开发方面，享受优先用地；同时，示范工程简化投资程序，提高投资效率；三是页岩气开发利用以国内为主；四是加大财税支持力度，页岩气已被列入国家外商产业投资目录，对页岩气勘探开发等鼓励类项目下进口国内不能生产的自用设备（包括相关设备进口的技术），按有关规定免征关税。此外，还将出台一些税收优惠政策，例如允许页岩气加速折旧，这将减少企业应纳所得税，增强企业未来竞争和融资能力。

（四）资源税改革由点及面逐步推进

中国资源税改革率先在新疆维吾尔自治区开展，自2010年6月1日起，原油、天然气资源税实行从价计征，税率为5%。2011年11月1日，修改后的资源税暂行条例开始施行，内容增加了从价定率的资源税计征办法，规定对原油、天然气从价定率计征资源税，这标志着资源税改革在全国范围内推开。实施油气资源税改革，首先，提高了资源开采使用成本，有利于促进资源节约开采利用和保护环境。其次，有利于增加资源产品产地财政收入，促进地区发展环境的改善。据统计，2011年，全国资源税收入599亿元，增长43.4%。三是有利于油气企业资源税政策的统一，符合统一各类企业税收制度的税制改革目标。

资源税改革仍将继续开展试点，进一步积累经验，并将改革逐步推向深入，将是今后中国税制改革的重要组成部分之一。在改革推进过程中，预计2013年中国将在部分省份开展煤炭资源税从价计征改革试点，未来还可能把从价计征的征收办法推广至其他资源类产品税目，水资源等资源类产品也可能纳入资源税的征收范围。

（五）节能减排工作财政支持力度将不断加大

当前中国单位GDP能耗是发达国家的3倍至6倍，重点产品单位能耗比国际先进水平普遍高20%–40%，建筑能耗仅相当于发达国家20世纪90年代水平。为了扭转这种局面，国家财税部门陆续出台30多项财税制度和办法，并调整财政支出结构，中央财政累计安排3,380多亿元资金，加上地方财政配套资金，共同带动社会投入上万亿元，为中国节能减排工作提供了有力的财政支持和政策保障。

未来随着中国节能减排工作的进一步落实和推进，中国将会继续加大相关的财政支持和税收减免优惠政策的出台，相关条例也将更加细化，涉及领域将会包括建筑节能、淘汰落后产能、能源合同管理、节能技术、污染治理、农村环保等领域。

四、中国未来油气产业财税政策改革的相关建议

目前，中国尚未形成专门针对油气产业的财税政策体系。经济发达国家特别是石油消费量大的发达国家，经过几十年的改进完善已经在各具特色的基础上形成了一套比较成熟的石油税费政策体系。合理的油气财税政策，不仅能协调国家与油气企业之间的利益分配关系，更有利于企业生产经营的健康发展。国家通过石油税费政策的调整来影响石油的价格、生产、效益和环境保护，从而引导油气产业的健康可持续发展。尤其是当今，石油在国民经济中战略地位举足轻重，如何确定中国油气财税政策的改革方向，加强国家政策的扶持和引导力度，更好地实现石油资源的有效开发利用，日益成为人们关注的话题。

为了强化国家石油安全体系和便于开展国际石油合作，应该进一步改革和完善中国油气产业财税政策，逐步建立符合中国国情、适应石油生产规律、覆盖油气上下游的石油税收政策体系，并通过石油天然气立法，使之法制化。对未来中国财税政策的发展提供以下建议：

（一）依据油气产业不同的发展阶段，制定不同的石油税费政策

油气产业作为矿产资源开发产业，其勘探开发具有许多不同于一般工业企业的特点。如在油气产业发展初期阶段，采取低税收政策鼓励勘探；在油气产业进入发展和全面开发阶段，主要地区均已勘探，石油公司收入增加时，又适时地调高税收水平，同时采取一些税收优惠政策以保证中等规模油田的勘探与开发；当油气田进入衰退阶段，产量开始骤然下降时，又要降低税收，以改善油田的经济效益，并采取特别的优惠政策以鼓励边际油田和中小油田的勘探与开发。国家政府在制订油气财税政策时，都要把促进和保证油气产业长期良性发展，以及鼓励石油公司进行投资和正常获利作为第一位目标，而把政府取得财政收入作为第二位目标。当前中国的石油市场也在逐步放开，政府有关部门有必要及时调整和改革石油税费制度，制订较为灵活的石油税费政策。

（二）调整油气资源税和消费税，推进油气产业节能环保工作的不断落实

目前，中国与节约能源、环境保护有关的石油税种主要是资源税和消费税，但其实际在节约能源、环境保护方面发挥的作用非常有限。消费税税率适当提高一定程度上可以促进能源节约和保护环境、抑制石油消费的过快增长。对高耗、低效的用油设备和装置等，应实行惩罚性的高税率。而推行以能源为主要课税对象的生态税收，虽然会促使企业更加重视清洁生产，但同时也会加重油气企业的负担，造成油气企业竞争力下降。

对此，发达国家是通过对油气企业给予补偿、补贴或以减少其它类型税收的方式，使油气企业获得与其支付的生态税等值的款项，从而不增加纳税人税收负担的总体水平。如此次制定环保税时，应该考虑选择适宜的税收返还方式以帮助油气企业提高竞争力。

（三）完善油气企业税收优惠制度，降低能源原材料进口关税

中国目前对油气产业除继续保留原有的减税、免税和原油进口零税率等税收优惠形式，取消不合时宜的税收减免项目外，还应该针对不同优惠对象的具体情况，采取多种税收优惠形式。主要包括：对油气企业的勘探开发投资、环保投资和节能投资等实行所得税抵免。对边际油田的所得税税率应为零。允许在公司税前提取“折耗准备金”，专项用于资源的勘探和开采。另外，还建议对炼油化工企业进口用作化工原料的石脑油、凝析油等比照原油实行零关税，以降低炼油化工企业的原材料成本，鼓励和支持进口油气资源和渠道的多元化。

探索炼油化工产业“低碳时代”下的可持续发展之路

2012年，中国共产党十八次代表大会顺利召开，建设生态文明成为重要议题，成为国家未来发展的战略基点。炼油化工产业在国民经济中占有举足轻重的地位，为国家提供能源保障，是国家经济发展的重要推动力，同时也是资源、能源消耗和环境污染的大户。然而，随着炼油化工产业的快速发展，自然资源的日益减少，环境破坏问题愈加严重，生态建设、环境保护和节能减排的形势严峻，企业安全事故的隐患也逐步增多。因此，炼油化工企业应加快转型速度，开辟一条安全、环保、低碳的可持续发展之路。

一、“低碳时代”下炼油化工产业可持续发展的新特点

受欧洲债务危机、美国经济增长趋缓和中国经济增长减速等影响，2012年中国炼油化工产业经济运行增速放缓，但是整体效益逐步提高、经济增长质量明显改善。2012年，中国炼油化工产业经济总产值达到了12.24万亿元，比2011年增长12.2%，继续创新高。主营业务收入12.0万亿元左右，增长约10%；投资总额约1.86万亿元，增幅30%。由于需求放缓、价格偏低导致炼油化工产业利润总额约为7,350亿元，下降约11%；2012年中国原油加工量为4,6791万吨，同比增长3.7%。

然而，随着炼油化工产业的快速发展，自然资源的日益减少，环境破坏问题愈加严重，企业生态建设、环境保护和节能减排的形势严峻，企业安全事故的隐患也逐步增多。因此，炼油化工企业加快了转型速度，呈现出一些新特点。

（一）加速淘汰小型炼油厂，规模大型化、炼油化工一体化、产业集群化发展趋势明显

“十一五”以来，中国炼油化工产业进入了新的发展阶段，中国炼油能力持续扩大，炼油厂规模化、一体化和基地化建设不断推进，中国炼油化工产业已逐步跻身世界一流产业。在炼油厂大型化方面，中国已经建成了20座千万吨级的炼油基地，炼油能力占全

国炼油能力的45.9%，其中镇海炼化、大连石化和广东茂名石化等已经成为原油加工量超过2,000万吨/年的世界级炼油厂；另外还有一批正在建设和扩建的千万吨级炼油厂，包括中俄天津石化、中沙天津石化等合资炼油厂以及三大石油公司和延长石油集团下属的炼油厂。国家发改委发布的《产业结构调整指导目录（2011年本）》要求，对于年产200万吨/年以下的常减压装置，要在2013年之前全部淘汰。在炼油化工一体化方面，随着2012年10月抚顺石化“千万吨炼油、百万吨乙烯”工程全面建成投产，中国现有的20座千万吨级炼油基地中，已有15座配套相应的乙烯装置，炼油化工一体化发展取得了新的进展。其中，茂名石化公司2012年11月，累计生产乙烯1,033万吨，成为中国首个超千万吨乙烯的炼油化工一体化企业。在炼油化工产业集群方面，中国石油化工集团公司已经初步形成了环渤海湾、长三角和珠三角三大炼油厂集群；中国石油天然气集团公司也已建成由大连石化、抚顺石化、独山子石化、兰州石化、大连西太、辽阳石化、吉林石化、广西石化组成的八大千万吨级炼油生产基地。

（二）安全运营成为重点，安全标准要求更高

安全稳定的运营是炼油化工企业可持续发展的保障和基础。炼油化工产品生产过程具有高温、高压、易燃、易爆、易污染等特点，因此炼油化工产业属于高风险、高事故频发产业。2011年，中国炼油化工产业共发生了66起事故，死亡72人、伤957人、失踪2人。死伤人数占全球事故统计总量的一半以上，且平均单起事故伤亡人数（15.62人/起）超过全球平均水平（6.34人/起）的一倍以上，对人身安全造成巨大的威胁；安全事故的频发，还对生态环境造成了一定的破坏，企业的正常运营也因事故的发生而受到了影响。因此，保障企业生产运营的安全已经成为炼油化工企业可持续发展的首要任务。中国石油天然气集团公司、中国石油化工集团公司以及中国海洋石油总公司等中国大型油气企业在总结事故原因和学习西方大型炼油化工企业管理经验的基础上，树立企业安全生产理念，积极加强企业安全生产管理，强化员工安全责任，完善并全面实施企业HSE管理体系，最大限度地防止安全事故的发生。

（三）生态环保要求更加严格，环保成本逐步上升

2012年《〈国家环境保护“十二五”规划〉重点工作部门分工方案》发布，把环保工作摆在了更加重要的位置，分工更加明细，标准更加严格。另外，环保部还对新的炼油化工项目建设进行更加严格的环评，并对炼油化工企业开展常规性的检查工作，督促企业严格执行环保标准，定期进行绿色检修，完善污染控制。2012年，国家环保部环境安全百日大检查监督组对不符合环保要求的中国石油化工集团公司三家下属企业（湛江东兴公司、湛江新中美公司和广州分公司）提出了停产整顿要求。同时，居民的环保意

识也在不断地加强，2012年宁波PX项目的下马，延缓了全国范围内即将上线的PX项目，一定程度上制约着中国炼油化工一体化的进一步发展。可见，日益严格的生态环保标准，居民环保意识的不断加强，对炼油化工企业提出了更高的要求，企业将会面临环保成本上升、社会舆论质疑、生产规模扩张受限等诸多因素的挑战。

（四）节能减排任务日益加重，炼油化工装置结构调整加速

2012年8月21日国务院办公厅正式印发《节能减排“十二五”规划的通知》（简称《规划》），《规划》目标更加明确，责任分工更加细致，层层分解到各个产业，节能减排工作进入了真正实施阶段。其中，要求到2015年，全国化学需氧量和二氧化硫排放总量分别控制在2,347.6万吨、2,086.4万吨；原油加工综合能耗要下降13%，至86千克标准煤/吨；乙烯综合能耗下降29%，至857千克标准煤/吨；合成氨综合能耗下降52%，至1,350千克标准煤/吨；烧碱（离子膜）综合能耗下降21%，至330千克标准煤/吨。节能减排任务的日益加重，对石油炼油化工企业提出了更高的要求，将会面临更大的挑战。

其次，全球原油品质总体呈现下降趋势，原油平均API度（American Petroleum Institute Gravity, API Gravity衡量油品相对于水的轻重）将从2011年的36.1下降到2020年的35.8；硫含量持续上升，将从2011年的1.2%逐步上升到2030年的1.35%。原油品质的下降，促使炼油装置结构调整速度加快，炼油厂重油加工能力、高酸原油加工能力将会不断提高。

（五）油品质量不断提高，替代燃料发展迅速

近年来，为了降低汽车尾气对大气环境的影响，中国炼油产业加快了油品质量升级的步伐，油品结构调整取得新的进展。当前中国汽车保有辆持续增加，大气环境质量日益下降，PM 2.5大气检测也已上线，清洁油品标准将更加严格。2010年7月1日起，中国在全国范围内开始实行车用汽油国Ⅲ标准；2013年7月1日起，汽油重型车将正式实施国Ⅳ排放标准，硫含量低至50 ppm。另外，油价的不断走高，促进了清洁能源的快速发展。目前，中国车用汽油替代燃料产量逐年增加，主要包括燃料电池、甲醇汽油、液化天然气（LNG）以及煤制油等汽柴油替代燃料。未来随着中国电动汽车充电设备和天然气加气装置在全国范围内的建设，并在相关产业政策的扶植下，车用油替代燃料发展将会得到更大的发展，对中国炼油产业的发展也会造成一定程度的冲击。

二、“低碳时代”下中国炼油化工产业可持续发展存在的问题

当前，中国炼油化工进入了新的发展阶段，炼油化工能力迅速增长，装置规模化和

炼油化工一体化效果显著，综合能力不断增强。但是，也正是由于炼油化工产业发展过快，相关的管理、技术等配套体系尚未完善，在面对不断变化的外部环境下，逐步暴露出一系列的问题，这些问题将会制约着炼油化工的健康稳定发展。

（一）炼油化工产能过剩、经济效益低迷

由于炼油产能远超需求，近些年来欧洲至少有5家炼油厂已经关闭、13家炼油厂易主、3家以上的炼油厂等待出售。然而对于中国炼油化工产业，炼油化工能力依旧不断扩张，炼油厂投资热情不减，2012年中国炼油能力已达5.8万吨/年，根据“十二五”炼油化工产业发展规划，预计到2015年中国炼油化工总能力将到达6.5亿吨/年。如果按照现有速度发展下去，不对炼油厂建设规模和投资速度进行有效控制，未来中国的炼油能力将会超过7亿吨/年，在国内需求有限和出口市场萎缩的情形下，中国将会出现阶段性产能过剩现象。

另外，由于国际油价持续走高，炼油成本不断加大，中国炼油化工企业炼油化工板块亏损现象严重，2012年上半年中国石油天然气集团公司化工业务亏损55.67亿元，中国石油化工集团公司亏损20.03亿元，整个炼油化工产业规模以上企业利润总额3,535.4亿元，下降15.9%。可见，炼油化工市场产能过剩和炼油化工成本的不断增加，导致了中国炼油化工产业利润不断缩水，发展前景并不乐观。

（二）区域布局不合理，园区化建设有待完善

由于中国炼油化工产业发展的历史原因，当前中国炼油产业布局与消费市场矛盾突出，成品油北油南运、西油东送的格局至今尚未改变，区域性市场供需不平衡。2010年，中国东北地区成品油产能过剩量达到2,700万吨左右；西北地区产能过剩量在1,000多万吨；山东地区成品油过剩量增加明显，2010年过剩量达到了1,031万吨。然而，中国西南地区炼油产业基本空白，华南地区油品消费供不应求，需要从东北和西北地区大量调运。

其次，中国炼油化工园区的规划布局也有待完善。中国目前有一些发展时间较长的炼油厂，当初布局规划就存在问题，随着不断地扩建，新建项目不断上马，相关问题就愈加突出。比如，扩建的炼油化工一体化项目对土地的征用、对水资源和大气环境的影响都会受到当地环保部门更加严格的审查和当地居民的质疑。因此，对于企业园区的建设需要根据区域环境和特点，进行认真的规划和布局，把对环境和居民的影响减少到最低。

（三）环保节能技术有待实现新的突破

面对日益严格的环保要求和减排任务，中国炼油化工企业积极响应，在污水治理、废弃物处理、大气环保和CO_2减排方面不断取得新的进展。但是，中国环保产业起步迟，发展慢，节能相关技术总体水平较低，相关设备大多需要从国外进口，无形之中增加了

炼油化工企业的环保成本。比如，在大气治理方面，目前中国30万千瓦及以上大机组脱硫装置依然依赖国外，关键设备没有自主知识产权，环保机械设备国产化道路发展缓慢，大量资金流失海外。其次，中国炼油化工装置效率较低，目前国外先进的炼油化工企业加氢精制能力占一次加工能力的比例已经超过了50%，然而中国加氢精制能力占一次加工能力的比例仅达到32.5%，与世界一流炼油厂的水平还存在较大的差距。另外，中国生产高品质、清洁化油品的技术水平也有待提升。比如，在2009年前后，欧盟成员国油品质量的硫含量要求已经全部低于10ppm，部分国家的要求则更严格。而中国2012年的硫含量平均水平还在100 ppm左右，炼油化工技术还需要进一步改进和完善。

（四）安全应急管理水平有待加强

近年来，中国炼油化工产业事故频发，对员工安全和环境生态都造成了一定的负面影响，暴露了中国炼油化工企业安全生产管理所存在的一些问题。

首先，安全管理制度落实力度不够。中国炼油化工企业安全制度管理随着多年的发展，已经逐步完善，但是由于部分员工安全文化意识不高，工作落实不到位，导致安全事故的隐患依然存在，从而致使部分安全事故的发生。

第二，安全审查制度存在漏洞。在国外先进的石油炼油化工企业，比如BP公司，成立了独立的安全及运营风险（S&OR）职能部门，对各项工作的实践结果定期进行严格评估。中国石油公司虽然也有审查部门，但是独立性不强，安全评估结果会受到诸多因素的影响。

第三，风险预防和应对突发事件能力不足。针对可能伤害员工、承包商、社区邻居或环境的潜在事故，壳牌采取了“两手抓”的策略。一方面，识别并评估可能导致事故的风险，并采取必要措施来降低或消除风险；另一方面，壳牌员工制订了应急行动计划和相关的应急补救措施，并开展了相应的演习，从而最大限度地降低了事故对人和环境的影响。中国炼油化工企业，尤其是中小型炼油化工企业，风险预防能力较差，应急管理制度不完善，在事故发生时，无法较好地协调各方关系，采取措施不当，对生态环境和企业声誉都造成一定程度的影响。

（五）环保法律监督机制尚不完善

当前，炼油化工企业的安全事故频发，环境保护和员工人身安全都造成了一定的损失。同时，也暴露出中国相关安全环保法律存在的多项监管漏洞。对于发生的安全事故和对环境造成的影响，大多都是以行政手段进行处罚，处罚尺度受人为操作性影响较大，对以后发生类似的安全事故指导意义不大，也起不到相应的警醒和威慑作用，不利于防止安全环保事故再次发生。中国环保监管法律制度主要存在以下问题：首先，相关法律规定太笼统，缺乏相应实施细则。对于安全环保事故的发生，到底触犯了哪些法律，应当受到何种处罚，并没有明确的规定，使得一些企业侥幸免受相关法律的制裁。其次，赔偿标准模糊不清。对于已经发生的事故，对于受到影响的生态环境和居民赔偿费用标准尚不明确。一旦赔偿费用不到位，将对环境的治理和恢复造成一定的障碍，对居民的生活和健康也会造成重大影响。最后，信息披露义务缺失。安全环保事故发生后，有些炼油化工企业为了防止事件的扩大，封锁事故消息，补救措施不积极，而随着事故的不断扩大，会对不知情的居民和员工造成更大的二次伤害。

三、“低碳时代”下炼油化工产业可持续发展的几点建议

在“十二五”期间，中国经济增速会逐步放缓，发展转型升级速度将进一步加快，经济发展质量会不断提高。面对日益严峻的市场竞争和更加严格的安全、环保和节能要求，以及中国炼油化工企业存在的不足和漏洞，中国炼油化工企业应该转变观念，认真思考，真抓实干，积极应对发展中不断遇到的新挑战，为中国炼油化工企业未来的健康快速发展打下坚实基础。

（一）优化投资结构，提高发展质量

面对中国炼油能力产能过剩问题，以及安全环保要求日益提高的发展趋势，中国炼油化工企业应该积极调整发展战略，优化投资结构，一方面要放缓新建炼油厂和传统炼油化工项目的扩建速度，提高现有装置的利用率，防止由于不必要的资源浪费和沉没成本的损失；另一方面，按照《石化产业调整和振兴规划》的要求，中国炼油化工产业应该把投资的重点放在油品质量升级、炼油化工装置结构改造、环保节能和储运设施等项目的建设上。

（二）合理布局，优化资源配置，加快炼油化工工业园区化建设

对于现有的炼油化工企业，要根据区域环境条件和区域特点，以循环经济的发展理念为基础，通过结构调整，优化布局，以信息化技术手段提升优化水平，加强区域内的原油、成品油、化工用油的资源优化和整合，做到优势互补，形成完整合理高效的资源循环利用产业链，提高资源的利用效率。对于新建的炼油化工项目，要尽可能的做到园区化，注重园区和谐发展，努力实现产品项目一体化、公共辅助一体化、物流传输一体化、环境保护一体化和管理服务一体化，构建炼油化工产业发展循环经济的体系框架，促进经济、社会和生态的和谐统一。

（三）加快科技创新，大力推进环保节能工作，积极发展替代燃料

炼油化工产业是资源资金技术密集型产业，经济总量大，产业关联度高，同时也是高能耗和高污染产业。中国炼油化工企业虽然目前在环保节能技术方面取得了一些成功的尝试，但是总体科研水平还较低，严重制约着中国炼油化工产业环保节能工作的进一步发展。因此，中国炼油化工产业应该加快科技创新步伐，完善技术创新体系，加大科技投资力度，形成以科技进步为主要推动力的可持续发展模式。其中，炼油化工企业的科技创新应该主要在以下几个方面实现新的突破：第一是资源节约型技术，提高资源转化效率和大型设备的利用率；第二是环境友好型生产技术，通过对生产装置的技术改造，不断减少废水、废气、废物以及碳氮气体的排放量；第三是替代能源发展技术，一方面提高生产使用能源的清洁化水平，大力发展天然气等高效清洁能源作为企业生产燃料，另一方面努力提高生产产品的清洁化程度，为社会提供更清洁更放心的能源产品。

（四）完善安全管理制度，保障生产安全稳定的运行

安全稳定的运营是炼油化工企业健康可持续发展的保障。在安全生产方面，炼油化工企业首先应该继续完善企业HSE安全管理体系，明确管理目标和管理任务，实行一岗一责制和安全生产承诺制，层层落实HSE 责任；第二，企业应该积极营造企业安全文化，提高员工安全责任意识，定期加强员工安全生产知识的培训；第三，企业应该成立独立的安全审查部门，定期严格实施企业安全生产评估，实施隐患治理，强化过程风险控制。第四，企业应强化应急管理，加强安全应急体系的建设，并定期组织应急救援演练，强化员工安全责任意识和应急救援处置能力。

（五）加快相关法律法规，完善监管体系，实现依法管理

面对中国法律制度不完善的状况，首先应该完善相关法律，明确炼油化工企业安全环保事故赔偿的法律细则，增强其操作性。其次，应该加快安全事故赔偿和生态环境补偿标准的制定，保证安全事故赔偿和生态补偿落到实处。最后，从法律上明确各方及时信息披露义务，使事故责任方与受害方以及社会媒体建立良好的沟通机制，防止相关事故的影响进一步蔓延。总之，要保证安全事故和生态环保污染处罚的各个环节都遵循有法可依，实施依法管理，使整个过程逐步步入法制化管理的轨道上来。

加强石油化工产业应急管理

石油作为工业的“血液”，在保证工业正常发展、稳定人民生活上有着战略性的意义。石油的供应必须保持稳定，而任何突发事件所导致的“血液”流通梗阻，都可能造成区域、国家乃至世界范围内的重大损失，甚至经济社会的崩溃。历史上爆发的三次石油危机都给石油进口和消费国的经济和社会生活造成了巨大的破坏和冲击。虽然第四次石油危机还没有爆发，但是石油安全问题尤其是供应安全问题却层出不穷，不容忽视。

一、加快建设石油供应应急管理体系的紧迫性

2011年下半年，受国际油价震荡下行的影响，国内成品油价格下调，炼油企业大面积亏损，加之地方炼油厂开工不足，国内多地柴油告急。“柴油荒”严重影响了人民的生产和生活。2012年上半年，受到伊朗核问题、美国经济复苏等因素推动，国际油价持续走高，中国亦连续两次上调成品油价格。之后，受伊朗局势趋缓、欧洲债务危机恶化、美国和中国经济增速放缓等因素影响，国际油价大幅下降，中国成品油价格出现罕见的“三连跌”。进入第三季度，中东紧张局势升级：欧盟对伊朗实行石油禁运，美国加大对伊朗的制裁力度，伊朗威胁关闭霍尔木兹海峡，威胁石油供应，叙利亚局势急剧恶化等。加之国际游资疯狂炒作等，国际石油价格出现剧烈震动，中国成品油价格亦受到极大影响，造成中国供需失调。2012年11月12日，中国海关总署公布的数据显示，10月份中国十大原油进口国为沙特、安哥拉、阿曼、俄罗斯、伊朗、伊拉克、哈萨克斯坦、委内瑞拉、阿联酋和科威特。其中，60%是中东国家。然而中东国家的局势持续紧张，急剧增加了中国石油供应中断风险。而钓鱼岛问题、南海问题作为“石油政治”问题，亦给中国的石油安全蒙上了一层阴影。

中国已成为世界上最大的能源进口国，随着中国石油消费的不断增长，能源的供应成为了一个棘手的问题。而国际能源格局正在发生剧烈的变化，能源供应轴正从中东转向西半球，国际能源署预计美国将超过沙特阿拉伯成为最大的石油供应国。能源供需格

局的巨大变化，使得能源安全不仅局限于供应安全，更包括资源掌控、生产供应、消费需求、价格主导、运输安全、高效清洁使用等诸多因素在内的综合性系统安全。

因此，加快建设中国石油应急管理体系、提高应急管理能力，对于应对可能出现的各种石油供应问题、为应对石油危机未雨绸缪具有重要意义。

二、发达国家石油供应应急管理体系

（一）美国石油供应应急管理体系

美国建立了一套多领域、多层次的石油供应应急管理机制。从涉及领域看，涵盖政治、经济、法律、外交、社会、技术等多个层面；从内容看，涵盖法律体系保障、应急管理体制机制建设、战略石油储备和国际能源合作等多方面。

1. 高效灵活的能源应急管理组织结构

经过多年的发展，美国已经建立了由联邦政府主导、各州政府密切协同配合的能源应急管理组织体系。美国总统直接领导下的能源部和联邦应急管理署是制定、实施、监管、评估和调整石油危机应急处理机制的牵头机构。当出现原油供应缺口或是价格暴涨等石油危机迹象时，能源部和联邦应急管理署会立即抽调有关方面的负责人组成联邦危机应对小组负责具体应对措施的实施。美国的联邦政府与各州政府有着明确的职能分工，一方面各州政府在能源部等联邦机构的领导下应对全国范围内比较重大的石油危机，另一方面享有比较充分的自主空间，可根据自身的情况和特点应对可能发生的由自然灾害，或恐怖袭击导致的能源供应中断或州内较小型的石油危机。

2012年10月29日，飓风Sandy肆虐美国。过后三天，在联邦政府的统一指挥下，能源部联系国土安全部和国防部共同协调行动，通过加大供应、分放储备等方式，应对可能出现的油荒。同时，为保证成品油运输的通畅，美国还临时解除了限制外籍船只在美国内河航行的琼斯法案。高效的管理机构是保证应对灾害能够快速反应的根本。

2. 全面的能源应急法律法规制度

全面完善的能源应急法律法规体系，是美国战略石油储备体系的重要特点。美国于1975年12月22日制定了《能源政策与储备法》，授权政府建立最高容量为10亿桶（相当于1.36亿吨）的国家战略石油储备。法案详细规定了战略石油储备的目标、管理机构、管理体制、动用条件、动用程序等问题，使得建设战略石油储备过程有法可依。20世纪90年代以来，美国政府回顾并总结了石油供应中断应急政策和战略石油储备政策，于1994年2月发布了《美国应对石油供应中断政策》，1998年5月发布了《美国关于战略石油储备政策的国家声明》。

3. 完善的战略石油储备体系

美国战略石油储备（SPR）是美国石油危机应对机制中最核心的组成部分，且是发达国家中建设较早、管理经验丰富、法规制度健全、收放储和轮换运作比较成熟的典型。SPR最重要的作用是防范石油供应中断的威胁，并不担当石油市场正常供求和价格波动的调节。当石油供应出现重大短缺、中断以及原油价格暴涨的情况下，填补市场短缺、平抑油价，从而缓和或化解可能发生的石油危机，降低石油供应短缺对经济社会运行的影响。

在飓风Sandy后，美国联邦政府释放200万加仑的战略原油储备，国防后勤局也购买2200万加仑燃油，以缓解纽约和新泽西等灾区的油荒。而国土安全部也决定暂时放宽管理条例，允许外国油轮由墨西哥湾运送汽油到美国东北部港口。美国能源部能够在一周之内将5万桶取暖油分发出去以备应急，也与其完善的石油储备体系密不可分。

4. 积极的国际能源合作

国际能源署（IEA）在美国石油危机应对中发挥着关键性的国际协调作用。美国借助国际能源署（IEA）的核心作用，尤其是依赖该组织，加强了各国在能源领域的合作，通过与各国分享石油储备、限制原油消耗、向市场抛售储备油等措施分担风险，共同应对石油危机，确保能源供应的安全。此外，美国还通过加强国际间的交流和合作，扩大能源渠道和能源种类，保证能源供应安全。2012年9月，美国和捷克就核能研发达成协议，在核技术领域开展合作研究，以支持其核能安全可靠发展，缓解石油供应压力。2012年10月，美国与韩国建立清洁能源合作伙伴关系，加强两国在清洁能源研发方面的双边合作。

（二）日本石油供应应急管理体系

日本的石油供应应急管理体系，也包含了法律体系保障、应急管理体制机制建设、战略石油储备和国际能源合作等多方面。

1. 集中的能源应急管理组织结构

按照《石油储备法》的规定，日本政府授权经济产业省的资源能源厅负责国家石油供应中断紧急处理，代表政府对石油储备行使决策权，还负责制定石油储备政策，决定政府储备的收储、动用，审定石油储备费用及担保、预算等，协调政府部门之间的工作关系，并代表政府监管石油储备。当日本出现突发事件时，资源能源厅将积极采取措施，保障石油供应安全。以2011年3月份为例，此时日本遭遇一场严重的大地震和海啸，严重石油供应短缺随之而来。为应对能源短缺问题，日本资源能源厅首次释放国家战略储备天然气，以稳定中国能源市场需求，保障人民正常的生产生活。

2. 与时俱进的能源应急法律法规体系

日本能源应急法律法规体系由三部石油应急相关法律组成：一是《石油储备法》，规定依法建立政府和公司石油储备，以及在危机时期动用储备；二是《石油供应合理化法》，规定在石油供应严重不足时，保障供应和限制需求；三是《稳定国民生产紧急措施法》，规定在发生严重通货膨胀时，实施紧急价格措施，并调整重要日需物资的供需。

2012年2月10日，日本政府召开内阁会议通过了《石油储备法》修正案，在吸取东日本大地震后燃料严重不足的教训基础上，增加了燃料稳定供应对策等内容。修正案要求各石油公司有义务参与"灾害应对计划"的共同制定工作，利用炼油厂和油罐车等提供合作，能够在紧急情况下将汽油等迅速送往灾区。此外还增加新规定，允许动用旨在应对海外供应不足的国家石油储备，用来处理国内灾害。对于目前大多直接贮藏原油的储备方式也将重新研究，力争分区域储备均相当于4天消耗量的汽油、柴油和煤油。

3. 官民结合的石油储备体系

从20世纪70年代开始，日本开始建立战略石油储备，经过几十年的运作，目前已颇具规模，储备量超过了5000万千升。

鉴于石油供应高度依赖进口和考虑到国家经济安全的需要，日本采用的是政府储备与民间储备相结合的方式，实行严格的计划管理，通过法律法规让其分离运作，以防止石油供应突然中断对国内市场的冲击。日本的石油储备工作通过两大支柱推进：一是自1972年开始由民间油气企业进行的民间储备，二是1978年开始由石油公团开展国家储备。

经过30年的不断完善，日本战略石油储备制度已经成为国内石油消费的安全保障。2012年11月消息称，日本政府目前拥有的石油储备量可供全国使用约3个月，民间的储备量也可使用79天左右。加上流通领域的库存，总储备量足够全国使用半年以上。

4. 积极的能源应急国际合作机制

为进一步防止石油危机发生，日本积极参与能源应急的国际合作。一方面是和西方工业化国家协调共同抵制措施；一方面是在稳定中东地区石油供应的前提下，争取扩大从中东地区以外的产油国进口石油的渠道，以减少对中东石油的依赖程度。2012年3月14日，日本和沙特阿拉伯就一旦发生石油危机、沙方将为日方提供石油援助达成一致。2012年4月5日，日本和印度签署了在能源领域进行综合性合作的共同声明文件，将在石油天然气开发等领域进行合作等；另一方面是加强能源应急的区域合作。例如，2011年11月，日本经济产业厅向韩国知识经济部非正式要求，在韩国储备应急石油方案给予协助等。

三、中国石油供应应急管理体系现状

（一）能源应急组织结构尚不完善

2010年，国务院批准成立国家能源委员会，负责研究拟订国家能源发展战略，审议能源安全和能源发展中的重大问题，统筹协调国内能源开发和能源国际合作的重大事项。在处理石油突发事件时，能源局和国家能源委员会、石油储备中心综合作用，中国石油天然气集团公司、中国石油化工集团公司等国有企业作为石油资源垄断企业承担应急管理职能。

与发达国家相比，中国的应急组织结构不够完善，尚未形成综合的全面的管理模式。现阶段，石油突发事件的应对主要依赖于中国石油化工集团公司和中国石油天然气集团公司两大石油公司。但是，国有企业是一个“经济人”，追逐利益最大化是其作为一个市场经济主体的本性，而这就很难保证国有企业在能源突发事件中发挥全身心的作用。

（二）能源应急法律法规体系亟待健全

中国在石油能源领域的法律，尤其是应急领域、储备领域的法律制度还很少。能源应急管理使用最多的就是“煤电油气保障工作部际协调机制”。在协调机制中，一般包括定期会商制度、公告制度、应急生产指定企业制度和区域间应急调度令等基本工作制度，并采取增加供给、调节需求、稳定市场和确保重点需求的供应等多管齐下的措施。2007年8月，《中华人民共和国突发事件应对法》颁布。2007年12月，《能源法》意见稿正式亮相，经过多年的修订，《能源法》将正式出台。同时，其子法《石油天然气法》的制定工作也在展开中。《能源法》作为能源管理的基本法，将在今后的能源应急管理领域发挥主要作用。

目前看来，中国的能源应急法律法规尚不健全，涉及能源方面的法律尤其是直接关系石油应急方面的法律法规还很少，不足以满足国家需求。另外，目前使用较多的“煤电油气保障工作部际协调机制”在调节上具有十分明显的临时性特征。然而，随着传统能源需求增长的强劲态势和供给滞后性矛盾，这种调节机制的作用正在弱化，中国急需建立常态性的能源应急体制。

（三）石油战略储备能力不足

中国建立石油战略储备的讨论始于2000年。2007年，中国国家石油储备中心正式成立。2010年1月，中国完成石油战略储备一期工程，首批4个储油基地，储备总量约1,400万吨。第二期项目正在建设。据了解，2020年整个项目一旦完成，中国的储备总规模将达到100天左右的石油净进口量，将国家石油储备能力提升到约8,500万吨，相当于90天的石油净进口量，然而这仅仅是国际能源署（IEA）规定的战略石油储备能力的“达标线”。和美国、日本相比，中国的石油战略储备能力远远不足。

（四）能源领域的国际合作还需加强

中国积极实施“走出去”战略，同世界各国开展能源合作。目前，中国已经与30多个国家建立了双边能源合作机制，参与了20多个能源国际组织和国际会议机制，合作国覆盖了世界主要能源消费国和生产国，在能源合作领域已经从最初的石油、天然气发展到煤炭、风能、太阳能、能源储备等多个领域，并且逐步开展上下游包括炼油化工、储运等一体化的合作。在中国坚持不懈的努力下，目前中国的能源国际合作已呈现多方位、全领域的发展势头，为中国的能源安全增添了保障。为更好地实施走出去战略、分享世界石油资源、提升应急能力，中国应建立更广泛、更强健的国际能源合作，寻求更大的双赢。

总的来说，与西方发达国家相比，中国的能源应急管理起步晚，发展存在着明显的不足。目前中国的石油应急管理模式尚不健全，能源应急管理体系还在进一步的建立中，各种法律法规还不健全。目前的石油应急存在分散性、临时性的缺点，不能系统、完善、快速地应对石油安全问题，亟需完善。

四、完善中国石油应急管理体系的建议

作为一个石油消费大国，建立系统、有效的能源应急体系具有强烈的战略紧迫性和重大意义。立足于中国石油应急管理的现状和中国的基本国情，借鉴美国、日本等发达国家的应急模式和管理经验，中国需要从以下几个方面着手，建立和健全中国的石油应急管理模式。

（一）健全能源应急组织机构，实现组织化管理

石油危机应对机制的建立是一项系统工程，统领全局的能源机构是石油危机应对机制组织管理机制化的保障。中国的油气产业分布在西北、东南、陆上和海上，从地域来说分布零散，难以形成和贯彻综合性的、立足长远的统一战略规划。如果把能源相关问题的处理分散到各个政府部门中，难以实现有效的管理。因此，中国有必要完善能源应急组织机构，发挥能源局及其相关管理部门的综合集权管理能力，对能源做出长期的战略性规划并进行有效的领导，以确保正确战略决策的贯彻执行，保证在面临能源危机时能有条不紊地从容应对。

（二）完善能源应急法律法规，优化石油储备制度

从发达国家建立石油储备应对石油危机的经验来看，法律要先行。石油储备法律法

规是建立和管理战略石油储备的根本依据。要建立战略石油储备制度，必须首先制定相应的法律、法规，对石油供应中断、石油应急管理、石油储备体系的构成、战略石油储备的运营和管理等方面进行详细界定，对各级战略储备主体的责任范围和出资结构做出明确规定，同时还要规范有关主管部门、石油公司等各利益实体的关系，使石油储备建设全过程有法可依、有章可循，从而真正发挥其保障国家能源安全的作用。

（三）加快完善石油战略储备体制，实现战略石油储备多元化

在世界主要石油进口大国中，中国是唯一一个尚未建立完善的战略石油储备的国家。基于此，为保障中国石油储备能尽快建立并管好储备、用好储备，应尽快解决中国战略石油储备立法的空白，制定、实施中国自己的《战略储备法》，建立严密的管理层次和职责分明的管理制度，拓宽石油储备的筹资途径，通过国家储备、生产力储备、产品库存储备、资源储备等方式加大石油储备力度。

（四）加强国际区域合作，共同应对石油危机

要积极加强国际合作，不仅与油气生产国，而且也要与主要石油消费国建立良好的合作伙伴关系，分享世界先进技术和管理经验，分享油气资源。中国要与俄罗斯等大国建立战略合作伙伴关系，巩固发展与以中东为主的阿拉伯国家的传统友好关系，拓宽石油进口渠道，加强能源应急的区域合作。随着国际能源格局的改变以及能源供应轴的西移，中国要与美国这个未来的能源大国，以及页岩气开采技术强国建立密切的合作伙伴关系，学习他们的先进技术和管理经验。

（五）加快可替代能源的开发和利用，增加新能源储备

可替代能源的开发和利用可以在一定程度上缓解石油危机带来的影响。在面对突发事件应急时，新能源储备可以发挥一定的应急作用。因此，政府可以在新能源，例如风能、太阳能、生物能领域，加大投资扶持力度，在适宜领域加大推广新能源产品和设施的政府支持力度，以技术创新提高能源安全的保障率，在探索新的能源应急储备方式的同时，大大拓展现有产品价格与技术条件下新能源产业的市场发展空间，为新能源产业形成规模经济提供市场基础，同时也为石油应急提供支持。

石油作为中国重要的一次能源和国家战略资源，其供给的持续性和稳定性直接关系到国家的经济运行和社会稳定。中国需要借鉴西方发达国家的经验，建立健全国家石油战略储备体系，提高应急管理水平，保障中国的石油安全。

中国石油化工产业事故应急管理现状及对策建议

石油化工产业，是中国国民经济建设的支柱产业和中坚力量。随着中国国民经济的发展，石油化工产业在中国经济发展中的地位日益凸显。石油化工产品的应用，已悄然渗透到人们生产生活中的各个领域。而石油化工产品生产安全既关系到人民的生命财产安全，也关系到整个行业的健康、持续、快速发展，必须引起高度重视。

一、中国石油化工产业事故应急管理的重要性

石油化工产业具有其特殊的危险性。在石油、天然气开采和化工生产过程中会使用到大量易燃、易爆、有毒、有强腐蚀性的原料。此外，随着中国石油化工产业中的企业规模日益大型化，石油和天然气的生产、存储、运输以及加工等过程中发生的事故日益增多，其产生的危害如有毒物质泄漏、火灾、爆炸、放射性灾害等都造成了巨大的经济损失，对人们的健康和环境造成了极其严重甚至难以修复的危害，如2005年11月13日，吉林石化双苯厂发生爆炸事故，造成8人死亡多人受伤，并造成了松花江污染的严重后果；2010年4月20日，美国墨西哥湾原油泄漏事件直接导致了11名工作人员死亡，造成了英国石油公司（BP）近10亿美元的经济损失，并使墨西哥湾沿岸的生态环境遭到了“灭顶之灾”。

纵观2012年，中国国内亦有数次石油化工产业相关的严重事故发生。如:2012年1月4日，浙江省嘉兴市南湖区大桥镇向阳化工厂二氯乙烷车间反应釜发生爆炸，并引发火灾，事故导致3人死亡，4人受伤；2012年2月28日，河北克尔化工有限责任公司一生产车间发生重大爆炸事故，共造成25人死亡，4人失踪，46人受伤，是近一个时期以来危险化学品领域发生的伤亡最严重的事故；2012年6月12日，中国石油化工集团公司沧州分公司炼油厂聚丙烯车间发生爆炸，事故导致1名工人轻伤；2012年6月29日，广深沿江高速上一辆油罐车爆炸，导致20人死亡、31人受伤（其中16人重伤）；2012年11月15日，大庆市龙凤

区刘高手村民营企业大庆宝利通石化仓储有限公司储油罐发生火灾，所幸没有人员伤亡。

应急管理是通过在事故的事前预防、事发应对、事中处理和事故发生后的恢复中，建立必要的应对机制，采取一系列必要措施，应用科学、技术、规划与管理等手段，保障人民的生命健康和财产安全，能在处理突发事故和重大事故时起到关键作用。而石油化工产业的应急管理，主要应对的是在石油化工生产、存储、运输以及加工等过程中发生的危害事故，包括毒物泄漏、火灾、爆炸、放射性危害、环境污染等。

因此，对于具有高危险性和事故多发性的石油化工产业，必须加强其应急管理建设，实现能够做到及时有效地避免事故发生，以及在事故发生时迅速及时地采取有效的应急措施，最大程度降低事故造成的危害。中国应急管理起步较晚，各方面建设还不完善，对此，应通过学习国外先进的应急管理经验，并结合中国石油化工产业生产运作的实际情况，逐步完善中国石油化工产业应急管理建设。

二、发达国家石油化工产业事故应急管理经验借鉴

工业发达国家在化工事故应急管理方面已经有多年的历史，并且已经形成了一套比较完善的规范和制度，事故应急管理已经成为了工业发达国家维持正常运行的必行管理之一。例如，美国、日本和欧盟的一些国家已经建立和运行了一套良好的应急管理机制，包括应急救援法案法规、应急管理机构、应急指挥、应急救援队伍、各项资源保障等方面形成了较为完善的应急管理系统，并正逐步向着科学化、规范化发展。

在长期的应急管理尝试与发展过程中，世界各国的应急管理已十分完善。完善的应急法律法规、政府指挥应急救援机构、专业的应急救援队伍、精良的应急救援设备等共同实现了使重大事故或突发事故造成的危害和损失降到最低，使应急管理成为维护国家稳定运行的重要保障。这些都是中国在应急管理领域的研究和实际应用中值得借鉴的。下面以美国为例，分析国外工业发达国家石油化工产业应急管理经验。

（一）完善的立法与政府的有效管理

美国早在1968年就建立了国家石油和有害物质污染计划，并得到了广泛应用，其中包括事故预警、泄漏污染清理、应急指挥部的建立、国家响应队伍和地区响应队伍的构成等。1979年后，美国已通过立法，成立了联邦紧急管理署，在各类重大事故或突发事件方面发挥了重要的作用。

美国已建立了较为完善的化学危险品的应急管理法案，其中美国职业安全与健康署颁布的《危险废物处理和应急响应标准》要求，当容器中危险品泄漏，其数量或毒性都

足以危害周边人员的健康或使其中毒时，必须要做出应急响应，无论该响应是来自工厂内部还是场外。美国职业安全与健康署还要求，现场负责人应该了解危险品的性质（如毒性、挥发性、可燃性、爆炸性和腐蚀性等）、泄漏的环境（如数量、有限空间、通风、气候等）和现场附近任何可用的因素（如保护装置、报警装置、工厂控制措施等）。

（二）高素质的应急队伍建设

美国联邦应急管理署（FEMA）设立三级应急培训中心，联邦政府、州政府和地方政府分别设有专业的应急机构和应急人员，针对事故发生情况启动相应的应急管理。

对于应急队伍的建设，相关机构设有专业课程及各种灾害培训课和灾后恢复课程等。应急队伍需经过严格的培训，并获得资格认证后方可上岗。

美国在应急管理培训中加强专业应急队伍培训的同时，更强调公众的应急管理和危机意识，培养公众的防灾意识和能力，使其能够在事故发生时保护自身的生命财产安全。这方面是中国应急管理亟待加强的。

三、中国石油化工产业事故应急管理现状

（一）持续的法律法规建设

中国的危险化学品应急管理虽然起步较晚，但是发展很快。通过借鉴国外先进的应急管理体系，并结合中国的生产实际，国务院已经颁布了一些危险化学品应急及其他危险化学品安全管理的法律法规，标准制度。如2006年1月8日国务院颁布的《国家突发公共事件总体应急预案》，标志着中国应急预案编制工作已经基本完成，基本覆盖了中国经常发生的突发公共事件的主要方面，初步形成了全国应急预案框架体系；2006年1月22日，国务院颁布的《国家安全生产事故灾难应急预案》，规范了安全生产事故灾难的应急管理和应急响应程序，通过及时有效地实施应急救援工作，以最大程度地减少人员伤亡、财产损失，维护人民群众的生命安全和社会稳定。

为了更好地适应当代石油化工类等涉及危险品产业应急管理的需要，国家正逐步修改和完善相关的法律法规。2012年8月1日起施行新的《危险化学品登记管理办法》，在原登记办法相关要求的基础上，对危险化学品登记从多个方面进行了修订完善，包括调整危险化学品登记的主体、细化危险化学品登记的具体内容、完善危险化学品登记的程序、规范登记企业的应急咨询服务和增加监督管理要求五个部分，明确了国家实行危险化学品登记制度和登记工作的具体程序。

新《危险化学品登记管理办法》的颁布实施进一步规范了危险化学品登记及其监督

管理工作，可以逐步掌握中国危险化学品生产、进口企业信息及其化学品信息，完善全国危险化学品动态数据库，更好地为化学品安全监管和事故应急救援提供信息支持，进一步促进全国危险化学品安全生产形势的稳定好转。

另外，新修订的《危险化学品经营许可证管理办法》于2012年9月1日起施行，更加严格并细化了危险化学品经营许可证的办理条件，还进一步加强了对危险化学品经营企业的管理。

（二）集中式的政府管理

目前中国在应急管理方面主要特点是中央管理，相关立法和事故发生的指挥工作主要由国务院统一管理。如《国家安全生产事故灾难应急预案》中已明确规定，中国应急管理工作要在国务院统一领导和国务院安委会组织协调下，各省（区、市）人民政府和国务院有关部门按照各自职责和权限，负责有关安全生产事故灾难的应急管理和应急处置工作。

中国的应急管理起步较晚，各方面都不是十分成熟，而中央管理的形式可以更加集中、有效地通过学习和研究国外的先进经验，以及通过自身的探索和改进，使中国的应急管理更加科学化、更加符合中国的国情。

与此同时，中国的应急管理机制也强调了当地政府在重大事故和突发事故应急管理工作方面的重要性。当重大事故或突发事故发生时，当地政府和应急管理机构可以直接了解到事故发生情况，可以在第一时间采取及时有效的措施，从而将事故产生的损失和危害降到最低。这在《国家安全生产事故灾难应急预案》中也有明确的规定，即安全生产事故灾难现场应急处置的领导和指挥以地方人民政府为主，实行地方各级人民政府行政首长负责制。有关部门应当与地方人民政府密切配合，充分发挥指导和协调作用。

以2012年2月28日河北克尔化工厂爆炸事故为例，事故发生后石家庄市市长、副市长、市公安人员临时成立现场抢险救援小组，在工厂实施救援。河北省主管副省长张杰辉也带领相关人员到现场指挥部署救险。各级负责人在事故发生第一时间了解事故原因，根据现场情况采取相应应急救援措施。

（三）较为薄弱的应急队伍建设

专业的应急队伍是降低重大事故和突发事故的重要保障。应急队伍是直接处理危机事故的人员，专业的应急队伍可以通过现场分析事故情况，采取行之有效的措施，所以，建立专业应急队伍至关重要。

为加强安全生产培训管理、规范安全生产培训秩序和保证安全生产培训质量，自2012年3月1日起，国家安全生产监督管理总局施行新修订的《安全生产培训管理办法》，其中严格规范了中国危险品生产、经营、储存单位在安全生产培训、考核、认证等方面的工作标准。该办法的实施为中国石油化工等危险品生产经营企业工作人员的安全生产管理能力和应对能力培训工作的实施制定了严格的准则和规范，为企业人员安全教育和应急培训的展开和规范起到了约束和推进作用。

然而，目前中国应急救援的培训工作仍比较薄弱，在突发事故处理过程中，一些应急管理指挥人员缺乏经验和处理复杂问题的能力，不能及时有效地分析和解决问题，从而影响了应急救援工作速度，对人民生命财产安全和环境保护等方面造成了一定的影响。

此外，应急救援执行人员的素质也是应急救援工作成效高低的关键因素。通过应急培训和实际演练提高应急执行人员能力是中国石油化工企业应急管理工作需要加强的重要环节。但目前，仍有许多企业的应急培训和演练形式单一，存在“走过场”现象，没有真正实现应急培训和演练的作用和意义。

（四）层次不齐的石油化工企业应急管理建设

中国的大型炼油化工企业在应急管理建设方面走在国内同产业企业的前列，如中国石油化工集团公司编制了《中国石化重特大事件应急预案》，在每套生产装置建设投产后都有一套较为完整的操作法。在应急救援设施和装备方面也不断完善，如建成了高压消防水系统或临时高压系统。优化整合资源，建成川东北和西北两个区域应急救援中心，并且与当地政府联动，充分利用社会资源，提高应急救援的能力，能够较为有效的应对突发事件。

然而，中国的石油化工企业主要以中小型企业为主，而化工类突发事故往往发生在这些中小型化工企业。

很多中小型企业安全生产意识薄弱、安全管理规章制度不健全，一些中小企业编制的应急规章制度仅仅是为应付相关部门的检查，并没有起到监督规范作用，应急演练也是应付了事。

中小企业生产技术落后、设备陈旧、不及时维护和修理，存在很大的安全隐患。与此同时，由于中小企业的规模小，资金短缺，绝大多数企业都没有相应的应急管理装备等物资，从而在突发事故发生时不能够及时有效地保护自身生命财产安全，造成了极其严重的后果。

2012年2月28日，河北克尔化工厂爆炸事故的直接原因是一车间的1号反应釜底部放料阀（用导热油伴热）处导热油泄漏着火，造成釜内反应产物硝酸胍和未反应完的硝酸铵局部受热，急剧分解发生爆炸，继而引发存放在周边的硝酸胍和硝酸铵爆炸。而在进一步分析事故发生原因的过程中发现，河北克尔化工厂存在着一系列安全管理和应急管理问题，主要包括装置安全水平低、车间布局不合理；企业安全管理不严格；车间管理人员、操作人员专业素质低；安全隐患排查治理不认真等，而这些问题普遍存在于中小石油化工企业中。因此，必须加强石油化工等危险品生产经营企业的安全生产和应急管理建设，吸取事故教训，尽力避免同类事故再次发生。

此外，一些中小企业的负责人和指挥人员应急管理能力不足，不能针对突发事故及时迅速地采取相关应急措施。有些负责人甚至擅离职守，事故发生后为避免追究责任潜逃等等，这种行为极大地延误了应急救援工作的展开，加大了事故带来的危害。

四、中国石油化工产业事故应急管理对策建议

（一）加强宏观调控、监督和管理

1. 进一步完善应急管理法律法规

近年来，中国在应急管理法律法规方面的建设已有了显著地成绩，取得了较为可观的成果。但与工业发达国家相比，中国应急管理的研究历史相对较短，对于相关问题的思考和探索并不完善，因此仍然需要在不断探索实践和总结分析中，进一步完善中国的应急管理法律法规与规章制度。

在推进中国应急管理的过程中，不仅要借鉴吸收国外应急管理方面的优点，更应强调中国石油化工产业特点及现状，建立具有强针对性的法律法规和规章制度，使其符合中国石油化工产业应急管理的特殊要求。

2. 加强政府监督和指导作用

在中国的应急管理建设中，要进一步明确政府在应急管理中的责任与任务。

各级政府及应急管理机构不仅要做到在突发事故和重大事故发生时，能够及时迅速地采取有效措施，指导应急救援工作的开展，更要突出对突发事故和重大事故的预防控制工作。

各级政府和应急机构需实时监督各政府管辖范围内的石油化工企业，展开定期检查和不定期抽查，杜绝一切应付检查的“走过场”行为，加强对企业应急管理规章制度、应急设备、应急队伍建设等方面的监督管理，从根源上避免事故的发生。

3. 强化应急队伍教育

良好的应急队伍能够在事故预防和控制中起到至关重要的作用。对于中国目前相对并不完善的应急队伍管理和建设来说，需进一步加强对应急管理人员、应急执行人员的培训。

在应急队伍培训过程中，需丰富应急培训形式、突出应急培训的实际应用、加强相

关知识的培训等，综合提高应急队员的能力。

此外，还要加强公众，尤其是在石油化工企业附近的居民，在遇到突发事故和重大事故的自救能力。通过向其发放相关的应急救援指导手册，进行相关的防护教育等，使其可以采取有效的措施保护自身安全，从而进一步减小事故的危害。

（二）石油化工企业完善自身应急建设

1. 加强石油化工企业应急建设自觉性和主动性

加强石油炼油化工产业中企业的自觉性和主动性是有效应急的前提，如前所述，中国石油化工企业存在着为数较多的中小企业，而这些企业由于规模等原因往往存在着较多的安全隐患，其相应的应急管理和设施建设等又不健全，因此需要政府和应急管理机构通过强制性的监督方式，加强石油化工中小型企业的应急管理水平和能力。

更为重要的一点是，在此过程中，企业需增强自身主动性，从思想上建立起牢固的安全生产和危机应急意识，从而才能从根本上实现企业在应急管理建设中的责任。

2. 加强企业相关人员业务考核和能力培训

加强石油炼油化工产业管理人员和相关业务人员应急能力的培训，定期考核其相关知识和技能；对于有特殊岗位要求的员工要求必须通过相应的业务考核方可上岗，并仍需定期进行相关培训和考核。此外，还要提高相关责任人的责任意识，明确其应承担的责任和义务，监督企业应急管理建设，加强企业的安全监察工作，从而避免事故的发生。

3. 完善石油炼油化工企业应急设施建设

一流的装备是应急成功与否的物质基础，大型石油化工企业的应急设施建设较为完善，能够保障事故发生时，有良好的应对措施和自我保护能力。然而对于资金短缺的中小企业，可通过政府扶持的方式加强企业应急管理设施建设，或者与周围炼油化工企业、当地政府联合，共享应急设施，提高企业应急设施的装备水平。

4. 强化预案演练，提高应急处置能力

加强领导的危机意识，领导的重视程度与应急的处置能力密切相关，因此要多途径的不断增强领导的危机意识。为了将文字预案转化为实际可操作预案，要组织好重特大事件和常规性预案演练，通过实地演练检验应急设备、设施可靠性，提高干部职工应急能力和协调配合能力，同时也有利于及时发现问题，持续改进应急预案。班组演练经常化，强化基层员工的应急救援意识。总之，要从多方面持续完善各类应急措施，时刻做好应对危机事件的准备，从而不断提高中国石油化工产业应急管理的水平。

油气管道项目或成中印两国能源合作的突破口

作为亚洲第一和第三大经济体，世界第二和第五大能源消费国，中国和印度两国在能源领域的合作空间是可想而知的。但实际上，两国的能源合作却一直都差强人意，甚至还有过令双方都很不愉快的经历。而由于两国存在的共同利益，所以加强能源合作还是有机会的。

一、中印能源合作最大的障碍是互信不够

2006年，在竞购哈萨克斯坦石油公司时，中国石油天然气集团公司同印度石油天然气公司与米塔尔钢铁集团组成的联合军团展开激烈竞标，报价节节高升，以致中标者付出了极大代价。

中印两国能源合作进展不理想主要是印度方面造成的。尽管中国对中印边界问题采取灵活务实态度，但印度实际上坚持固有的不妥协立场，使双方边界谈判迄今无实质性进展。印度一些政要对1962年两国边界战争的结果仍然耿耿于怀，对中国的发展壮大一直心存顾虑，将中国视为其战略竞争对手。近些年，印度将中国视为“假想敌”，并附和西方宣扬所谓的“中国威胁论”，找借口扩充军备，大有剑拔弩张之势。中国一直在为促进印巴关系的改善而积极努力，但印度朝野始终误认为中国在支持或鼓励巴基斯坦与印度对抗。

当然，中国方面对印度也存在着不信任的态度。长期以来，印度在经济、科技上严重依赖美国。表面上，美国将印度视为世界上“最大的民主国家”和“天然盟友”。实际上，印度成了美国制华战略的一颗棋子。在没有确切约束条件下，中国不会轻易与印度在战略资源上进行大规模或深层次的合作。

二、中印合作建设国际油气通道符合双方利益

虽然两国高层频繁在公开场合表示中印能源合作的必要性和必然性，但两国在行动

上并没有太大起色。面对上述种种负面原因，中印能源合作就没有突破口吗？

其实，结合时机，认真分析，这样的突破口还是可能找到的。

IPI（伊朗—巴基斯坦—印度天然气管道）项目的构想早在20世纪90年代就提出来了，但是印巴两国的宿怨导致相关谈判陷入僵局。印度一直想从伊朗进口管道天然气，这是因为：一方面，管道天然气相对于液化天然气（LNG）的成本要低；另一方面，从伊朗进口天然气有助于缓解印度对中东地区油气资源的过度依赖。印度这些年的能源消费以平均每年超过20%的惊人速度增长，加上对中东地区石油资源的过分依赖严重威胁到其能源安全。印度在同中国争取缅甸天然气资源中失利后，伊朗天然气对于印度来说就越发显得重要。巴基斯坦同中国的关系非常亲密，对印度来说，中国在IPI项目上可以起到至关重要的建设性作用。目前状况下，没有中国的合作与斡旋，印巴就天然气过境问题的谈判恐难打破僵局。实际上，伊朗方面为了促成印度方面尽快做出决定，就已经威胁地表示要让中国取代印度来作为IPI项目资源的接受国。

如果中国能够从伊朗进口管道天然气，那将使中国的能源进口更加多元化。但是，中国绝不会轻易地越过印度，直接经过巴基斯坦从伊朗进口天然气，因为这会引起包括印度在内的其他油气进口大国的更大注意力，加剧他们与中国进行剧烈的明争暗斗，使中国的能源安全面临更加突出的外部挑战。况且，从技术上来讲，越过印度，铺设经巴基斯坦到中国的天然气管道要经过极端恶劣的地理环境，建设成本相当巨大；如果经过印度，铺设伊朗—巴基斯坦—印度—中国天然气管道的成本相对来说要小得多。而且由于伊巴天然气管道和中缅天然气管道都已开工建设，未来两年即将投入使用，完成这条管道只需将印度这一中间环节连接起来即可。

如果伊朗—巴基斯坦—印度—中国天然气管道成为现实，那将是四个相关国家共赢的一个局面，而且这一局面由于有中印两国的互相钳制而变得稳定可靠。一方面，中国可以通过对巴基斯坦施加影响，切断中印两国共有的气源，另一方面印度可以阻止该线路向中国输气，并可以在印度洋海上运输线上对中国的原油进口施加干扰。如果印度既保证在天然气过境费上优惠中国，又在其他领域跟中国积极合作的话，中国就会有较大的动力来推动该线路成为现实。除了为中国提供海上石油运输安全保障外，印度还可以向中国石油公司放开投资限制，鼓励其国家石油公司以及私营石油公司同中国石油公司在海外项目上进行通力合作，以减少竞争摩擦。

伊朗—巴基斯坦—印度—中国天然气管道的构想，还可以为中印两国的能源合作提供一个很好的思维模式——即相互钳制的合作模式。这一模式可以为缺乏主动信任的双方提供一个比较可靠的合作框架。中印两国在这种模式上进行几番有益的尝试后，双方的信任基础可以得到积累，并进一步将两国的能源合作推置于更加互信的框架内。

当然，伊朗—巴基斯坦—印度—中国天然气管道的实现也非一朝一夕那么容易的事，这需要双方政府、企业层面不断地积极推动。政府不仅需要在战略层面进行良好沟通，还需要在操作层面敦促各国国内的企业——尤其是石油公司——拟定更加详细的方案并付诸实施。两国石油公司在推进中印能源合作的进程中应起到中流砥柱的作用。如何加强合作，减少摩擦，考验两国政府和两国石油公司的智慧。对于中国石油公司来说，这可能是他们“走出去”过程中的一次大练兵。中国石油公司应该看到潜在的机会，积极开展各方公关，推动这一构想得以实现。

附　件

附件1：2012年中国油气产业发展大事记

2012年1月

2012年1月3日，中国石油化工集团所属全资子公司国际石油勘探开发公司与美国德文能源公司签署协议，以22亿美元价格收购其在美国境内的5个页岩油气资产权益的1/3。

2012年1月9日，中国石油天然气海外油气作业产量当量已经超过1亿吨、权益产量达到5,170万吨，相当于在海外建立一个大庆油田。

2012年1月10日，扬子石化巴斯夫二期投资项目举行投产仪式，总投资14亿美元。

2012年1月10日，环保部发布《关于实施国家第四阶段车用压燃式发动机与汽车污染物排放标准公告》，决定分车型、分区域实施国IV标准。

2012年1月13日，中国政治局委员、中组部部长李源潮在访问南苏丹和苏丹期间，与两国政府和合作伙伴签署了一批新协议。

2012年1月14日，温家宝总理对沙特阿拉伯、阿联酋、卡塔尔三国进行正式访问并出席在阿联酋阿布扎比召开的第五届世界未来能源峰会开幕式。访问期间，三大石油公司分别与相关的石油公司签署了合作协议。

2012年1月14日，中国石化集团公司和沙特阿美在沙特签署合资协议成立延布阿美中石化炼油有限公司，并在沙特西部城市延布新建一座年炼油能力40万桶/年的炼油厂。

2012年1月18日，中海油节能环保服务公司挂牌成立，促进海油实现绿色、环保、低碳发展。

2012年1月20日，中国石油化工集团公司与澳大利亚太平洋液化天然气有限公司（APLNG）正式签署增购液化天然气（LNG）约束性协议。

2012年1月25日，中国海洋石油总公司宣布，已与农业部、康菲石油中国有限公司就解决蓬莱19–3油田溢油事故损失赔偿和补偿问题达成协议。

2012年1月28日，由于同苏丹就石油过境费问题未达成协议，南苏丹政府决定自1月28日起暂停石油开采，何时恢复另行决定。

2012年1月31日，中国石化曹妃甸原油商业储备基地工程正式竣工投产。

2012年2月

2012年2月3日，中国石油天然气股份有限公司与壳牌签署了一项具有约束性的协议并完成交割，收购壳牌在加拿大全资拥有的Groundbirch区块及资产的20%权益。

2012年2月6日，中国石油天然气集团公司与北京市人民政府在北京签署关于联合推广液化天然气（LNG）清洁能源公交车辆的战略合作协议。

2012年2月6日，国家发展与改革委员会、中宣部、环保部、科技部、教育部等17个部门联合下发《“十二五”节能减排全民行动实施方案》。

2012年2月7日，国家发改委发布发改电[2012]21号文，决定调整国内成品油价格，汽、柴油每吨提高300元，调整后价格为每吨8,580元和7,730元。

2012年2月8日，中国石油天然气集团与中国长江航运集团在武汉签署战略合作协议。

2012年2月13日，国家副主席习近平访美期间，双方签署各类贸易、投资和合作协议149项，总金额386亿美元，新能源成为合作重点。

2012年2月15日，我国进行的首次非常规油气探矿权竞争性出让——南黄海油气探矿权竞争性出让工作顺利完成。

2012年2月19日，伊朗石油部宣布，停止向英国和法国出售石油，以反击欧盟禁运伊朗的石油决定。

2012年2月21日，中国海洋石油总公司（中海油）宣布，该公司与英国洛图石油公司已完成此前签署的购买乌干达1、2和3A勘探区各1/3的权益协议的交割。

2012年2月21日，中国石油天然气集体公司与西门子股份公司在北京签署战略合作协议。

2012年2月22日，欧盟航空碳税特别会议在莫斯科闭幕，共有32个国家代表参加了会议，29国签署了《莫斯科会议宣言》反对欧盟征收碳税。

2012年2月22日，中国石油化工集团四川维尼纶厂、韩国SK综合化学株式会社与英国BP化工投资有限公司在重庆签署1,4–丁二醇、醋酸一体化工项目备忘录。

2012年2月23日，国家能源局依托国家发展和改革委员会能源所在北京成立国家可再生能源中心。

2012年2月24日，中国华电集团公司与湖南省人民政府在长沙市签订页岩气开发利用战略合作框架协议。

2012年2月24日，工业和信息化部发布《太阳能光伏产业“十二五”规划》。

2012年2月15日，BP公司收购中国南海43/11深水区块部分股份的协议，已获得中国商务部的批准。

2012年2月29日，中国海洋石油总公司天津浮式液化天然气（LNG）接收终端项目奠基仪式典礼在天津港举行，我国首个浮式液化天然气（LNG）项目正式启动。

2012年2月29日，中海油气电集团中山嘉明电力有限公司三期3×390兆瓦燃气—蒸汽联合循环冷热电联产项目奠基暨开工。

2012年2月29日，国家发改委发布通知，核定2012年3月份航空煤油进口到岸完税价格为每吨7,769元。

2012年3月

2012年3月2日，西气东输二线香港管道工程在广东深圳大铲岛附近海域施工现场开工。

2012年3月2日，中国石油天然气集体公司与中华全国供销合作总社在北京签署战略合作协议。

2012年3月4日，中国石油天然气股份有限公司和吉林新能源投资有限公司合资组建天然气管网公司框架协议签约仪式在北京举行。

2012年3月4日，中国石化勘探南方分公司元坝探区重点探井元坝21井在陆相页岩气自流井组大安寨段，获得日产50.7万立方米的高产页岩气流。

2012年3月6日，财政部、国家税务总局、工信部发布《关于节约能源、使用新能源车船税政策的通知》(财税[2012]19号)。

2012年3月8日，中国石油海洋工程公司与中船集团上海外高桥造船公司在北京签约，共同建造中油海16自升式钻井平台。

2012年3月11日，中国石油化工集团与山东省人民政府关于进一步加强石化产业合作框架签字仪式在北京举行。

2012年3月11日，中国海洋石油总公司与河北省签署战略合作协议，双方将进一步加强战略合作。

2012年3月13日，国家发改委、财政部、国土资源部、国家能源局发布发改能源[2012]612号文，联合印发《页岩气发展规划（2011–2015）》。

2012年3月14日，成都目前已拟定投资约11.5亿元，建设首个液化天然气（LNG）储备库，总储量为7万立方米。

2012年3月15日，中国石油天然气集团公司与宝钢集团有限责任公司在北京签署战略合作协议。

2012年3月19日，国家发改委发布《国家发展改革委员会关于提高成品油价格的通知》，决定调高成品油价格，汽、柴油每吨提高600元。

2012年3月27日，延长石油集团与西安铁路局在西安签署了战略合作框架协议。

2012年3月27日，商务部发布公告2012年第16号，赋予新一批公司拥有成品油批发、成品油仓储、原油销售经营资格。

2012年3月28日，工信部发布《2012年工业节能与综合利用工作要点》。

2012年3月29日，中国石油化工集团宣布，该公司收购Galp巴西资产30%权益项目在巴西和荷兰两地同时完成交割。

2012年3月29日，中国海洋石油工程股份公司特种装备公司揭牌成立。

2012年3月30日，海航集团有限公司与中国石油化工集团公司在海口举行战略合作签字协议。

2012年4月

2012年4月3日，中沙（天津）石化有限公司26万吨/年聚碳酸酯项目在天津举行开工奠基仪式。

2012年4月5日，中国石油天然气集体公司与中国国电集团公司签署战略合作框架协议。

2012年4月8日，中国石油昆仑能源和湖北黄冈市签订合作协议，标志着国内最大天然气国产化示范工程——湖北500万立方米/日天然气项目正式启动建设。

2012年4月10日，中国石油化工集团公司与中国科学院在京签署全面战略合作协议。

2012年4月11日，中国海洋石油有限公司宣布，中国海洋石油总公司已与意大利埃尼公司的中国公司就南海30/27深水区块签订产品分成合同。

2012年4月12日，中国海洋石油气电集团与山西煤炭运销集团签署清洁能源合作协议，双方将在液化天然气（LNG）汽车推广和天然气发电多个方面进行合作。

2012年4月13日，中海油能源发展股份有限公司在珠海高栏港经济区签约，在港区投资建设150亿元的精细化工园项目。

2012年4月16日，延长石油集团在陕西省延安市举行延长油田伴生气资源综合利用项目开工仪式。

2012年4月16日，中国海洋石油工程股份有限公司与广州中船黄埔造船有限公司签订“海洋石油286”项目建造合同。

2012年4月18日，全球首个煤油共炼工业化示范项目——延长石油集团油煤新技术开发公司45万吨/年煤油共炼试验示范项目开工建设。

2012年4月19日，中国石油天然气集团公司与重庆市签署《关于MDI一体化项目天然气供应框架协议》和《关于联合推进LNG高效综合利用协议》。

2012年4月20日，中国石油化工集团与冰岛奥卡能源控股有限公司签署了《关于扩大地热资源开发规模、业务及合作的框架协议》。

2012年4月21日，中国石油与天然气集团首个大型液化天然气（LNG）工厂——四川广安液化天然气（LNG）厂正式投产。

2012年4月26日，福建炼油乙烯项目通过国家竣工验收。

2012年4月27日，菲律宾能源部无视中国的抗议，坚持进行礼乐滩油气勘探招标活动。

2012年4月27日，中委能源规模一体化合作的首个下游项目——广东石化2,000万吨/年重质油加工工程在广东揭阳开工建设。

2012年4月27日，中国石油化工集团全资子公司国际石油勘探开发公司收购美国Devon在美部分页岩油资产权益项目顺利交割。

2012年4月28日，中国石油化工股份有限公司与俄罗斯石化控股公司西布尔签署了在俄罗斯合资扩建丁腈橡胶装置的合作协议。

2012年5月

2012年5月3日，中欧高层能源会议在布鲁塞尔召开，双方签订了《中欧能源安全联合声明》。

2012年5月4日，中国、日本、韩国三国环境标志机构代表签署了《中日韩环境标志一体机共同认证规则协议》等三项环境标志合作协议。

2012年5月7日，中国海洋石油总公司投资102亿元，建于江苏省泰州市的中海油一体化项目进入全面实施阶段。

2012年5月8日，中国石油化工集团公司涪陵区块页岩油气勘探开发产能建设项目正式启动。

2012年5月9日，我国自主设计并建造的第六代深水半潜水钻井平台“海洋石油981”的钻头在南海荔湾6–1区域约1,500米深的水下探入地层，标志着我国“深水战略”迈出了新的一步。

2012年5月9日，中国石油化工集团公司与重庆市正式签署战略合作框架协议。

2012年5月9日，中国石油天然气集团公司与中国重型汽车集团签署了车辆装备合作协议。

2012年5月9日，国家发改委决定降低成品油价格，汽、柴油平均每吨下降330元和310元。

2012年5月11日，中国石油天然气集团公司与中国科学院在北京签署战略框架合作协议。

2012年5月11日，中国海洋石油总公司宣布，其母公司中国海洋石油总公司与洛克石油（渤海）公司就09/05区块签订了产品分成合同。

2012年5月11日，财政部、交通运输部发布财综[2012]33号文，印发《船舶油污损害赔偿基金征收使用管理办法》，7月1日施行。

2012年5月15日，中国石油天然气股份公司、壳牌加拿大有限公司、韩国天然气公司和日本三菱公司宣布，将在加拿大不列颠哥伦比亚省凯提马特联合开发液化天然气（LNG）项目。

2012年5月17日，北京发布实施北京第五阶段《车用汽油》、《车用柴油》地方标准。

2012年5月18日，中国石化长输油气管道检测有限公司在杭州举行揭牌仪式。

2012年5月22日，中国石油天然气集团公司与中国海运总公司在北京签署战略合作协议。

2012年5月22日，南非国家石油公司将与中国石油化工股份有限公司合作，在Coega工业开发区兴建Mthombo炼油厂。

2012年5月24日，中国海洋石油有限公司宣布，在渤海海域成功获得新发现旅大21–2。

2012年5月28日，中国海洋石油总公司与东方电气股份有限公司动力岛设备采购合同签字仪式在京举行。

2012年5月29日，西气东输二线南百（南宁—白色）支线工程在广西南宁开工。

2012年5月29日，我国第一口页岩气水平井在陕西延长石油集团页岩气工作现场压裂成功。

2012年5月30日，西气东输三线管道项目合资合作框架协议在北京签署。

2012年5月30日，中国海洋石油总公司与江苏人民政府在北京签署战略框架合作协议。

2012年5月30日，中国石油化工集团公司与中国核工业集团公司在北京签署战略合作框架协议。

2012年6月

2012年6月1日，中俄能源谈判第八次能源谈判代表在北京会晤，双方签署了《中俄能源谈判代表第八次会晤纪要》。

2012年6月5日，中国石油化工股份有限公司与俄罗斯西布尔控股股份公司签署合作协议，为双方在上海成立一家合资公司生产丁腈橡胶和异戊橡胶两个合作项目设定了框架结构。

2012年6月5日，中俄签署了《中俄关于进一步深化平等信任的中俄全面战略协作伙伴关系的联合声明》以及相关的合作文件，涉及能源、投资等多个领域。

2012年6月5日，中国石油与土库曼斯坦国家天然气康采恩在北京签署合作协议。

2012年6月8日，中国海油销售分公司与中国铁路物资股份有限公司在京签约，共同组建中海油中铁油品销售有限公司。

2012年6月8日，国家发改委下调成品油价格，汽、柴油每吨分别降低530元和510元。

2012年6月11日，中海油气（泰州）石化一体化项目在泰州开工，项目计划于2015年底一次性建成投产，届时将成为中海油重要的润滑油生产基地。

2012年6月11日，国家应对气候变化战略研究和国际合作中心在京揭牌。

2012年6月11日，壳牌（中国）有限公司与中国银联签署战略合作协议。

2012年6月12日，中国石油化工股份有限公司沧州分公司炼油厂聚丙烯车间发生爆炸。

2012年6月15日，国土部发布《国土资源部全国工商联关于进一步鼓励和引导民间资本投资国土资源领域的意见》（国土资发[2012]100号）。

2012年6月16日，国务院发布国发[2012]19号文，印发《“十二五”节能环保产业发展规划》。

2012年6月18日，商务部发布《商务部关于鼓励和引导民间资本进入商贸流通领域的实施意见》（商流通发[2012]207号）。

2012年6月18日，国家能源局发布《国家能源局关于鼓励和引导民间资本进一步扩大能源领域投资的实施意见》（国能规划[2012]179号）。

2012年6月18日，中国海洋石油总公司已与超准能源公司和超准石油公司就东海33/07区块签订了产品分成合同。

2012年6月20日，中国海洋石油总公司旗下的中国海油能源发展股份有限公司在北京分别与中国液化天然气运输公司（CLNG）、西北大陆架合营项目签署液化天然气（LNG）运输船部分股权收购协议。

2012年6月21日，国务院决定在南海设立地级三沙市。

2012年6月24日，中油国际阿富汗AD项目在阿富汗angot油田举行开工仪式。

2012年6月25日，中国海洋石油总公司发布公告，在南海地区对外开放9个海上区块，供与外国公司进行合作勘探开发。

2012年6月25日，中国石油天然气集团与中国建设银行股份公司在北京首次签署战略合作协议。

2012年6月26日，神华集团第一个自建自有加油站正式对外营业，标志着国内首个煤制成品油加油站投运。

2012年6月28日，中国石化炼油销售有限公司在上海成立。

2012年6月28日，中国石油自主开发、自主建设的最大化肥项目——宁夏石化国产化年产45万吨合成氨/80万吨尿素工程正式开工建设。

2012年6月30日，大庆炼化公司年30万吨聚丙烯二期工程正式中交，全面转入生产准备阶段。项目投产后，大庆炼化公司聚丙烯生产规模将达到年60万吨，成为中国石油最大的聚丙烯生产基地。

2012年7月

2012年7月1日，中国石油天然气集团公司和陕西省联合组建的陕西延安石油天然气有限公司举行成立揭牌暨第一口油井开钻仪式。

2012年7月2日，天然气交易在上海石油交易所正式上市，首日成交3,960吨。

2012年7月6日，中国海油海洋环境与生态保护公益基金会在北京成立并召开第一届理事会第一次会议。

2012年7月6日，中国石油化工集团公司与国家开发银行签署《“十二五”战略合作协议》。

2012年7月8日，中国石油天然气股份有限公司和延长石油集团在北京签署成品油业务合作框架协议。

2012年7月9日，国务院颁布《国务院关于印发“十二五”国家战略新兴产业发展规划的通知》(国发[2012]28号)。

2012年7月10日，国家发改委确立首批4个国家天然气分布式能源示范项目。

2012年7月10日，国家发改委决定下调成品油价格，汽、柴油最高零售价格每吨下调420元和400元。

2012年7月11日，中国石油天然气集团公司与四川省人民政府签署战略合作协议。

2012年7月11日，中国石油天然气股份公司西南管道公司成立。

2012年7月12日，国家税务总局发布《用于生产乙烯、芳烃类化工产品的石脑油、燃料油退（免）消费税暂行办法》(国家税务总局公告2012年第36号)。

2012年7月13日，中国石油化工集团公司宣布，其子公司中国石油化工股份有限公司与澳大利亚太平洋液化天然气有限公司就增持APLNG10%股份项目完成交割。

2012年7月15日，中国石油天然气集团公司总承包的阿联酋年输油能力7500万吨的阿布扎比原油管线项目投产庆典在地富查伊拉港隆重举行。

2012年7月17日，中贵线四川省南部分输站正式向外供气，标志着中亚天然气正式输到四川和重庆。

2012年7月19日，中国石油化工集团公司与吉布提共和国政府在京签署地热资源合作框架协议。

2012年7月20日，中国海洋石油有限公司宣布，已与加拿大能源公司尼克森公司达成最终协议，中海油以每股27.50美元的价格现金收购尼克森公司所有流通的普通股，交易总对价为151亿美元。

2012年7月21日，中国石油化工集团公司宣布，通过其全资子公司国际石油勘探开发公司，已与加拿大里斯曼能源公司正式签署认购协议，以15亿美元收购后者英国子公司49%股份。

2012年7月24日，国土资源部《关于开展重要矿产资源“三率”调查和评价工作的通知》，决定开展石油、煤炭等22种重要矿产的开采回收率、选矿回收率、综合利用率调查和评价工作。

2012年7月24日，中国石化油气储量评估中心正式挂牌成立。

2012年7月25日，中国海洋石油有限公司宣布，其母公司中国海洋石油总公司与壳牌中国勘探与生产有限公司就南海莺歌海两区块签订了产品分成合同。

2012年7月25日，中国石油收购法国苏伊士环能集团卡塔尔海上第四区块40%石油勘探开发权益，获得卡塔尔能源和工业部正式批准。

2012年7月31日，菲律宾公开招标3处油气田开采权，该油气区块位于中菲争议海域。

2012年8月

2012年8月3日，中国海洋石油有限公司宣布，崖城13-4气田已于近期投产成功。

2012年8月5日，深圳石油化工交易所在深圳市举行揭牌仪式。

2012年8月6日，国务院发布《国务院关于节能减排“十二五”规划通知》(国发[2012]40号)。

2012年8月6日，国家能源局组织制定的《可再生能源发展“十二五”规划》和水电、风电、太阳能、生物质能四个专题规划正式发布。

2012年8月9日，国家发改委发布公告，决定自8月10日起，汽、柴油价格每吨分别上调390元和370元。

2012年8月14日，中国石化股份有限公司与中国中煤能源股份有限公司在京签署产品购销战略合作框架协议。

2012年8月14日，中国海洋石油有限公司宣布，在秦皇岛29-2东构造的两口评价井再获成功。

2012年8月15日，商务部发布《关于赋予企业成品油经营资格的公告》（商务部公告2012年第51号），赋予一批新的企业成品油仓储和批发资格。

2012年8月18日，加快“北油南运”战略性工程——锦州—郑州成品油输送管道在辽宁葫芦岛市开工。

2012年8月19日，中国石油华气安塞液化天然气（LNG）项目产出合格液化天然气（LNG），标志着国内天然气大型液化技术首次工业化应用获得成功。

2012年8月20日，中国海洋石油有限公司宣布，公司喜获旅大6-2和陆丰15-1两个勘探新发现。

2012年8月20日，商务部发布《关于对美国可再生能源产业的部分扶持政策及补贴措施贸易壁垒调查最终结论的公告》（2012年第52号公告）。

2012年8月23日，湖南省页岩气开发有限公司揭牌仪式在长沙举行。

2012年8月28日，中国海洋石油总公司公布了2012年第二批共26个中国海域开放区块，总面积达73754平方公里。

2012年8月28日，中国中化集团宣布，国家发改委正式批复核准中化泉州1200万吨/年炼油项目。

2012年8月31日，深圳液化天然气（LNG）项目在大鹏新区正式开工建设，总投资为80亿美元。

2012年9月

2012年9月1日，根据中华人民共和国国家标准2012年9号文公告，9月1日起，2012版《天然气》强制性国家标准正式实施。

2012年9月1日，中国石油天然气股份有限公司西部管道分公司承建的伊宁—霍尔果斯输气管道工程顺利完工。

2012年9月2日，由山西国际能源下属的山西国华能源有限责任公司建设的省重点工程太原—长治天然气（煤层气）输气管道工程全线通气。

2012年9月3日，中国石化集团炼化工程（集团）股份有限公司揭牌仪式在北京举行。

2012年9月6日，中国石油天然气集团公司与中国第二重型机械集团在京签署战略采购协议。

2012年9月7日，由石油化工科学研究院主持制定的，我国在石油产品领域的首个ASTM标准——“轻质石油馏分中烃族组成和苯含量的测定—气相色谱法”由美国测试和材料协会正式颁布。

2012年9月7日，由中国海油发展监督监理技术公司总包作业的第一口煤层气“U”型井的CLU-02H井水平段与其直井CLU-02V井顺利连通。

2012年9月10日，国家发展改革委员会发布公告，决定自9月11日起，汽、柴油价格每吨分别上调550元和540元。

2012年9月10日，国土资源部发布公告，宣布了我国第二轮页岩气招标方案，共推出20个区块，总面积约为20002平方公里。

2012年9月11日，渤海钻探钻井技术服务公司获得甲方PDVSA石油服务公司总裁签发的3份下套管技术服务合同授标函，合同额共计4200余万元。

2012年9月11日，延长石油集团编制的863计划项目——页岩气勘探开发新技术可行性报告通过科技部评审。

2012年9月11日，中国石油天然气集团公司与西门子股份公司在德国慕尼黑签署了《货物与服务采购供应框架协议》、《最佳实践与经验分享备忘录》和《装备制造领域合作备忘录》三项合作协议。

2012年9月12日，中国石油长庆油田公司利用废弃气田开始建设中国最大的储气库，目标储气量是120亿立方米。

2012年9月12日，国务院常务会议对《期货交易管理条例》进行了修改，在一定程度上对国债期货和原油期货进行铺垫。

2012年9月12日，斯伦贝谢宣布在北京成立其中国地球科学与石油工程研究院（SCPI）。

2012年9月14日，中国石油天然气价格研究中心在四川成都举行揭牌仪式，该中心设在西南油气田经济研究所。

2012年9月13日，国家能源局正式印发《太阳能发电发展“十二五”规划》。

2012年9月15日，中国石化迈出了石油焦出口海外工业硅工厂的第一步。

2012年9月16日，中国国家能源局和阿拉伯国家联盟共同主办的“第三届中阿能源合作大会”在宁夏银川举行。

2012年9月17日，中国石化集团公司与中国普天信息产业集团公司战略合作框架协议签字仪式在总部举行。

2012年9月18日，SINO －28钻井队的70D钻机运抵沙特，经美国贝克休斯公司验收合格即将开钻。中原油田与美国贝克休斯公司的首次合作之旅正式开启。

2012年9月19日，澳大利亚外国投资审查委员会（FIRB）正式批准了中国海洋石油总公司对爱克索玛能源公司的投资案。

2012年9月20日，中国海油与中国工程院签订了战略合作协议，此举标志着中国海油产学研相结合的创新体系建设进入新阶段。

2012年9月20日，加拿大能源公司尼克森宣布，其股东在投票中以高比例通过了中国海洋石油总公司对其总值约为151亿美元的收购协议。

2012年9月20日，中国化工集团公司与美国杜邦公司就组建第一家合资公司在北京签约。

2012年9月24日，在渤海湾辽宁省盘锦新港，由中国石油渤海装备制造有限公司自主研制，拥有完全自主知识产权的第一艘自升式海上钻井平台CP–300正式交付使用。

2012年9月24日，中国寰球加拿大工程公司（HQ SPEC Engineer Inc.）揭牌仪式在加拿大卡尔加里举行。

2012年9月25日，我国第一艘航空母舰正式交付入列，由中国石油大连石化公司担负试训等各类油品保障任务。

2012年9月27日，中国石化集团公司与河南省五地市人民政府合作发展协议签字仪式在总部举行。

2012年9月27日，中国石油与壳牌集团合作的第一口页岩气井阳201—H2井成功试采。

2012年9月28日，中国石化集团公司与中国国电集团公司在北京签署煤电一体化项目合作框架协议。

2012年9月28日，中国石油化工集团公司正式成立中国石化长城能源化工有限公司。

2012年9月28日，中国海关总署出台包括减少进出口环节收费、简化手续、优化服务等在内的16项措施促进外贸稳定增长。

2012年10月

2012年10月5日，大庆石化公司年120万吨乙烯改扩建工程龙头项目——新建年60万吨乙烯装置生产出合格产品，宣告我国首个国产化大型乙烯成套技术工业化获得成功。

2012年10月8日，重庆能源集团与壳牌（中国）公司签署《战略合作备忘录》，双方将在页岩气、煤层气等非常规气体能源勘探开发、液化天然气（LNG）应用及相关领域进行合作。

2012年10月9日，中国极地研究中心与中国石化润滑油分公司在上海签署为期5年的战略合作框架协议。

2012年10月10日，中石化印尼巴淡原油及油品仓储项目开工仪式在印尼举行。

2012年10月10日，中国石油、贵州燃气公司等几家单位共同组建的贵阳输油气分公司暨中国石油贵州天然气管网公司在贵阳市金阳新区举行了揭牌仪式。

2012年10月11日，中国石油昆仑能源华油天然气公司投资的内蒙古乌海焦炉煤气节能减排综合利用项目宣布投产。

2012年10月12日，国家税务总局与中国海洋石油总公司、中国人寿保险（集团）公司、西门子（中国）有限公司在京签订了税收遵从合作协议。

2012年10月13日，商务部发布2012年第66号公告，公布《2013年成品油（燃料油）非国营贸易进口允许量申领条件、分配原则和相关程序》，及第67号公告《2013年原油非国营贸易进口允许总量、申请条件和申请程序》。

2012年10月16日，西气东输三线工程开工仪式在北京举行。

2012年10月18日，中国石油天然气集团公司青海油田台南气田台H1–9井顺利投产。

2012年10月18日，中国海洋石油有限公司宣布，位于北部湾海域的涠洲11–2和涠洲6–9/6–10两个新油田已于此前成功投产。

2012年10月20日，中亚天然气管道哈萨克斯坦2号压气站两台机组加载运行，标志着中亚天然气管道A/B线每年300亿立方米设计输气能力建设全部完成，日输气能力提升至8900万立方米。

2012年10月24日，中缅油气管道澜沧江跨越工程贯通并交付铺管，标志着我国首座三条油气管道并行跨越大桥顺利完工。

2012年10月24日，国务院常务会议论通过《能源发展“十二五”规划》，国务院新闻办公室还发布《中国的能源政策（2012）》白皮书，全面介绍中国能源发展现状、面临的诸多挑战以及努力构建现代能源产业体系和加强能源合作的总体部署。

2012年10月25日，中油国投（加拿大）公司下属凤凰能源控股有限公司（简称“凤凰能源”）与加拿大TransCanada公司在北京正式签署GRPS（Grand Rapids Pipeline System）项目合作协议。

2012年10月25日，陕西延长石油集团与英国BP公司、美国KBR公司合资建设的“碳氢资源高效综合利用技术研究中心试验示范基地”在陕西兴平市奠基。

2012年10月25日，中国页岩气第二次招标会召开，共同推出20个区块，总面积为20002平方公里，分布在重庆、贵州、湖北、湖南等八个省（市）。

2012年10月26日，中国石化与中国长安汽车集团签订战略合作框架协议，双方决定在技术、商务、品牌宣传、国际化等多个领域开展广泛深入的合作。

2012年10月26日，国土资源部发布《关于加强页岩气资源勘查开采和监督管理有关工作的通知》(国土资发[2012]159号)。

2012年10月28日，中国石油抚顺石化公司年80万吨乙烯装置一次开车成功，产出合格产品，并向下游联合装置提供优质原料，这标志着抚顺石化“千万吨炼油、百万吨乙烯”工程全面建成投产。

2012年10月31日，中国海洋石油总公司宣布与BG集团签署框架协议，向BG集团采购500万吨/年、为期20年的液化天然气（LNG）资源；中国海油还将以19.3亿美元增持澳大利亚昆士兰柯蒂斯液化天然气（LNG）项目的权益。

2012年10月31日，中国石化股份有限公司所属中国石化国际事业（香港）有限公司与俄罗斯气体加工和石化公司在西布尔签署了关于认购后者克拉斯诺亚尔斯克市合成橡胶厂股份公司25%股份+1股的协议。

2012年10月31日，中国石油天然气集团公司与中国太平保险集团在北京签署战略合作协议。

2012年10月31日，国家发展和改革委员会公布《天然气利用政策》，明确了我国天然气利用顺序，把我国天然气用户分为优先类、允许类、限制类和禁止类。

2012年11月

2012年11月1日，财政部与国家能源局联合发布《关于出台页岩气开发利用补贴政策的通知》，中央财政对页岩气开采企业给予补贴,2012 –2015年的补贴标准为0.4元/立方米。

2012年11月1日，中国石油天然气股份有限公司与广州市人民政府在穗签署清洁能源战略合作框架协议。

2012年11月6日，国家税务总局发布《关于消费税有关政策问题的公告》(国税[2012]第47号)，明确石油炼化生产环节消费税有关政策。

2012年11月6日，中海石油气电集团与河北省迁安市人民政府合作框架协议、气电集团与迁安市宏奥工贸有限公司合作协议在京同时签署。

2012年11月7日，美国燃气技术研究院与中国华油能源集团公司联合设立“中国页岩气培训与咨询中心”合作框架在北京签署。

2012年11月9日，国家发改委批准设立延长石油集团延安国家级陆相页岩气示范区。

2012年11月9日，中国石油销售公司向32个地区销售公司下发《小站承包经营指导意见》(以下简称《指导意见》),中石油近万座加油站试水承包经营。

2012年11月10日，由中国石油海洋工程公司设计院自主设计的首个海上直升机平台——冀东海上油田人工岛直升机平台设计方案顺利通过民航部门评审，取得民航总局批文。

2012年11月12日，沙特阿拉伯国家石油公司宣布，其全资子公司阿美亚洲正式在北京成立。

2012年11月12日，中油国投（加拿大）下属凤凰能源控股日前与加拿大TransCanada在京签署GRPS项目合作协议，标志着中石油首次参与北美地区原油管道业务。

2012年11月12日，中国石油化工集团公司董事长傅成玉在伦敦获得世界能源行业权威机构能源情报集团评选的2012年度“全球石油业年度领袖人物”大奖。

2012年11月14日，欧洲宇航防务集团创新中心与新奥集团在此间举行的珠海航展上，成功达成了基于微藻生物航空燃油的战略合作协议。

2012年11月14日，中国石化西南油气田马井什邡区块和新场区块新增天然气探明储量2060.16亿立方米，顺利通过国土资源部油气储量评审办公室审查。

2012年11月16日，国家发改委决定调整国内成品油价格，汽、柴油分别每吨下调310元和300元，折合0.22元/升和0.26元/升。

2012年11月17日，中国石油集团公司与西藏自治区人民政府在北京签署西藏天然气供应合作框架协议。

2012年11月19日，中国石油川东钻探负责打造的国家页岩气示范区长宁H2页岩气水平井组第一口水平井——长宁H2—4井开钻。

2012年11月19日，中国石油化工集团公司宣布，其全资子公司国际石油勘探开发公司与法国道达尔公司就收购尼日利亚一油田区块部分权益达成收购协议，协议资产价格为24.6亿美元。

2012年11月20日，海油工程珠海深水海洋工程装备制造基地一期工程开工仪式在珠海高栏港举行。

2012年11月23日，中国石化首座“四位一体”油气合建站在广东佛山正式投入运营。

2012年11月26日，中国石化在京召开战略供应商大会，与太钢不锈钢股份有限公司、大连橡胶塑料股份有限公司、同煤集团煤炭运销总公司等国内22家供应商签订为期3年的战略合作协议。

2012年11月28日，国内最长、输量最大的稠油输送管道——中国石油新疆油田公司风城稠油外输管道投产。

2012年11月28日，在上海举行的2012年航运交易论坛上，上海航交所对外发布了中国进口原油运价指数（CTFI）和中国进口干散货运价指数（CDFI）两大指数，并正式对外试运行。

2012年11月29日，中国石油化工集团公司正式发布《中国石油化工集团公司环境保护白皮书》(2012版)，是中国企业发布的首个环境保护白皮书。

2012年11月29日，北京石油交易所“中国燃料油现货交易平台”在北京正式启动。

2012年11月30日，经北京市政府批准，12月1日开始，北京居民天然气价格将进行调整。北京市居民用气价格上调0.23元/立方米，调整后价格为2.28元/立方米。

2012年12月

2012年12月3日，国家发展改革委、能源局组织编制的《天然气发展“十二五”规划》正式对外发布，明确了天然气发展资产储量、国内产量、页岩气发展目标、进口预期量、基础设施能力和用气普及率这六大目标。

2012年12月3日，中国石油长庆油田在华庆地区建成中国石油第一个水平井规模开发示范区。

2012年12月3日，环保部污染防治司发布《关于实施国家第五阶段气体燃料点燃式发动机与汽车排放标准的公告》，规定自2013年1月1日起，所有生产、进口、销售和注册登记的气体燃料点燃式发动机与汽车必须符合国五标准的要求。

2012年12月5日，中俄能源谈判代表第九次会晤在莫斯科举行，双方开展了石油天然气领域合作，正式签署田湾核电站二期政府间议定书并推进空间核动力等方面的合作。

2012年12月5日，中国环境保护部正式发布《重点区域大气污染防治“十二五”规划》，大气污染防治重点将围绕二氧化硫、氮氧化物、挥发性有机物污染治理展开。

2012年12月6日，国土部公布第二轮页岩气探矿权招标结果，华电系、中煤、地方投资公司等成为最大赢家。

2012年12月7日，加拿大政府宣布，决定批准中国海洋石油有限公司以151亿美元收购加拿大尼克森公司的申请。至此，中海油完成了中国企业在海外的最大宗收购。

2012年12月8日，中缅天然气管道云南支线及城市燃气项目在云南省安宁市平地哨村正式开工，标志着“气化云南”这一重大工程进入实质性阶段。

2012年12月10日，中国石油大庆油田与印尼国家石油公司在雅加达签署战略合作框架协议，标志着双方在油田增产开发的合作上迈出实质性步伐。

2012年12月11日，中国石化销售有限公司与延长石油集团签订合作协议，延长石油集团2013年向中国石化供应成品油450万吨。

2012年12月11日，中国宏华集团在美国休斯敦与全球油田服务、产品、技术和系统的领先供应商美国贝克休斯公司签署了一项谅解备忘录。

2012年12月11日，西气东输二线与川气东送管道互连工程开工协调会在湖北省武穴市召开，标志着我国两大骨干管道互连工程正式启动。

2012年12月11日，中国石油兰州石化公司油品质量升级改造工程重要配套项目——年60万吨航煤加氢装置建成投产并产出合格产品，标志着兰州石化成为我国西北地区最大的航空煤油生产基地。

2012年12月18日，中国石油化工集团公司收购加拿大塔利斯曼能源公司英国子公司49%股份项目正式交割，该项目成交价格约15亿美元。

2012年12月18日，中海油服发布公告，其在挪威的子公司COSL Drilling Europe AS收到当地税务主管机关的通知，要求缴纳约7.8亿挪威克朗（合人民币约8.7亿元）额外税项及罚款。

2012年12月18日，依托延长石油集团延安国家级陆相页岩气示范区，陕西省页岩气勘探开发工程技术研究中心、全国石油和化工行业固体催化净化工程研究中心等五个中心同时成立。

2012年12月18日，中国石油陕西销售分公司与陕西延长中立新能源股份公司推广甲醇汽油战略合作协议在西安签订，标志着中国石油从此进军陕西省甲醇汽油推广领域。

2012年12月19日，西气东输二线广深支干线求大段管道与香港支线建成通气。

2012年12月20日，中国海洋石油总公司与中国船舶工业集团公司战略合作协议签字仪式在北京中国海油大厦举行。

2012年12月21日，中国石油化工集团公司宣布，经中国石化集团公司授权，中国石化勘探南方分公司与康菲石油中国有限公司签署协议，就四川盆地綦江区块页岩气勘探、开发和生产进行联合研究。

2012年12月25日，上海海洋石油局和浙江省天然气开发有限公司在杭州签署《东海平北黄岩开发项目天然气销售和购买框架协议》，标志着东海大开发迈出了实质性步伐。

2012年12月27日，中缅油气管道工程缅北段提前实现主体完工的目标。

2012年12月27日，中国石化物资装备部与华菱钢铁在北京签署战略合作协议。

2012年12月28日，中国海洋石油有限公司宣布位于南海珠江口盆地的番禺4-2/5-1油田调整项目及流花4-1油田成功投产。

2012年12月28日，中石化石油工程技术服务有限公司揭牌仪式在北京中国石化大厦举行，标志着中国石化在推进专业化发展方面迈出了重要步伐。

2012年12月28日，中国海洋石油有限公司宣布，其母公司中国海洋石油集团公司向民政部提交了旨在建立中国海洋石油集团公司海洋环境和生态保护公益基金会的注册申请。

2012年12月30日，西气东输二线工程全线建成投产。

附件2：2012年国内外油气产业相关数据

附表1：2012年中国全年石油石化主要产品产量

单位：万吨、亿立方米

名称 \ 月份	1	2	3	4	5	6	7	8	9	10	11	12	合计	同比 %
原油	1,736.3	1,632.4	1,726.8	1,689.2	1,743.2	1 564.7	1,702.6	1,752.8	1,743.4	1,790.6	1,739.1	1,793.6	20,747.7	1.9
天然气	109.9	108.6	113.2	84.9	83.4	81.8	82.6	83.1	82.0	86.7	98.0	102.0	1,067.1	6.7
原油加工量	3,967.4	3,686.4	3,836.8	3,695.4	3,833.1	3 595.1	3,760.4	3,774.2	3,876.1	3,991.5	4,161.2	4,312.1	46,791.1	3.7
成品油	2,401.0	2,249.0	2,289.0	2,266.0	2,333.0	2 195.9	2,303.0	2,305.6	2,353.9	2,393.8	2,481.2	2,534.1	28,171.0	5.5
汽油	745.0	692.2	709.5	700.4	711.2	696.8	744.2	746.6	764.5	761.2	803.6	846.5	8,975.9	10.3
煤油	176.8	167.7	165.8	167.4	176.5	163.9	171.0	184.9	192.8	186.8	188.4	190.0	2,131.5	13.7
柴油	1,479.4	1,389.3	1,414.0	1,398.6	1,445.6	1,335.1	1,387.7	1,374.1	1,396.6	1,445.9	1,489.3	1,497.6	17,063.6	2.3
润滑油	54.1	64.3	85.3	70.7	69.8	66.0	60.2	73.2	76.3	69.6	72.9	71.9	845.0	0.4
燃料油	138.7	135.0	162.3	136.1	147.3	151.5	155.0	165.9	173.9	166.6	167.3	187.1	1,929.1	6.6
石脑油	235.1	229.8	236.2	230.1	257.1	221.3	216.7	206.1	198.7	226.7	235.8	229.6	2,779.8	−2.4
溶剂油	17.0	18.8	21.3	20.2	20.6	22.1	23.8	33.9	25.6	22.2	30.6	15.2	273.9	−0.8
润滑脂	2.7	3.7	4.0	3.8	3.6	2.5	3.0	3.7	3.2	2.9	3.6	5.0	44.5	−7.8
液化石油气	192.4	185.9	182.7	174.2	182.7	179.2	178.8	180.4	182.7	205.0	198.0	214.2	2,262.3	3.1
石油焦	166.7	149.0	154.1	154.1	170.2	149.4	153.8	154.8	154.1	160.9	165.5	179.5	1,941.6	−1.9
石油沥青	174.7	203.9	225.0	227.5	223.9	236.4	234.3	247.2	265.9	288.0	259.7	254.2	2,880.2	17.9

数据来源：中国石油与化学工业联合会

附表2：2012年中国全年石油石化主要产品表现消费量

单位：万吨、亿立方米

名称＼月份	1	2	3	4	5	6	7	8	9	10	11	12	合计	同比%
原油	4,045.8	3,953.4	4,036.3	3,898.8	4,273.0	3,726.2	3,875.6	3,727.3	3,732.6	4,123.7	4,063.9	4,156.8	47,613.4	5.0
天然气	139.5	136.1	141.7	74.2	94.2	114.3	115.9	111.0	116.3	122.6	133.0	146.9	1,445.7	12.8
成品油	2,362.4	2,206.1	2,213.6	2,279.8	2,318.1	2,150.1	2,271.0	2,257.7	2,355.0	2,353.7	2,432.9	2,463.0	27,663.4	5.2
汽油	716.8	671.6	656.5	703.8	697.6	670.5	724.4	730.0	782.7	739.3	782.8	808.1	8,684.1	12.3
煤油	170.6	134.9	166.5	139.5	164.1	141.8	173.8	159.8	192.4	190.2	185.6	188.0	2,007.2	9.5
柴油	1,474.9	1,399.8	1,390.6	1,436.5	1,456.3	1,337.8	1,372.8	1,367.9	1,379.8	1,424.3	1,464.5	1,466.9	16,972.1	1.5
润滑油	70.6	82.5	115.6	92.2	91.3	82.1	73.8	84.5	95.4	86.6	89.02336	90.4	1,054.0	−0.8
燃料油	240.2	304.3	352.5	277.3	287.3	255.6	272.9	197.1	312.9	291.4	233.4	421.3	3,446.2	6.0
石脑油	262.6	261.3	254	265	318.4	230.5	239.8	217.9	224.0	248.9	279.5	265.3	3,067.2	0.7
溶剂油	17.09	18.91	22.1	18.8	21.7	22.4	24.0	36.7	25.6	22.5	30.8	15.2	275.8	−0.8
润滑脂	2.78	3.82	4.2	3.9	6.5	2.5	3.1	3.7	3.2	3.0	3.6	5.1	45.4	−9.1
液化石油气	203.2	183.2	182.7	185.2	200.2	210.5	272	164.4	200.5	225.1	216.6	224.3	2,468.6	2.1
石油焦	230.5	221.5	190.3	223.3	202.5	181.7	193.8	172.1	163.9	188.6	211.8	231.9	2,411.9	10.4
石油沥青	182.9	243.1	286.5	245.8	258.4	289.2	296.2	283.8	330.8	339.2	302.2	304.5	3,362.6	18.4

数据来源：中国石油与化学工业联合会

附表3：2012年中国全年石油石化主要产品进口量

单位：万吨、亿立方米

名称＼月份	1	2	3	4	5	6	7	8	9	10	11	12	合计	同比 %
原油	2,340.5	2,363.9	2,355.1	2,226.2	2,547.9	2 172.1	2,183.1	1,839.8	2,008.1	2,367.8	2,336.9	2,367.4	27,109.1	7.3
天然气	32.3	29.5	32.5	32.7	15.8	34.9	36.3	33.0	38.1	38.4	37.4	46.8	407.7	29.9
天然沥青、页岩及砂	0.5	1.1	0.2	0.9	0.7	0.9	7.0	6.8	6.8	1.2	10.3	6.7	43.2	22.5
成品油	47.8	63.1	53.8	40.8	68.1	51.9	65.6	48.1	53.2	67.6	69.3	86.7	715.9	-16.7
汽油	0.0	0.0	0.0	0.0	0.0	0.4	0.0	0.0	0.0	0.0	0.0	0.0	0.5	-84.6
煤油	42.7	45.3	48.2	37.7	48.5	41.2	61.9	39.9	52.9	63.9	63.3	75.7	620.7	0.9
柴油	5.1	17.8	5.6	3.5	19.6	10.3	3.6	8.2	0.3	3.7	6.0	11.0	94.7	-61.2
润滑油	18.2	20.7	24.3	22.5	21.9	18.0	14.8	15.3	18.7	17.1	17.5	19.9	229.0	-8.2
燃料油	190.8	271.6	282.4	222.3	236.2	207.8	201.5	145.1	240.0	209.4	207.7	266.0	2,680.8	0.2
石脑油	36.3	34.3	28.4	13.2	18.0	13.2	24.4	11.8	25.2	22.4	46.1	35.7	309.0	26.1
石油气	19.0	8.7	21.5	15.7	35.7	41.4	46.5	53.2	35.0	30.3	26.7	24.8	358.3	2.1
石蜡	0.3	0.4	0.5	0.4	0.7	0.7	1.1	0.5	0.6	0.4	0.5	0.4	6.5	-6.6
石油焦	76.3	94.4	41.5	71.9	54.5	50.3	64.4	33.9	34.9	33.6	72.3	73.1	701.0	42.6
石油沥青	9.1	40.7	24.3	18.0	34.6	53.8	62.9	40.1	63.4	49.9	39.9	56.0	492.7	16.3

数据来源：中国石油与化学工业联合会

附表4：2012年中国全年石油石化主要产品出口量

单位：万吨、亿立方米

名称＼月份	1	2	3	4	5	6	7	8	9	10	11	12	合计	同比 %
原油	31.2	42.9	20.5	5.0	17.7	10.6	21.1	19.0	20.4	34.7	12.0	8.3	243.5	−3.5
天然气	2.7	2.0	2.5	1.4	3.1	2.2	2.2	1.6	4.2	2.5	2.5	2.1	29.1	−9.4
天然沥青、页岩及砂	3.8	7.6	5.6	5.1	8.4	7.5	7.3	4.7	3.6	4.7	4.7	6.4	69.3	35.1
成品油	86.7	106.0	104.4	86.9	92.1	97.6	89.9	95.0	99.1	97.3	129.7	138.7	1,223.5	−3.3
汽油	28.2	20.6	52.0	13.9	13.3	26.6	12.9	15.5	28.8	22.4	33.2	24.7	292.2	−28.0
煤油	48.9	78.1	46.8	65.1	60.9	63.3	59.1	65.0	53.3	60.5	66.3	77.8	745.1	13.5
柴油	9.6	7.3	5.6	7.8	17.9	7.7	18.0	14.5	17.0	14.4	30.2	36.2	186.2	−8.3
润滑油	1.7	2.5	3.4	1.0	1.7	1.9	1.2	1.3	1.3	0.7	1.5	1.6	19.9	−30.3
燃料油	89.2	102.3	97.8	78.1	111.5	103.6	84.1	114.2	105.4	84.7	81.3	111.5	1,163.6	−5.7
石脑油	8.8	2.8	0.0	0.0	2.3	4.0	1.3	0.0	0.0	0.0	2.3	0.0	21.6	−56.7
石油气	7.0	11.4	12.9	6.2	16.2	8.5	10.7	15.1	11.9	7.9	8.3	12.6	128.6	7.8
石蜡	3.5	4.3	4.4	4.5	2.5	2.6	4.3	5.6	3.4	3.7	4.4	4.1	47.3	3.7
石油焦	12.5	21.9	15.0	16.3	28.3	18.1	24.4	16.6	25.1	5.9	26.0	20.7	230.7	−19.7
石油沥青	0.8	1.5	0.8	0.2	1.1	0.9	0.6	0.9	0.8	0.7	1.3	0.8	10.4	−62.3

数据来源：中国石油与化学工业联合会

附表5：2012年中国全年石油石化行业固定资产投资完成情况表

单位：亿元、个

行业名称	计划投资（亿）	实际完成（亿）	施工项目（个）	新开工项目（个）	竣工项目（个）
石油天然气开采业	5,869.9	2,853.9	432	329	258
精炼石油产品制造业	7,650.9	1,671.8	1,215	755	673
化学工业	31,035.7	12,278.7	14,643	10,288	9,481
专业设备制造业	1,497.6	799.8	1,107	800	743
石油和化学工业合计	46,054.2	17,604.4	17,397	12,172	11,155

数据来源：中国石油与化学工业联合会

附表6：2012年中国全年石油石化行业产值情况表

单位：亿元、个

行业名称	现价工业总产值	现价销售产值	其中出口交货值	产销率（%）
石油天然气开采业	13,831.7	13,714.9	65.3	99.2
精炼石油产品制造业	33,560.8	33,300.2	345.5	99.2
化学工业	72,035.6	70,351.5	4,767.9	97.7
专业设备制造业	2,988.7	2,883.6	262.1	96.5
石油和化学工业合计	122,416.9	120,250.3	5,440.9	98.2

数据来源：中国石油与化学工业联合会

附表7：2012年中国全年石油石化行业主要经济指标完成情况表

单位：亿元、个

行业名称	企业数（个）	资产总计	主营业务收入	利润总额	亏损企业亏损额
石油天然气开采业	275	20,604.4	13,900.7	4,127.4	123.5
精炼石油产品制造业	1,296	13,866.1	33,772.5	3.5	654.4
化学工业	24,347	54,360.4	70,829.0	3,828.5	661.1
专业设备制造业	1,290	2,471.2	2,859.0	216.5	8.9
石油和化学工业合计	27,208	91,302.0	12,1361.4	8,176.0	1,447.9

数据来源：中国石油与化学工业联合会

附表8：2012年中国全年石油石化行业进出口总额及贸易差情况表

单位：万美元、%

行业名称	进出口贸易总额	同比增减%	贸易逆（顺）差	同比增减%
石油天然气开采业	24,003,677.0	15.1	−23,332,924.0	15.1
原油加工和石油制品	6,432,618.0	3.2	−1,622,721.0	9.2
化工产品	32,065,971.0	−1.0	−4,079,912.0	−6.6
专业设备	1,257,105.0	2.6	−6,095.0	−94.9
石油和化学工业合计	63,759,362.0	5.1	−29,041,651.0	10.6

数据来源：中国石油与化学工业联合会

附表9：2012年国际原油现货市场月平均价格

单位：美元/桶

日期	WTI	布伦特	迪拜	辛塔	大庆	胜利
2012年1月	100.79	110.26	108.92	115.21	116.30	116.70
2012年2月	100.07	115.47	113.29	118.58	120.33	119.25
2012年3月	107.01	125.48	122.32	126.80	128.67	125.03
2012年4月	103.87	121.01	119.07	125.65	127.20	125.07
2012年5月	98.61	113.80	110.89	119.79	120.22	119.68
2012年6月	84.70	99.38	97.85	107.26	105.74	106.78
2012年7月	85.45	99.06	96.56	103.06	100.59	100.54
2012年8月	91.99	110.48	105.27	110.69	108.88	108.47
2012年9月	95.63	114.03	111.73	113.24	111.62	111.69
2012年10月	91.14	112.28	109.37	110.10	109.67	109.19
2012年11月	86.09	108.77	106.80	108.82	107.09	104.38
2012年12月	87.46	109.51	106.72	106.89	106.55	105.14
年均价	94.40	111.63	109.07	113.84	113.57	112.61
比上年增减%	−0.52	0.62	3.05	3.12	3.30	5.00

数据来源：中国石油与化学工业联合会

附表10：2012年国际市场主要油品月平均现货价格

普氏现货报价，单位：美元/桶

日期	95#无铅汽油	柴油	航空煤油	石脑油	燃料油（180）*	燃料油（380）*
2012年1月	121.20	128.72	125.53	103.07	708.55	695.41
2012年2月	128.62	132.63	129.94	111.32	727.15	718.06
2012年3月	135.87	137.72	136.17	119.72	747.06	734.45
2012年4月	135.86	136.10	134.30	116.30	736.00	725.75
2012年5月	126.42	129.09	127.40	104.17	695.30	686.17
2012年6月	108.60	115.06	113.52	84.30	619.19	606.21
2012年7月	108.57	116.02	114.18	87.79	606.81	595.22
2012年8月	124.30	126.62	125.23	98.10	654.89	624.40
2012年9月	126.05	133.62	133.39	107.37	690.55	675.70
2012年10月	126.32	130.80	130.95	105.19	656.73	645.62
2012年11月	118.39	125.60	125.59	102.94	619.81	610.25
2012年12月	118.84	125.54	124.77	102.47	612.38	603.00
年均价	123.25	128.13	126.75	103.56	672.87	661.52
比上年增减%	3.16	1.89	1.19	1.13	4.69	4.20

数据来源：中国石油与化学工业联合会

附表11：2012年北美天然气现货市场月平均价格

单位：美元/百万英热单位

日期	纽约	路易斯安那州亨利	德克萨斯	加拿大埃科
2012年1月	3.75	2.565	2.54	2.24
2012年2月	3.02	2.525	2.48	2.06
2012年3月	2.42	2.245	2.18	1.78
2012年4月	2.13	1.94	1.91	1.58
2012年5月	2.56	2.435	2.39	1.93
2012年6月	2.75	2.4	2.37	1.78
2012年7月	3.10	2.82	2.805	2.10
2012年8月	3.07	2.90	2.9	2.16
2012年9月	2.94	2.79	2.795	2.19
2012年10月	3.47	3.30	3.25	2.93
2012年11月	3.88	3.52	3.49	3.20
2012年12月	3.99	3.41	3.36	3.09
年均价	3.09	2.74	2.70	2.25
比上年增减%	–51.9	–31.7	–31.8	–34.8

数据来源：中国石油与化学工业联合会

附表12：2012年国内主要汽柴油月平均价格

单位：元/吨

日期	90#无铅汽油	93#无铅汽油	97#无铅汽油	0#无铅柴油	-10#无铅柴油	重油	液化气
2012年1月	9,127	9,713	10,229	8,294	8,752	5,360	5,730
2012年2月	9,304	9,931	10 481	8,472	8,979	5,100	6,400
2012年3月	9,606	10,261	10 844	8,777	9,298	5,240	7,230
2012年4月	10,022	10,690	11 302	9,190	9,693	5,400	7,170
2012年5月	9,814	10,462	11,055	8,986	9,484	5,210	6,700
2012年6月	9,357	9,973	10,544	8,548	9,027	4,980	5,660
2012年7月	8,909	9,494	10,036	8,110	8,556	4,790	5,800
2012年8月	9,019	9,611	10,164	8,215	8,695	5,200	6,140
2012年9月	9,498	10,126	10,713	8,698	9,187	5,320	6,560
2012年10月	9,681	10,321	10,922	8,886	9,370	5,400	6,440
2012年11月	9,583	10,211	10,806	8,786	9,249	5,300	6,600
2012年12月	9,560	10,200	10,790	8,760	9,230	5,300	5,790
年均价	9,457	10,083	10,657	8,644	9,127	5,213	6,352
比上年增减%	3.2	3.2	3.2	3.4	3.5	3.1	3.5

数据来源：中国石油与化学工业联合会

附表13：2002-2011年全球主要国家和地区的石油探明储量

单位：十亿桶

年份 地区	2002	2003	2004	2005	2006	2007	2008	2009	2010	2011
委内瑞拉	77.3	77.2	79.7	80.0	87.3	99.4	172.3	211.2	296.5	296.5
沙特阿拉伯王国	262.8	262.7	264.3	264.2	264.3	264.2	264.1	264.6	264.5	265.4
伊朗	130.7	133.3	132.7	137.5	138.4	138.2	137.6	137.0	151.2	151.2
伊拉克	115.0	115.0	115.0	115.0	115.0	115.0	115.0	115.0	115.0	143.1
科威特	96.5	99.0	101.5	101.5	101.5	101.5	101.5	101.5	101.5	101.5
阿拉伯联合酋长国	97.8	97.8	97.8	97.8	97.8	97.8	97.8	97.8	97.8	97.8
俄罗斯	76.6	79.1	78.8	80.2	81.5	83.2	83.3	83.9	86.6	88.2
利比亚	36.0	39.1	39.1	41.5	41.5	43.7	44.3	46.4	47.1	47.1
尼日利亚	34.3	35.3	35.9	36.2	37.2	37.2	37.2	37.2	37.2	37.2
哈萨克斯坦	5.4	9.0	9.0	9.0	9.0	30.0	30.0	30.0	30.0	30.0
中国	15.5	15.5	15.5	15.6	15.6	15.5	14.8	14.8	14.8	14.7
OECD	251.2	247.5	245.2	244.7	241.0	239.8	234.4	236.0	235.0	234.7
OPEC	903.3	912.1	918.8	927.8	936.1	954.0	1,028.8	1,068.6	1,167.3	1,196.3
欧盟	8.0	7.9	7.5	7.3	6.9	6.7	6.1	6.4	6.8	6.7
全球总计	1,321.9	1,340.0	1,346.2	1,357.0	1,364.5	1,404.5	1,475.4	1,518.16	1,622.06	1,652.61

数据来源：2012年BP能源统计年鉴

附表14：2002-2011年全球主要国家和地区的石油产量

单位：百万吨/年

年份 地区	2002	2003	2004	2005	2006	2007	2008	2009	2010	2011
沙特阿拉伯王国	424.1	483.8	504.3	524.9	512.4	492.4	513.5	462.7	466.6	525.8
俄罗斯	379.6	421.4	458.8	470.0	480.5	491.3	488.5	494.2	505.1	511.4
美国	346.8	338.4	329.2	313.3	310.2	309.8	304.9	328.6	339.9	352.3
伊朗	176.9	198.0	206.9	205.1	207.9	209.6	213.0	204.0	207.1	205.8
中国	166.9	169.6	174.1	181.4	184.8	186.3	190.4	189.5	203.0	203.6
加拿大	135.0	142.6	147.6	144.9	153.4	158.6	155.9	156.1	164.4	172.6
阿拉伯联合酋长国	110.2	124.5	131.7	137.3	145.5	140.7	142.9	126.3	130.8	150.1
墨西哥	178.6	189.0	190.9	187.3	183.3	172.9	157.6	147.4	146.3	145.1
科威特	99.2	115.8	123.4	130.4	133.8	129.9	135.8	121.0	122.7	140.0
委内瑞拉	148.8	131.4	145.2	154.5	151.2	152.1	154.1	149.9	142.5	139.6
伊拉克	104.0	66.1	100.0	90.0	98.1	105.2	119.5	120.0	121.4	136.9
OECD	1,008.8	999.2	979.5	933.4	912.9	898.0	863.7	864.0	868.1	866.7
OPEC	1,402.1	1,485.0	1,621.4	1,679.3	1,689.3	1,679.4	1,736.6	1,613.6	1,645.9	1,695.9
非OPEC	1,719.2	1,706.0	1,699.4	1,659.5	1,639.2	1,625.3	1,601.3	1,611.1	1,641.3	1,640.1
欧盟	158.2	148.2	137.7	125.7	114.6	113.1	105.4	99.0	92.7	80.9
全球总计	3,587.5	3,704.5	3,879.3	3,916.4	3,929.2	3,928.8	3,965.0	3,869.3	3,945.4	3,995.6

数据来源：2012年BP能源统计年鉴

附表15：2002–2011年全球主要国家和地区的石油消费量

单位：百万吨/年

年份 地区	2002	2003	2004	2005	2006	2007	2008	2009	2010	2011
美国	884.9	900.7	936.5	939.8	930.7	928.8	875.8	833.2	849.9	833.6
中国	247.5	271.7	318.9	327.8	351.2	369.3	376.0	388.2	437.7	461.8
日本	243.4	248.5	241.1	244.4	237.1	228.7	220.9	198.3	200.3	201.4
印度	111.3	113.1	120.2	119.6	120.4	133.4	144.1	153.7	156.2	162.3
俄罗斯	122.6	125.1	124.2	123.2	130.8	123.6	129.8	124.8	128.9	136.0
沙特阿拉伯王国	76.6	81.7	88.3	87.5	91.7	97.4	106.1	115.4	123.2	127.8
巴西	91.0	88.6	91.5	93.8	95.0	100.7	107.9	108.0	118.0	120.7
德国	127.4	125.1	124.0	122.4	123.6	112.5	118.9	113.9	115.4	111.5
韩国	105.3	106.4	104.6	104.6	104.7	107.6	103.1	103.7	106.0	106.0
加拿大	92.2	95.9	100.6	100.3	100.5	103.8	102.5	97.1	102.7	103.1
OECD	2,210.0	2,242.5	2,285.8	2,301.5	2,290.6	2,277.5	2,208.9	2,097.8	2,118.0	2,092.0
非OECD	1,419.7	1,460.2	1,570.8	1,600.1	1,653.6	1,727.5	1,778.3	1,811.1	1,913.9	1,967.0
欧盟	703.4	706.0	715.1	720.1	722.2	706.5	705.6	667.7	662.8	645.9
全球总计	3,629.8	3,702.7	3,856.6	3,901.7	3,944.2	4,005.0	3,987.3	3,908.9	4,031.9	4,059.1

数据来源：2012年BP能源统计年鉴

附表16：2002-2011年全球主要国家和地区的炼油能力

单位：千桶/日

年份 / 地区	2002	2003	2004	2005	2006	2007	2008	2009	2010	2011
美国	16,757	16,894	17,125	17,339	17,443	17,594	17,672	17,688	17,594	17,730
中国	5,933	6,295	6,603	7,165	7,865	8,399	8,722	9,479	10,302	10,834
俄罗斯	5,460	5,324	5,327	5,392	5,471	5,484	5,405	5,382	5,491	5,663
日本	4,728	4,645	4,531	4,531	4,588	4,650	4,650	4,630	4,291	4,274
印度	2,303	2,293	2,558	2,558	2,872	2,983	2,992	3,574	3,703	3,804
韩国	2,598	2,598	2,598	2,598	2,633	2,671	2,712	2,712	2,712	2,783
意大利	2,485	2,485	2,497	2,515	2,526	2,497	2,396	2,396	2,396	2,331
巴西	1,854	1,915	1,915	1,916	1,916	1,935	2,045	2,093	2,093	2,116
沙特阿拉伯王国	1,810	1,890	2,075	2,100	2,100	2,100	2,100	2,100	2,100	2,110
德国	2,286	2,304	2,320	2,322	2,390	2,390	2,366	2,362	2,091	2,077
OECD	44,907	44,986	45,133	45,204	45,469	45,688	45,789	45,752	44,989	45,426
非OECD	39,161	39,322	40,065	40,823	41,879	42,807	43,535	45,193	46,627	47,578
欧盟	15,691	15,729	15,803	15,811	15,857	15,784	15,658	15,553	15,229	15,234
全球总计	84,068	84,308	85,198	86,027	87,347	88,495	89,324	90,946	91,616	93,004

数据来源：2012年BP能源统计年鉴

附表17：2002-2011年全球主要国家和地区的天然气探明储量

单位：万亿立方米

年份 地区	2002	2003	2004	2005	2006	2007	2008	2009	2010	2011
俄罗斯	42.5	43.4	43.3	43.3	43.3	43.3	43.3	44.4	44.4	44.6
伊朗	26.7	27.6	27.5	27.6	26.9	28.1	29.6	29.6	33.1	33.1
卡塔尔	25.8	25.3	25.4	25.6	25.5	25.5	25.4	25.3	25.0	25.0
土库曼斯坦	2.6	2.6	2.6	2.6	2.6	2.6	8.1	8.0	13.4	24.3
美国	5.3	5.4	5.5	5.8	6.0	6.7	6.9	7.7	8.2	8.5
沙特阿拉伯王国	6.6	6.8	6.8	6.8	7.1	7.3	7.6	7.9	8.0	8.2
阿拉伯联合酋长国	6.1	6.0	6.1	6.1	6.4	6.4	6.1	6.1	6.1	6.1
委内瑞拉	4.2	4.2	4.3	4.3	4.7	4.8	5.0	5.1	5.5	5.5
尼日利亚	5.0	5.1	5.2	5.2	5.2	5.3	5.3	5.3	5.1	5.1
阿尔及利亚	4.5	4.5	4.5	4.5	4.5	4.5	4.5	4.5	4.5	4.5
中国	1.3	1.3	1.4	1.5	1.7	2.3	2.5	2.8	2.9	3.1
OECD	15.4	15.3	15.1	15.1	15.1	15.5	16.9	17.4	18.1	18.7
非OECD	154.2	156.0	156.6	157.2	158.2	161.0	168.2	169.9	178.0	189.7
欧盟	3.4	3.2	3.1	3.0	2.8	2.6	2.5	2.5	2.3	1.8
全球总计	169.6	171.3	171.8	172.3	173.2	176.5	185.1	187.3	196.1	208.4

数据来源：2012年BP能源统计年鉴

附表18：2002-2011年全球主要国家和地区的天然气产量

单位：十亿立方米/年

年份 / 地区	2002	2003	2004	2005	2006	2007	2008	2009	2010	2011
美国	536.0	540.8	526.4	511.1	524.0	545.6	570.8	584.0	604.1	651.3
俄罗斯	538.8	561.5	573.3	580.1	595.2	592.0	601.7	527.7	588.9	607.0
加拿大	187.9	184.7	183.7	187.1	188.4	182.7	176.6	164.0	159.9	160.5
伊朗	75.0	81.5	84.9	103.5	108.6	111.9	116.3	131.2	146.2	151.8
卡塔尔	29.5	31.4	39.2	45.8	50.7	63.2	77.0	89.3	116.7	146.8
中国	32.7	35.0	41.5	49.3	58.6	69.2	80.3	85.3	94.8	102.5
挪威	65.5	73.1	78.5	85.0	87.6	89.7	99.3	103.7	106.4	101.4
沙特阿拉伯王国	56.7	60.1	65.7	71.2	73.5	74.4	80.4	78.5	87.7	99.2
印度尼西亚	69.7	73.2	70.3	71.2	70.3	67.6	69.7	71.9	82.0	75.6
阿尔及利亚	80.4	82.8	82.0	88.2	84.5	84.8	85.8	79.6	80.4	78.0
OECD	1,087.1	1,093.5	1,093.7	1,078.6	1,091.5	1,100.9	1,130.9	1,121.9	1,148.2	1,168.1
非OECD	1,431.8	1,523.0	1,594.8	1,691.8	1,777.9	1,838.4	1,916.4	1,834.0	2,030.0	2,108.1
欧盟	227.6	223.6	227.3	212.0	201.3	187.5	189.4	171.5	174.9	155.0
全球总计	2,518.9	2,616.6	2,688.5	2,770.4	2,869.4	2,939.3	3,047.2	2,955.9	3,178.2	3,276.2

数据来源：2012年BP能源统计年鉴

附表19：2002-2011年全球主要国家和地区的天然气消费量

单位：十亿立方米/年

年份 地区	2002	2003	2004	2005	2006	2007	2008	2009	2010	2011
美国	652.1	630.8	634.4	623.4	614.4	654.2	659.1	648.7	673.2	690.1
俄罗斯	367.7	384.9	394.1	400.3	408.5	422.1	416.0	389.6	414.1	424.6
伊朗	79.2	82.9	86.5	105.0	108.7	113.0	119.3	131.4	144.6	153.3
中国	29.2	33.9	39.7	46.8	56.1	70.5	81.3	89.5	107.6	130.7
日本	72.7	79.8	77.0	78.6	83.7	90.2	93.7	87.4	94.5	105.5
加拿大	90.2	97.7	95.1	97.8	96.9	96.2	96.1	94.9	95.0	104.8
沙特阿拉伯王国	56.7	60.1	65.7	71.2	73.5	74.4	80.4	78.5	87.7	99.2
英国	95.1	95.4	97.4	95.0	90.1	91.1	93.9	86.7	94.0	80.2
德国	82.6	85.5	85.9	86.2	87.2	82.9	81.2	78.0	83.3	72.5
意大利	64.6	71.2	73.9	79.1	77.4	77.8	77.8	71.5	76.1	71.3
墨西哥	45.5	50.4	55.8	56.1	60.9	63.2	66.1	66.2	67.9	68.9
OECD	1,370.4	1,393.7	1,418.5	1,425.6	1,425.7	1,477.3	1,499.2	1,451.4	1,536.2	1,534.6
非OECD	1,145.4	1,205.6	1,260.9	1,341.1	1,398.6	1,453.1	1,505.9	1,479.2	1,616.9	1,688.4
欧盟	451.6	473.7	486.7	494.8	487.8	482.0	491.3	460.1	496.9	447.9
全球总计	2,515.7	2,599.3	2,679.4	2,765.7	2,824.3	2,930.4	3,005.1	2,930.6	3,153.1	3,222.9

数据来源：2012年BP能源统计年鉴

参考文献

[1] 马芸菲. 定价机制、成品油税费、原油进口权，究竟谁在左右中国油价？[N]. 中国经济导报，2012-07-14B02.

[2] 国务院发展研究中心公共管理与人力资源研究所 李国强. 有条件逐步放宽民企原油进口权的建议[N]. 中国经济时报，2012-08-03005.

[3] 辛鹏，马行天. 采油三厂三维生产管理的探索与实践[J]. 经济师，2012，No.28410:239-240.

[4] 环球速览[J]. 经济，2012，No.16711:100-101.

[5] 艳慧. 供需紧平衡推动油价重心上移——国际原油市场下半年走势分析及投资策略[J]. 中国石油和化工经济分析，2012，No.17709:6-9.

[6] 浙江（台州）炼化一体化项目获国家发改委路条 将配套建设大陈岛30万吨级原油码头等港口工程[J]. 港口经济，2012，No.10809:29.

[7] 李春霞. 近期国际石油价格回顾与预测[J]. 国际石油经济，2012，v.2009:98-99.

[8] 国际市场主要原油现货平均价格表[J]. 国际石油经济，2012，v.2009:100.

[9] 国际市场主要原油期货价格表[J]. 国际石油经济，2012，v.2009:100.

[10] 纽约商业交易所WTI原油近月期货价格走势[J]. 国际石油经济，2012，v.2009:101.

[11] 陈蕊. 7月份国际原油价格震荡上扬[J]. 中国石油和化工经济分析，2012，No.17709:46-47.

[12] 2012年8月国际市场原油平均价格[J]. 中国石油和化工经济分析，2012，No.17709:77.

[13] 孙竹，朱珍，凌铃明. 高油价下库存对期现货市场价格的影响方式[J]. 国际经济合作，2012，No.32311:58-61.

[14] 陈蕊. 8月份国际油价继续攀升[J]. 中国石油和化工经济分析，2012，No.17810:48-49.

[15] 王琳，高建. 我国石油供需区域特征与储备方案研究[J]. 企业经济，2012，v.31；No.38711:108-111.

[16] 金名. 高油价时代的没落[J]. 上海经济，2012，No.23412:46-48.

[17] 刘红. 政策要闻（2012年9月）[J]. 国际石油经济，2012，v.2010:93-96.

[18] 李春霞，蔡新宇. 近期国际石油价格回顾与预测[J]. 国际石油经济，2012，v.2010:104-105.

[19] 2012年9月国际市场原油平均价格[J]. 中国石油和化工经济分析，2012，No.17810:77.

[20] 国际市场主要原油现货平均价格表[J]. 国际石油经济，2012，v.2010:106.

[21] 纽约商业交易所WTI原油近月期货价格走势[J]. 国际石油经济，2012，v.2010:107.

[22] 邱强. 建筑节能评估的研究进展[J]. 环境保护与循环经济，2012，v.32；No.19802:20–22.

[23] 国际市场主要原油期货价格表[J]. 国际石油经济，2012，v.20Z1:172.

[24] 纽约商业交易所WTI原油近月期货价格走势[J]. 国际石油经济，2012，v.20Z1:173.

[25] 张华，周建鹏. 跨国海洋石油开发中污染治理的法律初探——以墨西哥湾漏油事件为例[J]. 知识经济，2012，No.24106:28–29.

[26] 李凌，朱进玉. 2011年我国聚丙烯供需分析及2012年预测[J]. 中国石油和化工经济分析，2012，No.17103:28–31.

[27] 张二红. 2011年中国甲醇市场供需情况及2012年走势预测[J]. 中国石油和化工经济分析，2012，No.17103:32–35.

[28] 赵文忠，李志强，蒋荣兴. 原油蒸馏装置技术经济特性分析[J]. 石油化工技术与经济，2012，v.28；No.13801:17–20.

[29] 岳小文. 俄罗斯东部地区油气生产与出口潜力[J]. 国际石油经济，2012，v.2003:75–80+112.

[30] 国际市场主要原油现货平均价格表[J]. 国际石油经济，2012，v.2003:106.

[31] 姚达明. 2011年国内成品油市场回顾和展望[J]. 市场经济与价格，2012，No.13903:23–25.

[32] 甘泉. 浅议资源税改革与发展[J]. 科技经济市场，2012，04:28–29.

[33] 2012年2月国际市场原油平均价格[J]. 中国石油和化工经济分析，2012，No.17103:77.

[34] 国际市场主要原油期货价格表[J]. 国际石油经济，2012，v.2003:106.

[35] 纽约商业交易所WTI原油近月期货价格走势[J]. 国际石油经济，2012，v.2003:107.

[36] 虞华，陈光亚，王珊珊. 油价上涨对相关行业影响调查及后期走势分析[J]. 北方经济，2012，No.27407:42–43.

[37] 萧芦. 2006–2011年中国原油产量[J]. 国际石油经济，2012，v.2004:101.

[38] 2012年3月国际市场原油平均价格[J]. 中国石油和化工经济分析，2012，No.17204:77.

[39] 国际市场主要原油现货平均价格表[J]. 国际石油经济，2012，v.2004:119.

[40] 国际市场主要原油期货价格表[J]. 国际石油经济，2012，v.2004:119.

[41] 纽约商业交易所WTI原油近月期货价格走势[J]. 国际石油经济，2012，v.2004:120.

[42] 2012年1-3月中国石油和化工主要产品产销总量平衡表[J]. 中国石油和化工经济分析，2012，No.17305:75.

[43] 本刊特约评论员. 争夺国际原油定价权中国还有多长的路要走?[J]. 金融与经济，2012，No.40706:1.

[44] 刘建. 成品油定价机制酝酿转变[J]. 经济，2012，No.16206:120-121.

[45] 杨超，郭沂. 哈萨克斯坦成品油市场浅析[J]. 国际石油经济，2012，v.2005:59-63+111-112.

[46] 张学青. 2011年世界主要国家和地区原油加工能力统计[J]. 国际石油经济，2012，v.2005:92-94.

[47] 国际市场主要原油现货平均价格表[J]. 国际石油经济，2012，v.2005:106.

[48] 国际市场主要原油期货价格表[J]. 国际石油经济，2012，v.2005:106.

[49] 2012年4月国际市场原油平均价格[J]. 中国石油和化工经济分析，2012，No.17305:77.

[50] 谈佳隆. 原油期货年内推出[J]. 中国经济周刊，2012，No.42222:44-45.

[51] 纽约商业交易所WTI原油近月期货价格走势[J]. 国际石油经济，2012，v.2005:107.

[52] 2012年5月国际原油、油品价格及国内化工产品价格[J]. 中国石油和化工经济分析，2012，No.17406:77.

[53] 王霞. 国际能源署下调国际原油需求预测[J]. 国际经济合作，2012，No.32008:35.

[54] 刘红. 政策要闻（2012年5月）[J]. 国际石油经济，2012，v.2006:97-99.

[55] 国际市场主要原油现货平均价格表[J]. 国际石油经济，2012，v.2006:106.

[56] 陈蕊. 4月份国际油价震荡下行[J]. 中国石油和化工经济分析，2012，No.17406:24-25.

[57] 国际市场主要原油期货价格表[J]. 国际石油经济，2012，v.2006:106.

[58] 纽约商业交易所WTI原油近月期货价格走势[J]. 国际石油经济，2012，v.2006:107.

[59] 2012年1-5月中国石油和化工主要产品产销总量平衡表[J]. 中国石油和化工经济分析，2012，No.17507:75.

[60] 李春霞，胡晶红. 近期国际石油价格回顾与预测[J]. 国际石油经济，2012，v.2007:104-105.

[61] 李嘉，王立敏. 开放的竞争市场维系能源供需均衡——《BP世界能源统计2012》解析[J]. 国际石油经济，2012，v.2007:36-41+110-111.

[62] 代方龙，姜永宏. 国际大宗商品期货价格与中国CPI的相关性实证研究[J]. 特区经济，2012，No.28409:72–74.

[63] 金永琪. 国际市场主要基准原油价格倒挂探因及走势研判[J]. 中国石油和化工经济分析，2012，No.17507:42–45.

[64] 2012年6月国际市场原油平均价格[J]. 中国石油和化工经济分析，2012，No.17507:77.

[65] 国际市场主要原油现货平均价格表[J]. 国际石油经济，2012，v.2007:106.

[66] 国际市场主要原油期货价格表[J]. 国际石油经济，2012，v.2007:106.

[67] 纽约商业交易所WTI原油近月期货价格走势[J]. 国际石油经济，2012，v.2007:107.

[68] 刘亮亮. 国际石油市场与中国股市间的波动率溢出分析[J]. 金融经济，2012，No.36318:93–96.

[69] 李黛芳. 油价高位下行对我国炼油企业的挑战[J]. 中国石油和化工经济分析，2012，No.17608:46–49.

[70] 黄佳音. 世界石油贸易新秩序中的亚洲与中国——记“2012亚太石油贸易国际会议”[J]. 国际石油经济，2012，v.2008:7–13+108.

[71] 孙洪波. 对拉美油气政治风险的几点评估[J]. 国际石油经济，2012，v.2008:21–27+108.

[72] 李凤桃，谈佳隆. 国际原油人民币结算:是谣言，也是预言！[J]. 中国经济周刊，2012，No.43939:53–55.

[73] 2012年7月国际市场原油平均价格[J]. 中国石油和化工经济分析，2012，No.17608:77.

[74] 国际市场主要原油现货平均价格表[J]. 国际石油经济，2012，v.2008:105.

[75] 国际市场主要原油期货价格表[J]. 国际石油经济，2012，v.2008:105.

[76] 纽约商业交易所WTI原油近月期货价格走势[J]. 国际石油经济，2012，v.2008:106.

[77] 李翔，杨硕. 高油价下中国炼油企业发展对策探讨[J]. 石油化工技术与经济，2012，v.28；No.14306:6–9.

[78] 闫秀梅. 渤海湾蓬莱19–3油田溢油事件浅析[J]. 金融经济，2012，No.36624:21–22.

[79] 政策要闻[J]. 国际石油经济，2012，v.2011:92–94.

[80] 毕明. 哈萨克斯坦炼厂改造及其影响分析[J]. 国际石油经济，2012，v.2011:53–59+110.

[81] 李春霞. 近期国际石油价格回顾与预测[J]. 国际石油经济，2012，v.2011:103-104.

[82] 国际市场主要原油现货平均价格表[J]. 国际石油经济，2012，v.2011:105.

[83] 国际市场主要原油期货价格表[J]. 国际石油经济，2012，v.2011:105.

[84] 纽约商业交易所WTI原油近月期货价格走势[J]. 国际石油经济，2012，v.2011:106.

[85] 龚金双. 前三季度国内石油市场回顾与四季度展望[J]. 中国石油和化工经济分析，2012，No.17911:27-31.

[86] 陈蕊，刘丽华. 前三季度国际油价一涨二跌三反弹[J]. 中国石油和化工经济分析，2012，No.17911:32-34.

[87] 2012年1-9月中国石油和化工主要产品产销总量平衡表[J]. 中国石油和化工经济分析，2012，No.17911:75.

[88] 2012年10月国际原油、油品价格及国内化工产品价格[J]. 中国石油和化工经济分析，2012，No.17911:77.

[89] 李爽. 环境污染责任保险或许应该强制[J]. 环境保护与循环经济，2012，v.32；No.20812:1.

[90] 潘慧峰，石智超. 重大需求冲击对石油市场的短期影响分析——基于事件分析法的研究[J]. 上海经济研究，2012，v.24；No.29112:32-43.

[91] 主要进口商品数量和金额[J]. 中国经济景气月报，2012，No.15110:56-57.

[92] 主要进口商品数量和金额[J]. 中国经济景气月报，2012，No.14403:56-57.

[93] 国际市场初级产品价格[J]. 中国经济景气月报，2012，No.14403:234-236.

[94] 主要进口商品数量和金额[J]. 中国经济景气月报，2012，No.14807:56-57.

[95] 李国强. 有条件逐步放宽民企原油进口权的建议[N]. 中国经济时报，2012-08-03005.

[96] 马芸菲. 定价机制、成品油税费、原油进口权，究竟谁在左右中国油价？[N]. 中国经济导报，2012-07-14B02.

[97] 周武英. 欧佩克维持明年日产原油目标不变[N]. 经济参考报，2012-12-14004.

[98] 王胜先、吴燕婷. 证监会：玻璃期货交易已获批[N]. 经济参考报，2012-11-08003.

[99] 国际市场初级产品价格[J]. 中国经济景气月报，2012，No.15211:234-236.

[100] 主要进口商品数量和金额[J]. 中国经济景气月报，2012，No.15211:56-57.